ヤマト王権幻視行

熊野・大和・伊勢

桐村英一郎【著】
塚原 紘【写真】

発売：オクターブ
発行：方丈堂出版

ヤマト王権 幻視行　熊野・大和・伊勢　目次

プロローグ

熊野　水平と垂直　交わる地　6
大王崎　波の果て　魂のふるさと　12
二木島祭　浜の民　鎮魂の祈り　17
花窟神社　潮香る神話の主たち　22
紀伊半島　混じり合う思想と宗教　27
熊野と人物　「死と再生」で結ばれて　31
補陀洛山寺　海人ゆさぶる常世の誘い　36
串本・新宮　善きものは海から来る　41
ミクロネシア　その物語　南の島にも　45
バイカル湖周辺　天降る神の原点いずこ　49
宇賀神社　異伝並べたバランス感覚　54
金官加羅国　陸の高皇産霊　海の天照　58
旧事本紀　「神々の線」つながった　62
耳成山　丸木舟で渡来した祖神　66
対馬　「文明の海の十字路」にて　71
磐船神社　十二《メートル》の大岩に乗り「降臨」　76
伊雑宮　「モデルは持統天皇」説　81
高天原　支配へ　つなげる異界　87
大和と出雲　仕立てられた死者の国　92
出雲　イザナミの墓いずこに　97
「熊野村」　東征神話の不思議な山場　103
熊野川　クライマックスに導く川　108
旧妙法鉱山　「毒気」の陰に資源争奪戦　112

越の国へ　「左遷」された大功労者　116
高倉神社　王権にも物部にも邪魔に　120
玉置神社　神々集う「独立独歩」の社　124
彌彦神社　大当たりの抜擢人事？　128
妻戸神社　夫恋う妻　いま共に眠る　133
物部神社　任地になじみ祀られた　137
大斎原　神々しき祈りの分岐点　141
熊野本宮大社　神社集まる信仰の「へそ」　145
御燈祭　高倉下からの「伝言」　150
那智の火祭り　「世界の始まり」思わせた　155
布留遺跡　モノノフ軍団　足跡今も　161
石上神宮　闇の中　ふるい立て　魂　165
八咫烏神社　道案内担った聖なる使者　170
海神社　海の民　山中に足跡刻む　175
大汝参り　聖なる石　黒潮への記憶　180
周老王古墳　その名の先、大陸のかおり　185
三輪山　神降りし祈りのゆりかご　189
三輪山に登る　夢に見た頂　巨木は眠る　195
リョウサンの池　シャーマンたちの瞳に　201
纒向　聖なる山仰ぐ絶好の地　205
天香具山　選ばれた「地上の高天原」　209
続・天香具山　特別な存在狙い「聖山」化　214
高千穂　日向に漂う鬼の悲哀　220
伊勢へ　潮の香り消えぬあこがれ　225
伊勢の海　太陽への慕情　天照に託し　230

❖ エピローグ　二見浦　常世の波　神と人の境に　237

◉ シンポジウム　古代人の世界観・宇宙観――神話の原像を追い求めて　241

【コラム】
『古事記』と『日本書紀』 10
古事記は語る①――《国生み》 16／古事記は語る②――《スサノヲのろうぜき》 35／
古事記は語る③――《天孫降臨》 53／古事記は語る④――《黄泉の国》 96／古事記は語る⑤――《神武の皇后選び》 200／
古事記は語る⑥――《葛城の神》 219／古事記は語る⑦――《ヤマトタケルの死》 236
日本書紀は語る①――《国譲り》 102／日本書紀は語る②――《神武の東征出発》 107／日本書紀は語る③――《国栖の民》 174／
日本書紀は語る④――《二人のハツクニシラス天皇》 179／日本書紀は語る⑤――《吉野への逃避行》 184

【こぼれ話】
熊野水軍 21／信仰の対象としての岩 26／下村巳六氏の説 30／太陽の帰還 32／真珠の魅力 40／徐福の先輩たち 43／
海人の組織化 52／混沌 57／なかつくに 61／神剣 65／大和三山 69／広形銅矛 75／秋篠銅鐸 80／自然神話学 85／
「黄泉の国」と横穴式石室 93／青銅器王国 100／熊野古道 109／越 117／鉄の歴史 121／修験道 125／
古代文化先進地・新潟 129／日本の酒 136／新潟県内の関連神社名 140／神 143／神と仏の「平和共存」 149／
火の神話 154／10個の太陽 160／七支刀 163／石上神宮禁足地 169／鴨都波の遺跡群 172／宇陀の方形台状墓 177／
吉野離宮 183／金官加羅国 188／脇本遺跡 194／天照のふるさと 198／纒向の「国家」 208／天香具山の古墳 213／
藤原氏 217／神楽 223／戦前の『記・紀』 233／渚の儀式 239

あとがき　246
主な写真撮影データ一覧　251
索引　254

プロローグ　熊野

水平と垂直　交わる地

熊野へ参らむと思へども
徒歩《かち》より参れば道遠し
勝《すぐ》れて山峻《きび》し

馬《むま》にて参れば苦行ならず
空より参らむ
羽賜《た》べ　若王子《にゃくおうじ》

黒く続く熊野の山並。熊野川の河原から仰ぐ天空に北極星を中心に無数の星が弧を描いた

これは後白河法皇撰《せん》の歌謡集『梁《りょう》塵《じん》秘《ひ》抄《しょう》』の一節だ。

平安時代にはじまった熊野《くまの》詣《もうで》は、本宮大社、速玉《はやたま》大社、那智大社の熊野三山をめぐる参詣の旅である。難行苦行は覚悟のうえとはいえ、あまりの苦しさに、熊野の神様に「空を飛ぶ羽を下さい」と頼みたい。そんな思いをつづっている。

建仁《けんにん》元年（一二〇一）、後鳥羽上皇の熊野御幸《ごこう》に同行した藤原定家の『熊野御幸記』には、「終日険阻《けんそ》を越す」「未《いま》だかくの如《ごと》き事に遇《あ》わず」「寒風に術《すべ》なし」「前後不覚」といった言葉が出てくる。私は東京・日本橋の三井記念美術館で国宝のこの旅日記を見たことがある。切れ切れの墨書の行間から、歌人定家のうめき声が聞こえてくるようだ。

定家の旅から八百年たった今日でも

熊野は遠い。大阪から熊野川河口の新宮までJRの特急で約四時間。新幹線「のぞみ」に乗れば東京の方がずっと早く着く。

二つの世界観が交錯する地

「死と再生の舞台」「弥生人に追われた縄文人を偲《しの》ばせる地域」

そんなふうに呼ばれることがある熊野は、新聞社を定年退職後に東京から奈良県明日香村に移り住んで以来、気になる場所だった。

私が熊野に惹《ひ》かれるのは、そこが「水平的」な他界観・世界観と「垂直的」な他界観・世界観が混在するところだからである。

「水平」は、たとえば海の彼方に理想郷・常世《とこよ》を想う観念といえよう。一方「垂直」は、至高神が天上に居て、地下には暗い根の国・黄泉《よみ》の国があるという考え方だ。

ふたつの世界観は相いれない。それが熊野に混在するのはなぜか。海も天も「あま」と読まれる。どうしてなのか。それは熊野で「水平」と「垂直」が交じり合うことと関係があるのではないか。

『古事記』や『日本書紀』が伝える神武東征伝説では、熊野に上陸した皇軍は大熊（熊野の神）の毒気《あしきいき》にあてられて失神する。その危機を救うのが高《たか》倉下《くらじ》という名の人物だ。初代天皇とされる神日本磐余彦《かむやまといわれびこ》（神武天皇）は高天《たかまが》原《はら》から下された刀剣を高倉下から献上されると目覚めて、敵を討った。この刀剣の霊威が奈良県天理市の石上《いそのかみ》神宮の祭神になった。

刀が天から、それも熊野山中で降ってくるというのは尋常《じんじょう》ではない。なにか秘密が隠されているのではないか。

こうした疑問への解答として、私は次のように考えてみた。

熊野上陸の伝承

話は神武の熊野上陸に始まる。

というと神武は実在したのか、架空の人物ではないか、といった論争にぶつかってしまう。私は、神武が彼について『記・紀』が伝える話をすべてひとりで演じたとは思わない。古代のヒーローであり悲劇の主人公でもあった日本武尊《やまとたけるのみこと》の伝承が王権の勢力拡大にあたった武人たちを代表する英雄譚《えいゆうたん》だったように、神武伝説もいくつかあった創成期伝承をまとめたものだろう。

だからといって神武がまったく架空の人物だったとはいえない。海人《あま》系の人びとが熊野川を溯《さかのぼ》って内陸に向かった。そんな移動の一環として、彼らの一族が熊野に上陸し大和をめざしたとしてもおかしくない。神武は何人もいた武装集団のリーダーの中で大和まで到達した勇猛な武人として、後世の記憶に残った人物につけられた名ではなかったか。だからこそ、大海人皇子《おおあまのみこ》（後の天武天皇）が壬申《じんしん》の乱のさなかに、当時すでに存在していた神武の陵《みささぎ》に馬と武器を捧げ、武運を祈念したのだ。

海を失くした一族

海人系と思われる彼らは、太陽が昇りそして沈む海の彼方に永遠の国・常世を想定する水平的な世界観をもっていた。神武の軍勢が地元の勢力との戦いで苦境に立たされたとき、それを救い、帰順したのが大和の先住者である物部《もののべ》一族の高倉下だった。刀剣はレガリア（王権の象徴）だ。それを献上するのは帰順の儀式にほかならない。

物部氏は畿内に拠点を築く前、九州方面からやってきた一族ではなかろうか。彼らはその祖・饒速日命《にぎはやひのみこと》の降臨伝承をもつ。祖先神が天降《あまくだ》ったというのは北方民族に特有な思想だとの見解が多いから、物部氏の祖先が大陸からやってきた可能性がある。そうでなくても、ユーラシア大陸を馬で駆け巡った騎馬系民族の思想の影響を受けた人びとだったと思う。

　高倉下は神武一行に自分たちの垂直的世界観のヒントを与えた。刀剣が天から降ってきたという逸話はそれを物語る。つまりヤマト王権の創始者は熊野の地で宇宙・世界の枠組み転換をなす契機をつかんだ、というのが私の考えである。

　内陸に入って海が見えなくなったら「海《あま》」から「天《あま》」へと発想を変えるしかない。最高神が天上に居て、地上は大王のもとで人びとが暮らし、地下に暗い根の国がある、という垂直的な世界観は支配者の論理としても都合がいい。

　当初は輪郭のはっきりしなかった枠組み転換は、王権が三輪山の麓《ふもと》で地盤を固めるにつれて形を整え、最終的に天武王朝で神話化された。「高天原」や「天照大神《あまてらすおおみかみ》（天照大御神）」は、物部氏の保有する世界観より自分たちの世界観が優越することを示すためにつくり出された観念であろう。

　そう考えると『古事記』や『日本書紀』に高皇産霊尊《たかみむすひのみこと》（高御産巣日神、高木神）と天照大神というヤマト王権の皇祖神が奇妙に並立する理由も説明できる。高皇産霊は物部氏の大本《おおもと》の神だったのではないかと私は考えている。先住者の神だからヤマト王権も一目置かざるを得なかったのだ。

海の民の痕跡を追う

　私の主眼はヤマト王権の世界観の転換であり、神武東征の道をたどり、その史実か否かを検証することではない。ただ吉野や大和に海や海人を連想させる社や風習がいくつも残っていることは内陸に進出した海の民の痕跡《こんせき》として興味をそそられる。

　奈良県桜井市にある大神《おおみわ》神社のご神体である三輪山、中臣《なかとみ》（藤原）鎌足《かまたり》を祀《まつ》る談山《たんざん》神社のある多武峯《とうのみね》の周辺、そして天香具山《あまのかぐやま》についても語りたい。大和三山の中でただひとつ「天」がつき別格の天香具山は、「垂直的世界観」の完成とかかわりがあるような気がする。

　物語の終着駅は伊勢の海にしたい。ヤマト王権はなぜ自分たちの最高神を宮廷から遠い伊勢の地に遷《うつ》したのか。「東国支配の拠点だった」「東方を聖なる地だと考えた」といった説明はどれも腑《ふ》に落ちないからである。

コラム 『古事記』と『日本書紀』

ともに、現存する日本最古の歴史書である。

『古事記』はその序文に編さんのいきさつが書かれている。それによれば、天武天皇が「諸家に伝わっている天皇家の系譜や言い伝えには正しくないものも多い。偽りを正して、後世に伝えたい」という号令を発し、稗田阿礼《ひえだのあれ》にそれらを暗誦《あんしょう》させた。

この事業は天武時代には完成しなかったが、最終的に太安万侶《おおのやすまろ》が撰録《せんろく》し、和銅五年（七一二）元明天皇に献上した、という。

上中下の三巻からなり、上巻は世界の始まりから天孫降臨・神武天皇の誕生まで、中巻は神武東征から応神天皇まで、下巻は仁徳天皇から推古天皇までを記している。

一方、『日本書紀』には、その成立についての説明はついていない。

ただ『日本書紀』を引き継いだかたちの『続日本紀《しょくにほんぎ》』の養老四年（七二〇）五月二十一日に、「舎人《とねり》親王（天武天皇の皇子）が命を受けて編さんしてきた作業が完成し、紀（編年体の記録）三十巻と系図一巻を（元正天皇に）献上した」という記事がある。その通りだと、『古事記』より八年後の完成になる。

三十巻の中身は、一・二巻が「神代」。三巻以降が「人代」で、それは神武天皇から始まり持統天皇で終わっている。

とりわけ天武・持統天皇の記述は長く、天武天皇には二十八・二十九の二巻があてられた。天武が権力を奪った六七二年の壬申《じんしん》の乱の記述が詳しいこととあわせて、『日本書紀』が天武朝の正統性を意識してつくられたことを物語っている。

編さんの時期は似通っているものの、両書には次のような違いがある。

①『日本書紀』は漢文で書かれているが、『古事記』は音と訓を併用して和風化した文体になっている。

②『古事記』は物語性を重んじ、読み物として面白い。『日本書紀』はより、ヤマト王権の「正史」という性格をもつ。

③『日本書紀』の神代紀には「一書《あるふみ》にいわく」として、本文とは違う異伝を並べる例が各所に出てくる。

主要な氏族に伝わったものと思われる神話伝承を切り捨てずに載せたところに、記録性を重んじる編さん姿勢がうかがえる。

『古事記』と『日本書紀』は神々の表記が異なるケースが多い。本書では原則として『日本書紀』の表記に従ったが、『古事記』を引用した場合はその表記にした。

本書に登場する主な神々・人物の表記の違いは次表の通りである。

＊読みがなは岩波文庫版を基本にしたが、適宜、現代かなづかいに改めた。

神々・人物の名称	『古事記』の表記	『日本書紀』の表記
イザナキノミコト（国生みの男神）	伊邪那岐命	伊奘諾尊
イザナミノミコト（その妻）	伊邪那美命	伊奘冉尊
カグツチ（息子・火の神）	迦具土	軻遇突智
アマテラスオオミカミ（皇祖神）	天照大御神	天照大神
タカミムスヒノ（カミ）ミコト（同）	高御産巣日神（高木《たかぎ》神）	高皇産霊尊
スサノヲノミコト（天照の弟）	須佐之男命	素戔嗚尊
オオクニヌシノ（カミ）ミコト（スサノヲの息子、末裔《まつえい》など諸説）	大国主神 （大穴牟遅《おおなむち》神・葦原色許男《あしはらしこを》神・八千矛《やちほこ》神）	大己貴《おおあなむち》神 （大国主神）
ニニギノミコト（天照の孫）	邇邇芸命	瓊瓊杵尊
アメノウズメノミコト（岩戸の前で舞う）	天宇受売命	天鈿女命
カムヤマトイワレビコノミコト（神武天皇）	神倭伊波禮毘古命 （若御毛沼《わかみけぬ》命・豊御毛沼《とよみけぬ》命）	神日本磐余彦尊 （狭野《さの》尊）
ニギハヤヒノミコト（物部氏の祖神）	邇芸速日命	饒速日命
タカクラジ（その息子）	高倉下	高倉下
ウマシマヂ（同）	宇摩志麻遅	可美真手《うましまで》
ナガスネビコ（神武の仇敵）	登美毘古《とみびこ》（那賀須泥毘古）	長髄彦

大王崎

波の果て　魂のふるさと

三重県志摩市の大王崎《だいおうざき》は志摩半島の東南端、熊野灘と遠州灘の荒波を切り分けるように突き出た岬だ。そこから話を始めよう。国文学者、民俗学者、そして歌人でもあった折口信夫《おりくちしのぶ》が若き日に立ち、大海原の先にこの国の民がよりどころとしてきた「心のふるさと」「常世《とこよ》」を直感した場所だからである。折口は『妣《はは》が国へ・常世へ』と題する文にこう記している。

　十年前、熊野に旅して、光り充《み》つ真昼の海に突き出た大王ヶ《か》崎の尽端に立つた時、遙かな波路の果《はて》に、わが魂のふるさとのある様な気がしてならなかつた。（中略）すさのをのみことが、青山を枯山《からやま》なす迄慕ひ歎《なげ》き、いなひのみことが、波の穂を踏んで渡られた『妣《はは》が国』は、われわれの祖《おや》たちの恋慕した魂のふる郷であつたのであらう。いざなみのみこと・たまよりひめの還《かえ》りいます国なるからの名と言ふのは、世々の語《かたり》部《べ》の解釈で、誠は、かの本つ国に関する万人共通の憧《あこが》れ心をこめた語《ことば》なのであつた。（『折口信夫全集』中央公論社）

［紀行メモ］

◉大王崎

所在地：三重県志摩市大王町波切
交通：近鉄鵜方駅からバス20分、大王崎灯台下車、大王崎灯台へは徒歩10分
問い合わせ：志摩市観光協会
0599（46）0570
http://www.kanko-shima.com/

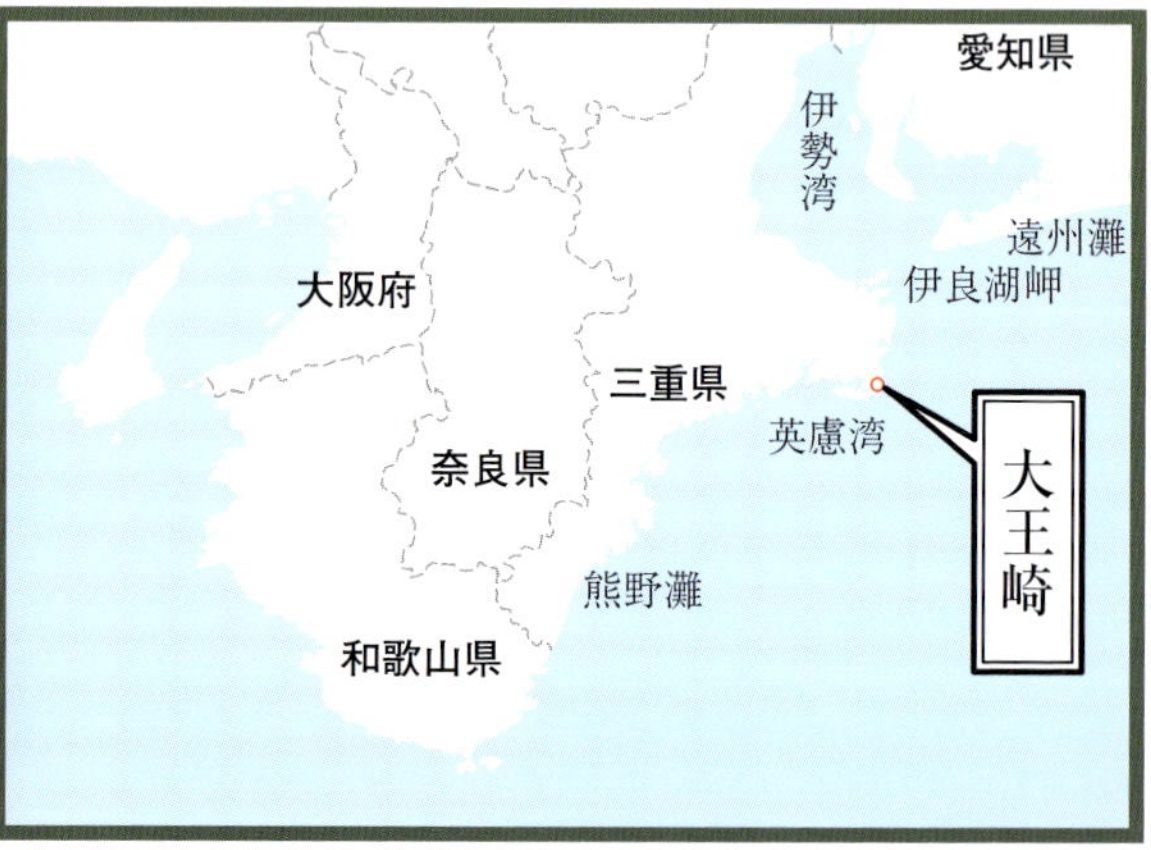

大王崎から望む大海原。岬には灯台が見える。群青のパノラマから、若き折口の熱い思いが伝わってくる

国生みの物語

伊奘諾尊《いざなきのみこと》（伊邪那岐命）と一緒に「国生み」をした伊奘冉尊《いざなみのみこと》（伊邪那美命）は、火の神軻遇突智《かぐつち》（迦具土）を産んだときの火傷《やけど》で死ぬ。黄泉《よみ》の国にいった妻に会いたいと、伊奘諾が黄泉の国を訪れる話は『古事記』のハイライトだ。

素戔嗚尊《すさのをのみこと》（須佐之男命）は、黄泉の国の穢《けが》れを払うため禊《みそぎ》をした伊奘諾が鼻を洗ったときに生まれた。

『古事記』によれば、彼は父から「海原《うなばら》を治めよ」といわれたのに泣きわめくばかり。「なぜ泣きわめくのか」と問われて「母の居ます根の堅州国《かたすくに》に参りたいのです」と答え、父から追い払われてしまう。

海神の娘の玉依姫《たまよりびめ》は初代の天皇とされる神武の母だ。ちなみに「神武」は奈良時代になってつけられた漢風の名前である。『日本書紀』や『古事記』では神日本磐余彦《かむやまといわれびこ》、神倭伊波禮毘古などと呼ばれた。また稲飯命《いなひのみこと》は神武の兄のひとりだ。

折口思想に思いを馳せて

折口信夫に師事した歌人の岡野弘彦氏によると、折口が大王崎に立ったのは明治四十五・大正元年（一九一二）

の八月。今宮中学の生徒二人を連れて伊勢・志摩・熊野にかけて「海やまのあひだ」の旅をしたときのことだった。

明治二十年（一八八七）生まれの折口はときに二十五歳。彼は大正に入って沖縄を調査し、生と死そして豊饒《ほうじょう》の異界である「ニライカナイ」から神がやってくるとの信仰に接する。それが精神の触媒になって、古代に「妣が国」「常世」と呼ばれた他界から「まれびと」が訪れ村々を祝福する、という思想に発展させた。

私が大王崎を訪れたのは九月の終わりの午後だった。

真珠の養殖で名高い英虞《あご》湾が奥深く入り込んだ志摩市大王町にある。名阪国道から伊勢自動車道を南下すれば早いが、熊野のぎざぎざした海岸線を楽しみたかったので、尾鷲市から北上した。

木々の間を抜けると岩壁に海が広がるという光景を予想していたが、人家が岬の近くまで迫っていた。真珠を売る店が並ぶ坂道をのぼると、昭和二年（一九二七）に点灯したという白亜の灯台がすっくと立っている。このあたりは海の難所で、船の遭難も絶えなかった。いまも現役で働いている灯台である。

二十メートルの高さにある展望台までらせん階段がついている。このパノラマはすばらしい。視界いっぱいの大海原。トビが羽を広げて眼下を舞い、遠くにタンカーや貨物船がゆっくりと往き交う。初秋の陽光に輝く大海は地球の丸みを語りかけ、その「先」の世界へいざなう。「波路の果に魂のふるさと」を想った若き折口の熱い思いが、私にも伝わってきた。

神武の出自

彼の文に出てくる「いなひのみこと（稲飯命）」は九州から大和の地をめざす神武東征に同行したが暴風で命を落とす。その言い伝えの地は、大王崎から入り組んだ海岸線を南下した熊野市二木島町《にぎしまちょう》にある。神武はそこでもうひとりの兄、三毛入野命《みけいりののみこと》も失う。『日本書紀』は次のように記す。

海《わた》の中にして卒《にはか》に暴風《あからしまかぜ》に遇《あ》ひぬ。皇舟漂蕩《みふねただよ》ふ。時に稲飯命、乃《すなは》ち歎《なげ》きて曰《のたま》はく、「嗟乎《ああ》、吾《あ》が祖《みおや》は天神《あまつかみ》、母《いろは》は海神《わたつみ》なり。如何《いかに》ぞ我を陸《くが》に厄《たしな》め、復《また》我を海《わた》に厄むや」とのたまふ。言《のたま》ひ訖《をは》りて、乃ち剣を抜きて海《うみ》に入りて、鋤持神《さひもちのかみ》と化《な》為る。三毛入野命、亦《また》恨みて曰はく、「我が母及び姨《をば》は、並《ならび》に是《これ》海神なり。

何為《いかに》ぞ波瀾《なみ》を起《た》てて、灌溺《おぼほ》すや」とのたまひて、則《すなは》ち浪《なみ》の秀《すゑ》を蹈《ふ》みて、常世郷《とこよのくに》に往《い》でましぬ。（岩波文庫）

〈海を渡るとき急に暴風に遇《あ》った。

大王崎の近くに波切《なきり》神社がある。神々の名が並ぶ

船は波に奔弄《ほんろう》されて進まない。稲飯命（天皇の兄）がなげいていわれるのに、「ああ、わが先祖は天神、母は海神であるのに、どうして我を陸に苦しめ、また海に苦しめるのか」と。言い終わって剣を抜いて海に入り、鋤持神となられた。三毛入野命（天皇の兄）もまた恨んでいわれるのに、「わが母と姨は二人とも海神である。それなのにどうして波を立てておぼれさすのか」と。波頭を踏んで常世国においでになった。〉（宇治谷孟《つとむ》著『全現代語訳　日本書紀』講談社学術文庫）

注目すべきは兄弟が「母は海神だ」「母もおばも海神だ」とその出自を表明していることである。

稲飯命と三毛入野命が遭難した出来事は、時空を超えていまの世に引き継がれ、海の祭りとして生きている。毎年十一月三日に開催される二木島《にぎしま》祭《まつり》だ。

海に面した波切神社には鯨を祀る鯨石があった

コラム　古事記は語る①――《国生み》

伊邪那岐命《いざなきのみこと》と伊邪那美命《いざなみのみこと》は、天上の神々から「漂っている国を固め成せ」といわれて、天と地の間にかけた橋の上に立ち、矛《ほこ》をおろして塩の海をごろごろかきまわした。

二神は、矛の先からしたたり落ちた塩が重なってできた「おのごろ島」に降り立ち、大きな柱を立てた。そして互いの体を比べ、「成り合わない」ところと「成り余る」ところがあることを知った。伊邪那岐は「私の成り余るところで、おまえの成り合わないところを刺しふさいで、国土を生もうと思うがどうだろう」と聞き、伊邪那美は「いいわね。そうしましょう」と答えた。

柱を回って、互いに「いい男」「いい乙女」とほめあったが、伊邪那美が先に相手をほめたのがよくなかったようで、最初の子は骨なしのヒルコだった。その子は葦《あし》の舟に乗せて流してしまった。ではやり直し、と今度は伊邪那岐が先に声をかけてから交わり、つぎつぎと国をつくっていった。

最初に生まれたのが淡路島。次に四国。そこは体はひとつだが顔が伊予、讃岐、阿波、土佐と四つある。次に生まれたのが隠岐、九州。さらに壱岐、対馬、佐渡と続いた。そして大倭豊秋津島《おおやまととよあきつしま》が誕生した。国生みはまだ続いたけれど、この八つが先に生まれたので大八島《おおやしま》の国という。

解説

古代人のおおらかな性を感じさせる一節だ。女性から声をかけてうまくいかなかったというくだりは、はや「男尊女卑」の表れか、はたまた「兄妹婚のタブー」を語ったものだろうか。

「島の始まりが淡路島、泥棒の始まりが石川五右衛門……」。映画「男はつらいよ」で寅さんが道端で演じるテンポのいいタンカ売《ばい》の原典は古事記である。大阪湾への入り口にある淡路は古代から身近な島だった。最近、島の北部の垣内《かいと》遺跡で、弥生時代後期の規模の大きな鉄器工房跡が見つかった。早くから拓《ひら》かれ、注目されたところだったからこそ、「最初の島」の栄誉を得たのだろう。

淡路島の南部、紀伊水道に浮かぶ小さな沼島《ぬしま》は昔から「ここが、おのごろ島だ」と言い伝えられてきた。淡路本島が「おのごろ島」という説も当然あるからややこしいが、そこは大らかに解したい。私は七月末に、沼島の高台にある「おのころ神社」に詣でたあと、宿で名物の「鱧《はも》料理」を食し、古代と現代を楽しんだことがある。

二木島祭

浜の民 鎮魂の祈り

日本神話はこう語る。

神日本磐余彦《かむやまといわれびこ》（神武天皇）の東征には五瀬命《いつせのみこと》、稲飯命《いなひのみこと》、三毛入野命《みけいりののみこと》の三人の兄が付き添った。このうち五瀬命は宿敵長髄彦《ながすねびこ》（那賀須泥毘古）との戦いで深手を負い死ぬ。生駒越えを果たせず敗退した神武は紀伊半島に沿って海上を迂回《うかい》する作戦をとる。稲飯命と三毛入野命は、上陸直前に嵐の海で遭難した。

その場所は三重県熊野市二木島《にぎしま》町《ちょう》の沖合いだったといわれている。熊野灘に面した紀伊半島東岸の複数の地が「こここそ神武天皇の上陸地」と主張した。二木島町も名乗りを上げた町のひとつだった。

稲飯命と三毛入野命を救うべく、浜の民たちはカツオ漁の小船で嵐の海に向かった。だがふたりとも助からず、二木島湾の入り口を挟んだ岬にそれぞれ葬られた。そこに室古《むろこ》神社と阿古師《あこし》神社が立つ。

二木島《にぎしま》祭《まつり》はそんな伝承に由来する。「関船《せきぶね》」と呼ばれる二隻の櫓船《ろせん》が両神社を巡りながら速さを競い合う勇壮な祭事と聞いて、早起きして奈良から出かけた。

早漕ぎレースを見物

平成十九年十一月三日は快晴、風も波もない絶好の日和だった。

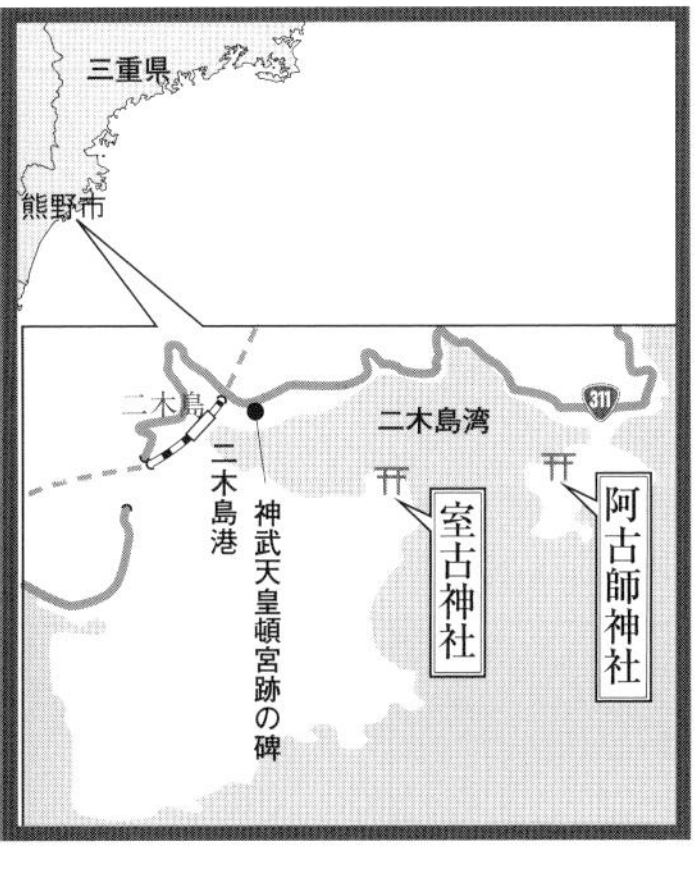

【紀行メモ】

◎二木島祭

所在地：三重県熊野市二木島町　室古神社、阿古師神社

日時：例年11月3日開催

交通：JR二木島駅下車徒歩3分

問い合わせ：熊野市観光スポーツ交流課　0597（89）4111

阿古師神社で神事を終えた２隻の関船は櫓も折れんばかりに激しく速さを競う

祭礼を担当する当屋の家族は社殿の前で参列者を出迎える

「関船」は二木島町と、同じ湾内の二木島里町からそれぞれ漕《こ》ぎ出される。男たちは二木島港の先で合流し、まず室古神社、次に阿古師神社に上陸して祝詞をあげるなどの神事を行う。二隻の「関船」が湾内をひと回りし、帰港する間に早漕ぎレースを展開するという趣向だ。

室古神社で祝詞をあげて神事が行われた

両社の祭神には、神武の兄たちのほか豊玉彦《とよたまびこ》・豊玉姫《とよたまびめ》、熊野大神、伊勢大神などいろいろな説がある。

熊野市役所の地元出張所から市役所OBの細川昌宏氏を紹介され、二木島港に面したお宅にうかがった。海上の祭だから随伴船から見るのが一番だそうだ。奥さんが顔見知りの船長さんに声をかけてくれて、漁船に乗せてもらう幸運に恵まれた。細川氏も久しぶりに見物しようと、一緒に乗船した。

午前九時過ぎ、上半身裸の男たち三、四十人ほどでいっぱいの「関船」が太鼓の音も勇ましく出港した。櫓の数は左右に四本ずつ。一本に三人がしがみつき長い櫓を漕ぐ。

受け継がれる鎮魂の祭

男たちは最初に稲飯命を祀《まつ》る室古神社に上陸した。

海岸線に沿って延びる参道の奥にこぢんまりした社殿が立つ。社殿の前に敷いたござの上には、着飾った母と子が並んで坐っている。二つのお宮の祭礼を担当する当屋《とうや》の家族だという。神事の間、見物客に甘酒の素《もと》が振舞われた。手のひらに盛られたそれをなめると、懐かしい味が口に広がった。

早漕ぎレースは、室古神社から阿古師神社に向かうとき、阿古師神社で神事を終えて出港したとき、そして最後に二木島港に戻る途中の計三回行われた。太鼓の音と掛け声が一段と高くなり、見ている私たちも力が入る。勝ったほうの地区が豊漁に恵まれると言い伝えられてきた。いまは祭りの雰囲気だが、昔はそれこそ必死の形相だったという。

ご多分にもれず、二木島でも若者が少なくなった。地元だけで漕ぎ手をまかなえず、周辺の町村から助っ人をあおぐ。以前は年に二度行っていた祭も一回きりになった。

それでも古代からの伝承が語り継がれ、神武の亡き兄たちの鎮魂儀式が綿綿と続いていることは人の心をうつ。私は神武を初代天皇とするヤマト王権が潮の香につつまれていることを実感した。そのことはまた語ろう。

熊野へと向かった神武

港から海沿いの細い道をしばらくたどった山側の小高いところに、大正時代に立てられた神武天皇頓宮《とんぐう》跡の碑があった。「頓宮」とは「仮の宮」という意味だ。入り口に標識もなく、近所の人に聞いてやっとわかった。訪れる人もまれなのだろう、急な石段は草に覆われていた。

紀伊半島中央部の山塊を「果無《はてなし》山脈」と呼ぶ。その名の通り山また山だ。

幾重にも重なる山並みを眺めていると、漂泊の俳人・種田山頭火《さんとうか》の「分け入つても分け入つても青い山」という句が浮かんでくる。

兄たちを失った神武は、ただ独り熊野山中に分け入る。

こぼれ話 ◉熊野水軍

動乱の中世を左右した海上勢力・熊野水軍は、ある時は海賊衆、また安全航行保障者（警固衆）ともなった。起源はかなり古いらしいが、定かではない。大勢で漕いで動かすなど各種の船を自在に駆使して、海を支配した。

その頭領であった九鬼氏は14世紀、三重県尾鷲市から志摩市・大王崎付近、16世紀には鳥羽市に本拠を移し、戦国時代には瀬戸内海にも進出。織田信長の大坂・石山合戦などでも活躍した。その後、関ヶ原合戦には親子で東、西両軍に分かれるなどして勢力を維持。兵庫県三田市と京都府綾部市に分かれて江戸時代まで続いた。

花窟神社

潮香る神話の主たち

世に祭りは多いが、『日本書紀』に描かれた通りの姿で今に引き継がれてきた祭りはそうはあるまい。

それは三重県熊野市有馬町にある花窟《はなのいわや》神社の「お綱掛け神事」である。

毎年二月二日と十月二日の二回行われる。最初は何げなく秋にでかけ、次は強くひきつけられるように、早春の熊野の海をめざした。

伊奘冉尊を祀る

花の窟は火の神の軻遇突智《かぐつち》を産んだときに「ほと（陰部）」を焼かれて死んだ伊奘冉尊《いざなみのみこと》の墓所といわれてきた。

『日本書紀』の神代紀は「一《ある》書《ふみ》」の記録として、その死後についてこう述べる。

紀伊国《きのくに》の熊野の有馬村《ありまのむら》に葬《はぶ》りまつる。土俗《くにひと》、此《こ》の神の魂《みたま》を祭るには、花の時には亦《また》花を以《も》て祭る。又鼓《つづみ》吹《ふえ》幡旗《はた》を用《も》て、歌ひ舞ひて祭る。（岩波文庫）

〈伊奘冉尊を紀伊国の熊野の有馬村に葬った。土地の人がこの神をお祭りするには、花のときに花をもってお祭りし、鼓・笛・旗をもって歌舞してお祭りする。〉（宇治谷孟著『全現代語訳　日本書紀』講談社学術文庫）

【紀行メモ】

◉花窟神社（花の窟神社）
所在地：三重県熊野市有馬町
交通：JR熊野市駅からバス5分、花の窟下車。または徒歩約13分
問い合わせ：0597（89）0100（熊野市観光協会）
http://www.hananoiwaya.jp/

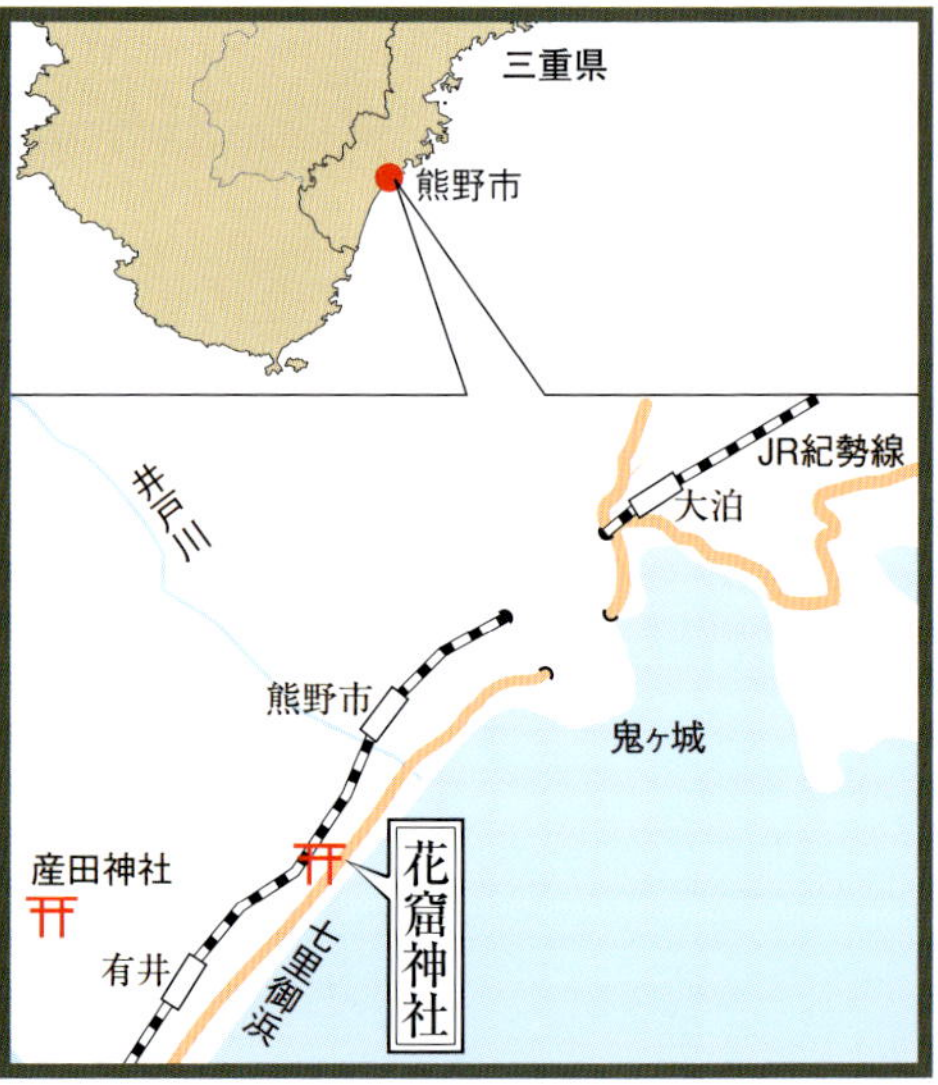

伊奘冉尊の墓所という花の窟の前で女児が舞う。大岩の上に張られた「お綱」に下げた縄の幡が風に揺れる

大岩の上から海岸に張られた「お綱」は海の果てにある常世《とこよ》と現世、そして伊奘冉が行った黄泉《よみ》の国を分ける結界《けっかい》だという。この祭りは、昔から生と死と再生の地とされてきた熊野を象徴する神事だと思う。

ご神体は大きな岩

神社のご神体は高さ七十メートルに達する巨岩である。岩のふもとに大きなくぼみがある。「ほと穴」と呼ばれている。そこが伊奘冉の墓所だとされる。その前に玉垣をめぐらした拝所がつくられ、白い玉石が敷き詰められている。

有馬町には縄文時代までさかのぼる祭祀《さいし》遺跡が残されている。花の窟の祭祀の歴史も相当古いに違いない。

向かいには妻を殺され逆上した伊奘諾尊《いざなきのみこと》に切り殺された息子軻遇突智の墓所がある。神日本磐余彦《かむやまといわれびこ》（神武天皇）伝説があちこちに残る地に皇祖神・天照大神《あまてらすおおみかみ》につながる神々の墓が並んでいることは、興味深い。

私が訪れた年の二月二日は土曜日だったからか、境内がいっぱいになる人出だった。午前十時、神事が始まった。七人の「上《のぼ》り子」がおはらいを受けて岩の上に登る。上からたらしたロープに「お綱」を結び、引っ張りあげてウバメガシの木にくくりつける。

「お綱」の長さは百七十メートル。青年団が特別の田んぼで作ったもち米のワラで編んだ綱を七本束ねてある。普通米の稲ワラでつくった綱より強いそうだ。編んだ綱に小縄を幡《はた》の形にしたものを下げ、その先に季節の花々を付ける。ツバキなどが下がっていた。二月はツバキ、十月はケイトウを入れる決まりという。

伊奘冉が軻遇突智を産んだという産田神社

「お綱」を張るのは氏子たちの仕事だ。「お綱」にさわり神様の力で身を清めてもらう。国道を一時止めて七里《しちり》御浜《みはま》まで引っ張って、片端を固定する。以前は国道沿いの松の大木にくくりつけたが、松くい虫で枯れてしまったので、コンクリートの支柱で代用している。

祭礼の真の意味は？

地元の伝承によると、朝廷から毎年「錦《にしき》の幡《はた》」が贈られてきたが、あるとき増水した熊野川で船が転覆して幡も流された。以来「縄の幡」になったそうだ。

縄幡の数は三本。黄泉の国から逃げ帰った伊奘諾が穢《けが》れをはらう禊《みそぎ》をしたときに誕生した天照、月読《つくよみ》、素戔嗚《すさのを》の三神を意味している。一家のそろい踏みである。

「伊奘諾がいませんね」と神社の法《はっ》被《ぴ》を着た人に聞いたら、「うーん、なぜ父親だけ淡路に葬られたのかな」と首をかしげた。

花と歌の祭りとあって音曲は欠かせない。「くまの天女座」の音楽奉納や地元、有馬小学校五年生の女児たちの舞いがあった。前の年の夏から練習を重ねてきたという。大岩と小さな舞姫は不思議なハーモニーをかもしだしていた。

熊野を五感で感じるこの祭りの由来をあれこれ詮索《せんさく》するのは無粋なことかもしれない。だが、花の窟とその祭礼をめぐってはさまざまな解釈がなされてきた。

いわく、ここは水葬や風葬の地だった。それが伊奘冉の墓所になった。

いわく、豊作を願う予祝（二月）と収穫の感謝祭（十月）であろう。

いわく、周辺には縄文・弥生の遺跡もある。古代人が太陽を迎えた場所ではないか。

いわく、ここは「陰石」で和歌山県新宮市にある神倉神社の「ゴトビキ岩」が「陽石」。ふたつの巨岩は対をなしている。

それぞれなるほどと思う。解釈や理屈を越えて、熊野の海岸で繰り広げられる「お綱掛け神事」に、私は伊奘諾・伊奘冉から天照まで、日本神話の主人公たちにまつわりついている「潮の香」を感じていた。

南国の香り

『古事記』は伊奘冉が出雲と伯耆《ほうき》（鳥取県西部）の境の比婆《ひば》の山に葬られたと記す。でもこの神には、山中より海辺の墓所がふさわしい。少女たちの舞を見ながらそんなことを思っていた。

花窟神社から海とは反対の西方へし

ばらく行くと産田《うぶた》神社がある。伊奘冉がそこで軻遇突智を産んだという言い伝えが神社の名前の由来である。

準備されたお綱につける縄の幡

境内からは弥生時代の遺跡が発掘された。弥生中期（約二千年前）の土器が出土し、このあたりの水稲栽培の中心地だったことをうかがわせる。

一帯にどことなく南国のにおいがただよっているのはナギ、クス、ツバキなど暖地性の植物群落のせいかもしれない。

熊野の海岸では台湾やインドネシア、ときにニュージーランドからの漂着物も見つかるそうだ。潮の香のする神話も黒潮に乗ってやってきたのだろうか。

こぼれ話

◉信仰の対象としての岩

巨大な石はそれ自体が信仰の対象とされた。奈良県三輪山など、神々として敬われた山や森にも、実は大切にされている岩場「磐座《いわくら》」があることが多い。そして巨石や岩壁の下端部がくぼんで、屋根のようになっている場合、岩陰の空間が活用された。約２万年前（旧石器時代）の住居跡などが高知県・奥谷南遺跡の岩陰で見つかっている。また「女神」を線刻した小石や葬送のペット犬の骨も約１万２千年前（縄文時代）の愛媛県・上黒岩岩陰《いわかげ》遺跡で確認。４世紀（古墳時代）ごろに製塩をした和歌山県・磯間岩陰遺跡は、墓地にもなった。岩も「物語」を生む舞台だった。

紀伊半島

混じり合う思想と宗教

　志摩半島の大王崎で波路の果てに理想郷・常世《とこよ》を想った折口信夫《おりくちしのぶ》は、そこからやってきて村人たちを祝福する「まれびと」を論じた『古代生活の研究』にこう記している。

　此《この》まれびとなる神たちは、私どもの祖先の、海岸を逐《お》うて移つた時代から持ち越して、後には天上から来臨すると考へ、更に地上のある地域からも来る事と思ふ様に変つてきた。古い形では、海のあなたの国から初春毎に渡り来て、村の家々に、一年中の心躍る様な予言《かねごと》を与へて去つた。此まれびとの属性が次第に向上しては、天上の至上神を生み出す事になり、従つてまれびとの国を高《たか》天原《まがはら》に考へる様になつたのだと思ふ。(『折口信夫全集』中央公論社)

　そこから「まれびと」がやってくる場所が「海のあなた」から「天上」に変わり、ついには「高天原」を考え出した。

　私は折口のこの言葉を「海《あま》」から「天《あま》」への世界観の転換ととらえ、それをさらに熊野の地に重ね合わせてみたい。

思想と信仰のデパート

　だが熊野は一筋縄ではいかない。歴史的にいろいろな要素、思想、宗教が輻輳《ふくそう》しているからである。

　日本各地には古くから、すべてに霊が宿るとみるアニミズム信仰が存在する。

　本居宣長《もとおりのりなが》は『古事記伝』で神をつぎのように定義した。

　さて凡《すべ》て迦微《かみ》とは、古御典等《いにしへのみふみども》に見えたる天地《あめつち》の諸《もろもろ》の神たちを始めて、其《そ》を祀《まつ》れる社《やしろ》に坐《います》御霊《みたま》をも申し、又人はさらにも云《いは》ず、鳥獣《とりけもの》木草のたぐひ海山など、其余《そのほか》何にまれ、尋常《よのつね》ならずすぐれたる徳《こと》のありて、可畏《かしこ》き物を迦微とは云《いふ》なり。すぐれたるとは、尊《たふと》きこと善《よ》きこと、功《いさを》しきことなどの、優《すぐ》れたるのみを云に

非《あら》ず、悪《あし》きもの奇《あや》しきものなども、よにすぐれて可畏きをば、神と云なり。(『本居宣長全集』筑摩書房)

宣長のいう迦微(神)の範囲は広い。古典に登場する神々、神社に祀られている神々だけではなく、鳥獣・草木・海山なんであれ、たとえそれが「悪いもの」であったとしても徳があり、かしこきものをさした。

木、森、山、雷、川、滝、蛇、熊……。恐ろしいが恩恵ももたらしてくれるもの。宣長が神と呼んだ対象への畏怖《いふ》と崇拝が、熊野でも人びとの信仰の土台をなしている。山中他界観や祖霊信仰もそうした観念を基層にしたものであろう。「死んだ人の霊は山にのぼり、時を経て清められ、子孫を守る祖霊になる」という考えである。

古代人の自然信仰の土壌のうえに仏教が乗り、後に浄土思想が広がった。熊野の場合は、そこが修験道《しゅげんどう》の本拠地になったことで、思想の様相はより複雑になった。飛鳥・藤原京時代の人物・役小角《えんのおづぬ》を開祖とする修験道はアニミズムに神道、仏教、密教、陰陽道などがミックスされた山岳宗教である。

和歌山県新宮市に生まれ、熊野の歴史と民俗を研究してきた下村巳六《みろく》氏は著書『熊野の伝承と謎』の中で熊野の歩みを簡潔に概括している(「こぼれ話」参照)。大いに触発されたが、私が思い描く歴史の展開は下村氏とはやや異なる。

山と海を越えて来た人びと

紀伊半島への人びとの流れには、大きく分けてふたつの方向があったと思う。ひとつは大和方面からの進出である。彼らは稲作や金属器技術など弥生文化をもっていた。

もうひとつは海の民だ。黒潮などに乗って縄文時代から断続的にやってきた海の民たちは、内陸への通路となった川を溯《さかのぼ》ったり、山を越えたりして半島の奥地に進み、定着していったことだろう。

熊野に上陸して間もない戦闘でピンチに立たされた

朝日に輝く熊野川。熊野の深い山々、谷の水を集め悠々、熊野灘に注ぐ

神日本磐余彦《かむやまといわれびこ》（神武天皇）を助けた高倉下《たかくらじ》は物部一族だった。

先に大和の平地をおさえたのは物部一族で、神武を初代とするヤマト王権の支配者たちはその後からやってきた海人《あま》の血を引く人びとだった。私はそんなふうに考えている。

自然信仰（山中他界観）の地に、祖先神が天から降臨するという垂直的世界観をもった人たちがやって来た。そこに新たにヤマト王権の創始者たちが到着する、という構図である。彼らは、海のかなたに常世やニライカナイ（琉球地方の思想）を想定する水平的世界観を受け継いでいた。

独特の風土の形成

思想と宗教のデパートのようなところにさまざまな人びとや部族が交錯したのだから、熊野の様相は複雑になる。自然信仰、垂直的世界観、水平的世界観が重層しているからこそ、「海《あま》」と「天《あま》」が共存する独特の風土を形成するわけだ。

私はこの物語を進めるにあたって、つぎのような仮説を立ててみた。

①垂直的世界観を継承した物部氏が熊野で水平的世界観をもつ神武に帰順した。

②両者の巡り合いはヤマト王権の創始者に世界観を転換させるヒントを与えた。

③海と別れたヤマト王権の創始者たちは、自分たちの垂直的世界観を作り上げるために「高天原」や「天照《あまてらす》大神《おおみかみ》」という観念をつくった。

④その枠組み転換は『古事記』と『日本書紀』で仕上がったが、装飾・消去できない部分が残った。

こぼれ話 ◉下村巳六氏の説

熊野地方には、縄文などの遺物の出土も見られ、遠い昔から人びとの居住していたことは確かだが、それがアイヌだったのか、海人族だったのか、徐福渡来伝承なども残っていて、明確でない。永い歳月のあいだには、新しく移住してきた部族もいて、それらが重なり合って、熊野古代文化を形成していっただろうから、縄文以前のことはおぼろげになっている。

（中略）旧《ふる》くからの熊野の信仰の変遷——それは文化の変遷でもある——を概観してみると、古代には海人族（安曇《あずみ》族）の信仰・文化があり、それに、筑紫、阿波を経て熊野に入ってきた物部天神系（高倉下族）の信仰・文化がかぶさり、既存の海人系信仰・文化と融合する。その信仰・文化圏のうえに、さらに、神武天神系（ヤマト大王系）の信仰・文化が重なり、物部天神系信仰の影が薄れていった。そして、ヤマト大王政権が確立していくに従い、その傾向は強まっていったが、しかし、既存の旧い熊野の信仰・文化がヤマト側にまったく吸収されてしまった訳ではなく、影となり日向《ひなた》となって熊野の特殊性を保持し続けた。やがて仏教が加わり、それと習合して熊野修験道を成立させていく。

（『熊野の伝承と謎』批評社）

熊野と人物

「死と再生」で結ばれて

「熊野の風景がよく似合うのは誰？」と聞かれたら、真っ先に神話の素戔嗚尊《すさのをのみこと》を挙げたい。

『記・紀』によれば、彼は天照大《あまてらすおお》神《みかみ》の弟だ。恵まれた生い立ちの素戔嗚は高天原《たかまがはら》の田んぼや用水路を壊す狼《ろう》藉《ぜき》を働く。腹を立てた天照は岩屋にこもってしまう。天鈿女命《あめのうずめのみこと》（天宇受売）の踊りや手力雄神《たぢからをのかみ》（天手力男）の怪力で岩戸が開かれ一件落着後、素戔嗚を神々が責め立てる。『日本書紀』はその場面をこう記す。

諸の神《もろもろかみたち》、素戔嗚尊を嘖《せ》めて曰《い》はく、「汝《いまし》が所行《しわざ》甚《はなは》だ無頼《たのもしげな》し。故、天上《あめ》に住むべからず。亦葦原中国《またあしはらのなかつくに》にも居《を》るべからず。急《すみやか》に底根《そこつね》の国に適《い》ね」といひて、乃《すなは》ち共に逐降《やら》ひ去《や》りき。時に、霖《ながめ》ふる。素戔嗚尊、青草を結《ゆ》束ひて、笠蓑《かさみの》として、宿を衆神《もろかみたち》に乞ふ。衆神の曰はく、「汝は是躬《これみ》の行《しわざ》濁悪《けがらは》しくして、逐《やら》ひ謫《せ》めらるる者なり。如何《いかに》ぞ宿《やどり》を我に乞ふ」といひて、遂に同《とも》に距《ふせ》く。（岩波文庫）

〈もろもろの神たちは、素戔嗚尊を責めていわれるのに、「お前の行ないは大変無頼である。だから天上に住むことは許されない。また葦原中国にも居てはならぬ。速やかに底の根の国に行きなさい」といってみなで追いやられた。その時に長雨が降った。素戔嗚尊は青草を編んで、蓑笠として身につけ、神々に宿を借りたいと乞《こ》うた。神々は「お前は自分の行いが悪くて、追われ責められているのだ。どうして宿を我々に乞うことが許されようか」といわれて、皆で断られた。〉（宇治谷孟著『全現代語訳　日本書紀』講談社学術文庫）

同族会社で、社長の逆鱗《げきりん》に触れて専務が地方に飛ばされた。きのうまで専

大塔宮が逃れてきたという田辺市鮎川には劒《つるぎ》神社が祀られている

務の顔色をうかがっていた役員や部長たちは手のひらを返したように「けしからん」の大合唱。送別会ひとつ開かずにやっかい払いする。会社でいえばそんなところか。

『日本書紀』は、失意の素戔嗚がどこをさまよったのか記していない。だが紀（木）の国にはその舞台にふさわしい雰囲気がある。大台ケ原や熊野は雨の多い地域だ。

大塔宮と素戔嗚

中世にも同じような場面がある。建武の新政で知られる後醍醐天皇の皇子、大塔宮護良親王《おおとうのみやもりなが》だ。一三三一年、鎌倉幕府の倒幕運動が失敗、父は隠岐島へ流され、子は山伏姿に身をやつして熊野に逃れる。『太平記』のいう熊《くま》野《の》落《おち》である。

年の瀬、空腹の大塔宮は農家が正月用についた粟餅《あわもち》を所望したが、どこも断った。落人《おちうど》への施しはご法度だったからだ。あとで高貴な人と知った里人は、恐縮して正月に餅を食べないことにした。和歌山県田辺市鮎川には、そんな風習が伝わる。私には熊野山中を

こぼれ話

◉太陽の帰還

「天照大神が天石窟《あまのいわや》に隠れ、すべてが闇のとばりに包まれた」。この神話は、古人が天照大神と太陽を結びつけて信じていたことを物語っている。よく似た神話はロシア・バイカル湖畔から中国南部、東南アジア、北米西海岸におよぶ太平洋沿岸に広がっている。太陽や原始の火が箱に入れられたり、大カラスにのみ込まれたりして失われ、神々らが懸命に取り戻す苦心談である。エロチックな踊りや「しぐさ」で太陽を誘い、わきの下をくすぐって笑わせてはき出させる筋書きの物語もある。

さらに中国の貴州省・苗《ミャオ》族などの間には姿を消した太陽を、雄鶏《おんどり》の鳴き声で呼び戻す神話が伝えられていた。「だから、鶏が鳴くと太陽が昇る」というわけだ。わが天照の帰還神話にも、常世の「長鳴鶏《ながなきどり》」も一役かっている。

東南アジア各地に、日食は人びとの悪行が原因で起きるとの神話も伝えられ、水田稲作などにからむ物語もある。太陽の恵みの大切さはギリシャ神話にも登場。世界共通ともいえる。だから、源流を探し出すことはなかなか難しい。日本の神話にはやはり、太平洋地域をこえて世界各地の多様な文化の「流れ」が潜んでいる可能性がありそうだ。

さまよった大塔宮が素戔嗚とだぶって映る。

追放と復活

臨済宗の寺で修行、米ハーバード大学で神学を学び、帰国後、宗教学や文明論など幅広く活躍している町田宗鳳氏はユニークな学者だ。彼は高天原から「根の国」に追放された素戔嗚が出雲で八岐大蛇《やまたのおろち》を退治し見事復活する「追放と復活」劇こそ熊野にふさわしい、と述べている（『エロスの国・熊野』法蔵館）。

熊野本宮大社の主祭神、家津美御子《けつみみこ》神は素戔嗚尊でもある、とされている。熊野と素戔嗚には浅からぬ縁がある。『日本書記』の神代紀の「一書《あるふみ》」には素戔嗚の子、五十猛《いたける》神が樹《き》の種をたくさんもって天降《あまくだ》り、この国を緑豊かにして紀の国の大神になった、という一節がある。

別の「一書」では、素戔嗚は「息子が国を治めるのに舟がないと不便だろう」と体の毛を抜いて杉、檜《ひのき》、槙《まき》、樟《くす》などをなした。そればかりか「杉と樟で舟をつくれ。檜は宮をつくる材にするといい。槙は棺に適している」とそれぞれ用途まで示したという。親ばかでもあり、熊野にふさわしいエコロジストでもある。

熊野古道中辺路・野中の「一方杉」は南方熊楠の強い保護運動で伐採を免れた

熊楠が守った森

そんな素戔嗚の姿は、紀州が生んだ巨人、南方熊楠《みなかたくまぐす》を思い起こさせる。

慶応三年（一八六七）、和歌山生まれの南方熊楠は日本のスケールからはみ出た人物だった。その博識と語学力、旺盛な興味は専門の粘菌研究にとどまらず、博物学、民俗学など幅広い分野に及んだ。

神社の森を守るなど環境保護もそのひとつ。私は田辺から熊野古道の中辺《なかへ》路《ち》に沿った道路を本宮大社に向かうときは、必ず「野中《のなか》の一方杉《いっぽうすぎ》」に立ち寄ることにしている。

明治初年の神社合祀《ごうし》令で小さな神社はどこも存廃の危機に瀕《ひん》した。中には合祀に乗じて社の木を売り払い、ひともうけしようという不心得者もいたようだ。

巨木の枝がみんな南に向いていることから「一方杉」といわれた継桜《つぎざくら》王子の森は、神社合祀に反対した熊楠によって守られたといわれている。そこに立ち寄るのは南方熊楠に敬意を表するためだ。

熊野が似合う人物

考えてみれば、私の物語の主人公のひとりである神日本磐余彦《かむやまといわれびこ》（神武天皇）も熊野に似合いのキャラクターといえよう。

『記・紀』のストーリーにしたがえば、生駒山を越えようとして長髄彦《ながすねびこ》に敗れ、捲土重来《けんどちょうらい》、熊野に再上陸する。その直後、「熊野の神」の毒気《あしきいき》にあてられ軍勢は気絶する。そのピンチを高倉下に救ってもらう。まさに熊野にぴったりな「死と再生」のヒーローではないか。

中世にもうひとりヒーローがいる。「説経節」や歌舞伎の主人公、小栗判《おぐりはん》官《がん》だ。小栗は名うてのプレーボーイだったが、毒酒を飲まされて死ぬ。閻《えん》魔《ま》大王の裁定で地上に戻され「餓鬼阿《がきあ》弥《み》」の姿になった小栗を照手姫《てるてひめ》の愛が救うという物語である。

土車に乗せられた小栗判官が蘇生したところが熊野本宮大社に近い湯の峰温泉だ。谷川の河原には小栗が入った岩風呂という「つぼ湯」がある。

素戔嗚と縁がある本宮大社のある場所は、これからお読みいただく私のストーリーでも重要な舞台になる。熊野の風景が似合う素戔嗚、神武、小栗判官は、死の試練とそこからの再生という共通項で結ばれている。

コラム 古事記は語る2——《スサノヲのろうぜき》

父・伊邪那岐《いざなき》から「お前は海を治めよ」と言われた須佐之男命《すさのをのみこと》（素戔嗚尊）だが、「亡き母上のおられる国に行きたい」と泣きわめくばかり。父親は怒って彼を追い出してしまう。須佐之男は姉・天《あま》照大御神《てらすおおみかみ》にいとまごいしようと高天原を訪れる。しかし天照は、弟が高天原を奪いに来たのではないかと疑い、武装して待ち受けて「何しに来たの」と問いただした。

須佐之男は邪心のないことを証明するため、誓約《うけい》（あらかじめこうなる」と宣言し、その通りになるかならないかで、事の正邪を判定する占い）をしようといった。

姉と弟は、それぞれ相手の勾玉《まがたま》と剣をかみくだいて吐き出し、つぎつぎに神々を生んでいった。須佐之男は女神たちを生んだとして、勝ち名乗りをあげた。そして勢いにのって、天照の田んぼの畦《あぜ》を壊し、田に水を引く溝《みぞ》を埋めてしまった。そればかりか、こともあろうに収穫した初穂を天照が食する御殿に大便をする始末。

それでも天照は「お酒に酔って、へどを吐いたのでしょう」などと弟をかばった。それをいいことに須佐之男はますます暴れ、天照が神の衣服を織らせていた神聖な機《はた》屋《や》の屋根に穴をあけて、そこから皮をはいだ馬を投げ入れた。そこにいた機織女は驚きのあまり機織り道具で陰部を突いて死んだ。

この期に及んで天照も怒り心頭、天の岩戸のなかにこもってしまった。このために高天原だけでなく、葦原中国《あしはらのなかつくに》も真っ暗になった。

解説

『古事記』は、天上世界での須佐之男を感情の起伏の激しい乱暴者のように描く。しかし、高天原を追われた後の彼は出雲で大蛇を退治して娘を助けたり、自分の娘の恋人に試練を与えて最後は激励したりするなど、人情味のある神として描かれている。彼と大国主（大己貴）の関係も「親子だ」とか「六世の孫」だとか『古事記』『日本書紀』で記述がばらばらだ。なぜ『記・紀』の記述が混乱しているのかについて、本文で私なりに推測してみた。

『古事記』が語る須佐之男の「ろうぜき」は古代に「天つ罪」といわれたことがらである。これには「畦を壊して田の水を流す」「田に水を引くための溝を埋める」「他人が種をまいた上にまた種をまく」「他人の田に杭《くい》を立てる」など稲作にかかわる禁忌が多い。生きた馬の皮をはぐ、斎場を汚物で汚すのも「天つ罪」とされた。

一方、「国つ罪」として、近親相姦《そうかん》、獣姦、生きている人や死人の肌に傷をつけること、などがあげられている。

補陀洛山寺

海人ゆさぶる常世の誘い

三重県志摩市の大王崎に立った若き折口信夫《おりくちしのぶ》は、熊野の海のかなたに「妣《はは》が国」「常世《とこよ》」を直感した。

彼ならずとも、熊野灘の碧《あお》い海原を眺めていると、視線は自然に遠くへ向かい、水平線の果てに永遠《とわ》の国、幸せの場所があるのではないかという気分になってくる。

オーストラリアへ渡った人びと

実際、紀州から多くの人びとが地球の裏側へ船出した。たとえば、オーストラリアの北東に突き出たヨーク岬半島の沖にある小島「木曜島」などに、明治十年代から戦前まで多くの紀州人が渡った。

海にもぐって高級ボタンの原料になる白蝶貝《しろちょうがい》や黒蝶貝などを採る出稼ぎダイバーである。その数七千人、うち七割が新宮など紀南地方からだったという。

ダイバーはきつい仕事だが収入も良かった。運よく真珠貝を採ればその中の天然真珠は「ボーナス」になった。だが収入は危険と背中合わせだった。潜水病や事故、病気で二千人もの日本人が命を落とした。一九七九年、荒れ果てた墓地の一角に日本の関係者の手で慰霊塔が建てられた。朝日新聞記者時代の二〇〇三年に現地を訪れた小村滋氏のリポートでは、慰霊塔の周りはきれいに草刈り

【紀行メモ】

◎補陀洛山寺
所在地：和歌山県東牟婁郡那智勝浦町大字浜ノ宮
交通：JR那智駅から徒歩3分
問い合わせ：0735（52）2523

◎アメリカ村
所在：和歌山県日高郡美浜町三尾
交通：JR御坊駅からバス、アメリカ村下車すぐ
問い合わせ：0738（23）4951（美浜町産業建設課）

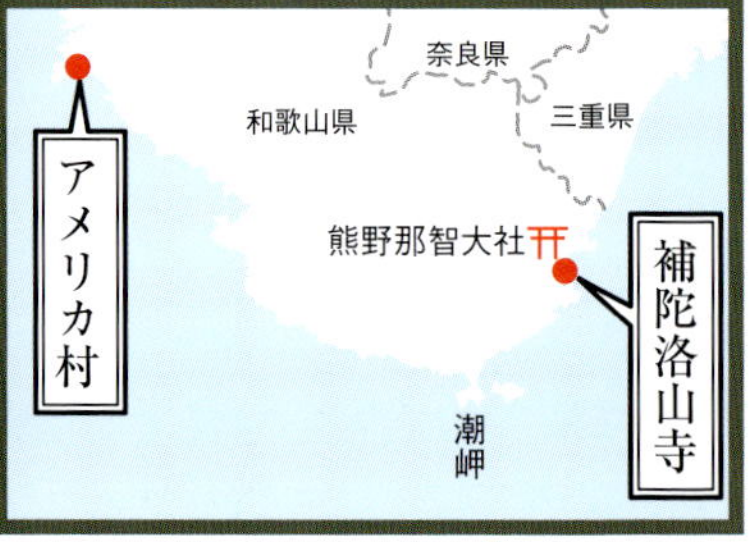

補陀洛山寺にある「補陀落渡海船」。復元品で、船上の屋形に閉じこもって僧たちは浄土を目指した

されていたという。島民の優しい気遣いだ。

　オーストラリアだけではない。和歌山県の日ノ御埼《みさき》が太平洋に突き出た美浜町三尾《みお》地区は通称「アメリカ村」と呼ばれてきた。明治以来、アメリカならぬカナダへ大量の移民を送り出した村だ。行った先が国境に近かったこと、「カナダも北米のうち」ということで「アメリカ村」の名がついたらしい。

　日ノ御埼にある「アメリカ村カナダ移民資料館」の西浜久計《ひさかず》館長に話を聞いた。大正十五年（一九二六）に三尾で生まれたが、両親は戦前、カナダで暮らしたという。

　三尾からのカナダ移住は明治二十一年（一八八八）から始まった。太平洋岸のバンクーバーやスティブストン中心に鮭《さけ》漁や鮭の缶詰工場で働いた。一九四〇年の調査では三尾村民のうちカナダ在住が二千五百人、故郷の在住者は千五百人だったというから、当時は移民の数のほうがはるかに多かった。鮭漁に従事した人たちは、後に船を持つまでになったという。

　村からカナダへの移民は戦争で途絶えた。戦後郷里に引き上げてきたものの、日本の食糧難や就職難からまたカナダへ戻っていった人も少なくなかった。西浜氏によれば、いま三世、四世を中心に三尾出身者の子孫たちがカナダ全体で七千人もいる。

　和歌山市生まれの作家、神坂次郎氏は多くの三尾村民が太平洋を渡った理由について「海に生きてきた彼らの心を強くゆすぶりつづけたのは、群青《ぐんじょう》の海の向うにある未知なる異境への〝海流の誘い〟であったのだろう」と書いている（『熊野まんだら街道』新潮文庫）。熊野の海には人を誘い込む何かがある。

海へのあこがれ

「海流の誘い」の究極は補陀落渡海《ふだらくとかい》という名の自殺行である。私はそこに海人《あま》族の「妣の国」へのあこがれの残像をみる。

　補陀落渡海は、南方海上にあるといわれる観音浄土をめざして、還《かえ》ることのない船旅に乗り出す宗教的実践だ。『広辞苑』によれば、補陀落は梵語《ぼんご》（サンスクリット）の「ポータラカ」からきており、観音菩薩《ぼさつ》が住むところ。中国の長江（揚子江）河口沖にある舟山

日ノ御埼の海にはタンカー、貨物船、漁船が終日、往き交う

群島の普陀《ふだ》山とも、南インドの海岸の地ともいわれてきた想像上の聖地だ。小舟で江南やインドへたどり着けるわけはないから、死して極楽浄土に達する入水《じゅすい》行である。

常世の思想に仏教の観音浄土信仰が重なり、聖なる地で永遠の生命を得ようという信仰が育った。それは、人を引き込む熊野の海にふさわしい入滅《にゅうめつ》行でもあった。

和歌山県那智勝浦町にある補陀洛山寺には、平安前期八六八年の慶龍上人から江戸中期一七二二年の宥照《ゆうしょう》上人まで、この地から死の船出をした二十五人の僧らの名を刻んだ石碑が立っている。熊野那智大社、那智の滝へ向かう車や観光バスの多くは補陀洛山寺の脇を通り過ぎて行くが、境内には復元された渡海船も展示されているから、立ち寄ることをお勧めする。

江戸時代、天保期に完成した地誌

『紀《き》伊《い》続《しょく》風《ふ》土《ど》記《き》』はこう記す。

此《この》地より渡海すれば補陀洛山に行くといふ事、古くより浮屠《ふと》（僧侶）のいひ出たるより、終《つい》に寺を建て〻補陀洛山と号するならん。当寺の住僧旧《ふるく》は臨終以前に船に乗せて海上に放ち、補陀洛山に行《ゆき》しといふ。

浜の沖には綱切島、帆立《ほたて》島、金光坊《こんこぶ》島などの名がついた島々がある。

綱切島は渡海船と伴船を結ぶとも綱を切り、帆立島はそこで帆を立てたというところ。金光坊島は沖に曳航《えいこう》されるうちに死が怖くなり、近くの島に脱出した戦国時代の僧の名に由来する。見つかって殺されたというから悲惨だ。以来、生きたままの渡海は下火になり、近世は僧侶の遺体を船で沖に流すようになったといわれる。自殺行から水葬に変化したことになるが、根底にある常世思想は変わっていない。

曼荼羅に描かれた自殺行

中世から近世にかけて、熊野比丘尼《びくに》たちは熊野詣をPRするための絵解《えと》きといえる「那智参詣曼荼羅《まんだら》」や「熊野観心十界図」などを手に全国を行脚《あんぎゃ》した。

「那智参詣曼荼羅」は渡海僧が死出の旅に立とうとする光景をリアルに描く。白い帆を立てた渡海船の船上には屋形がつくられ、その四方に赤い鳥居が立っている。ひざまずいて拝む人たちや、沖合いまで同行する二隻の伴船も描かれている。

渡海僧がわずかな食糧や油を載せた屋形の中に入ると、外から釘《くぎ》が打たれる。人びとは、歌うような比丘尼の説明に、熊野と浄土への想《おも》いを膨らませたことだろう。

こぼれ話 ◉真珠の魅力

真珠は発掘調査でも時折、見つかる。約5500年前、（縄文時代前期）の福井県・鳥浜貝塚のは用途不明だが、６世紀の福岡県・沖ノ島などの遺跡出土品は装身具らしい。邪馬台国の台《と》与《よ》による魏への献上品にも「白《しら》珠《たま》」と書かれている。古代ペルシャ、ギリシャなどでも珍重され、現代にその一部が伝えられた。偶然採取され、権力者らが手にいれたようだ。強精剤との記録もある。もちろん天然真珠だ。体に入った異物を、貝が自らの真珠質でくるむ。この性質を利用した、真ん丸に近い養殖真珠の開拓で知られるのは御木本幸吉である。彼の活躍の舞台も、熊野灘を望む三重県・志摩半島であった。

串本・新宮

善きものは海から来る

熊野の海から、海のかなたの理想郷・常世《とこよ》に旅立つ。神話はそんな光景が好きらしい。神日本磐余彦《かむやまといわれびこ》（神武天皇）の兄・三毛入野命《みけいりののみこと》のほか、少彦名命《すくなびこなのみこと》もそうだった。大国主神《おおくにぬしのかみ》を助けて国づくりを進めたという小さな神だ。

大国主が出雲の美保の岬に居たとき、少彦名はガガイモの実の船に乗り、蛾《が》の皮を衣服に着て近づいてきた。力を合わせて働いたあと突然、常世の国へ帰ってしまう。やってくるときも去るときも、いたく唐突な神様である。

その場面を『日本書紀』の「一書《あるふみ》」は、こう記す。

不老不死の霊薬を探して渡来した、とされる徐福。和歌山県新宮市の徐福公園には中国風の楼門があり、周辺は子供たちの遊び場だ

少彦名命、行きて熊野の御碕《みさき》に至りて、遂に常世郷《とこよのくに》に適《いでま》しぬ。亦曰《またい》はく、淡嶋《あはのしま》に至りて、粟茎《あはがら》に縁《のぼ》りしかば、弾《はじ》かれ渡りまして常世郷に至りましきといふ。（岩波文庫）

小さな神だから粟がらに弾かれて飛んでいったというわけだ。

紀伊半島の一番南、和歌山県串本町に潮御崎《しおのみさき》神社がある。漁民らに海上の守護神として信仰されてきた。神社の祭神が少彦名で、この神はそこから常世に去ったと言い伝えられている。なるほど潮岬は本州の最南端だから、常世郷までの最短距離といえよう。

徐福の伝説

国文学者、民俗学者の折口信夫《おりくちしのぶ》ふうにいえば、熊野の海は聖なる「まれびと」が常世からやってくる場所でもあった。

海のかなたからやってきた人たちや神々のなかで一番有名なのは徐福《じょふく》だろう。紀元前三世紀、秦の始皇帝のために不老不死の霊薬を求めて大勢の若者や技術者を連れて東方に船出したといわれる人物である。

「徐福がここにやってきた」という伝承は鹿児島から青森まで全国に残されているという。

熊野川の河口に位置する和歌山県新宮市には徐福の墓と伝えられる場所があり、異国風の門をもつ徐福公園になっている。

三重県熊野市の波田須《はだす》町は徐福が上陸したというところ。徐福が祀《まつ》られている「徐福の宮」付近から秦時代の貨幣「半両銭」が出土した。

黒潮が運んできたのは除福伝説だけではない。数多くの神、仏像が上陸し、それぞれ沿岸の社寺の祭神や本尊

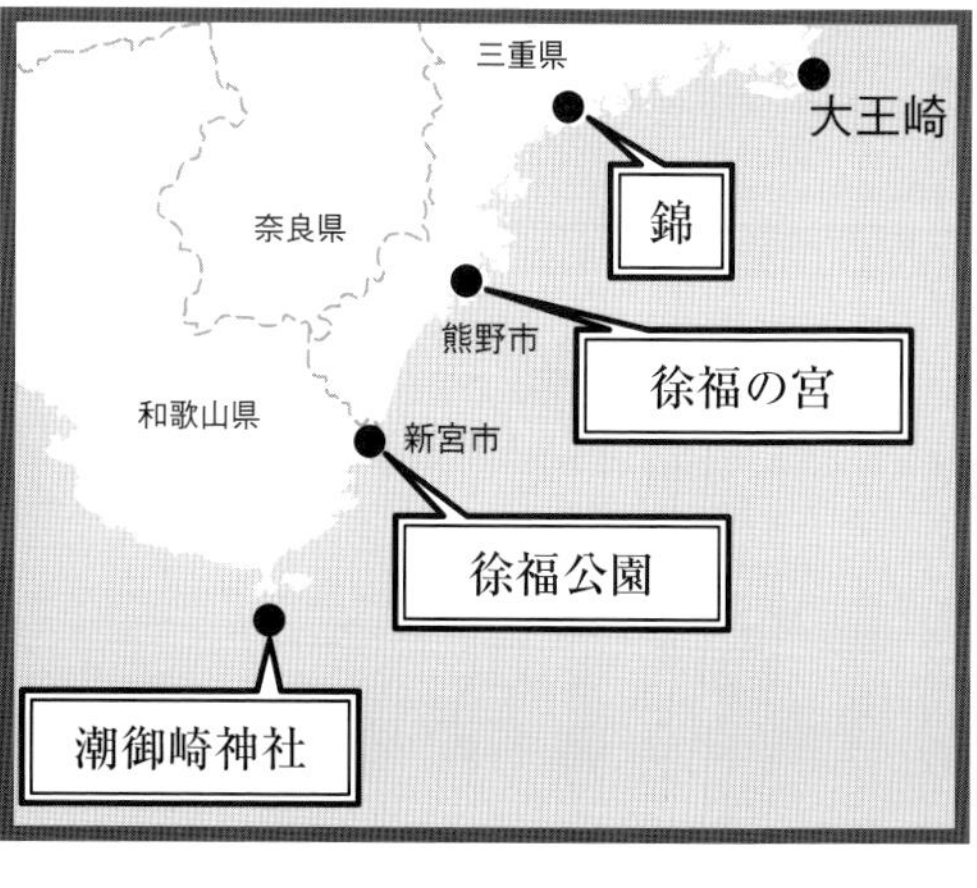

【紀行メモ】

●潮御崎神社
所在地：和歌山県東牟婁郡串本町潮岬
交通：JR串本駅からバス灯台前下車徒歩約5分
問い合わせ：0735（62）0919

●徐福公園
所在：和歌山県新宮市徐福一丁目
交通：JR新宮駅から徒歩2分
問い合わせ：0735（21）7672
http://www.jofuku.or.jp/

になっている。

熊野川河口に鎮座する熊野速玉《はやたま》大社の秋の例大祭「御船祭《みふねまつり》」は九隻の早船が川中の御船島を競って周回する古来の祭りだ。これは、来臨する神を迎える祭事ともいわれている。善《よ》きもの、尊きものは海の彼方から寄り来るのである。

神武伝承を再現する祭り・ギッチョ

神武が熊野に上陸したという神話も「善きものは海上からやってくる」という観念を背景にしているのではないか。

そう考えたのは「神武上陸地はここだ」と主張してきた場所のひとつ、三重県紀勢町（現・大紀町）錦に伝わる「ギッチョ」という祭りのことを知ったからである。

ギッチョは一月の祭りだ。真夜中に、祭りを主催する的場地区の代表がひとりで暗い浜辺に行く。海に背を向け、後ろ手で左手に触れたものを拾う。たいていは丸い石だ。

拾ったものを決して見ずに、懐に用意した白紙にすばやく包む。それは神武の神霊というべき「オタカラ（タマ、マリともいう）」である。この神霊に海山の幸を加えた「七《なな》タカラ」を一足半の草履《ぞうり》に収め、その周りを藤ツルで包んで祀《まつ》る。

以前は日中に「神武」行列があった。向かう先はギッチョ場と呼ばれる斎場だ。そこは「高倉」という字名の地である。天から降ってきた刀剣で神武の危機を救った高《たか》倉下《くらじ》の神話を思い起こすような地名である。

熊野の暮らしや祭礼を詳細に分

こぼれ話 ◉徐福の先輩たち

紀元前219年、東海に派遣された徐福一行は数千人規模とされる。中国としては比較的穏やかな秦・漢時代の開幕を告げる物語でもある。

写真の徐福公園はJR新宮駅の東約200メートル。現地には江戸時代に紀州藩主が建設したという墓碑があり、徐福伝承が大事にされていたことがわかる。

秦の前、約550年に及んだ春秋・戦国時代には、数多くの小国家が興亡した。やがて次第に統合が進む。しかし、この間に中国中・南部の呉、越などの滅亡が、内陸から押し出されるようにして東海へ逃れる避難民を生んだ。幾たびも大、小規模の「ボートピープル」の出発劇があり、その一部は徐福らのように日本列島に到達し、古代の日本文化を培った可能性もある。

析した民俗学者の野本寛一氏は「神武天皇の神霊・神徳を浦人が拝受するという行為が民俗的に展開されているところ」にこの祭りの特徴をとらえる。

そのうえで、「神武天皇が海から上陸されたという根強い伝承を再演する形で、海から、タマの核となる丸石を迎えるところが注目される。これは、常世の浪《なみ》に洗われた石を海から迎える形で常世の神を迎えるという土着的な古層の信仰の上に神武伝承が重層して展開されたものと見ることができよう」と書いている(『熊野山海民俗考』人文書院)。

人目を避けての神事

地元の錦神社の北村真比古宮司に話を聞いた。

ギッチョは神武天皇が上陸した際、地元の民が「お宝」を奉じた帰順の行事だったのではないか、と北村氏はいう。藤ツルで包んだ「オタカラ」は翌日の深夜に海に納める。それは神が常世にお帰りになる儀式かもしれない。返納は他人に見られてはいけない。もし見られたらやりなおすそうだ。

これも時代の流れだろう。神武行列も以前のように毎年は行えなくなった。最近では二〇〇六年の正月に行われた。もう少し前に気がついていたら、行列を見ることができたのにと残念に思った。

『日本書紀』によると、垂仁《すいにん》天皇の時代に大和を離れた天照大神《あまてらすおおみかみ》は、「ここは常世からの浪《なみ》が繰り返し寄せるところ。私はこの国に居たい」と言って伊勢の国に鎮座した。この逸話については、後に詳しく語るつもりだ。

熊野の浜では、常世の波に洗われた小石を神武の神霊と仰ぐ祭りが引き継がれている。「常世」と「海辺」はヤマト王権のモチーフのひとつのようだ。

公園に立つ徐福像

ミクロネシア

その物語　南の島にも

日本神話になじみの薄い人でも、海幸彦・山幸彦の話は聞いたことがあるのではないか。

黒潮に乗ってこの国にやってきたと思われる南方系神話の代表で、神日本《かむやまと》磐余彦《いわれびこ》（神武天皇）の誕生に結びつく物語でもある。

『古事記』はこんなふうに語る。

高天原から日向《ひむか》の「くじふる嶺《たけ》」に降臨した天照大御神《あまてらすおおみかみ》の孫・邇邇芸命《ににぎのみこと》は地元の神・大山津見《おおやまつみ》の女《むすめ》・木花《このはな》の佐《さ》久夜毘売《くやびめ》と結ばれ、三人の子の親になる。

長兄の火照《ほでり》は海幸彦、末弟の火遠理《ほをり》は山幸彦と呼ばれた。山幸彦は海幸彦の釣り道具を借りて海に出たが、釣り針をなくしてしまう。兄に責められ途方にくれた山幸彦は海神《わたつみ》の宮に行き、豊玉毘売《とよたまびめ》と会い、結婚する。

そこに三年暮らしたが、里心がでて海神の宮にきたわけを話す。鯛《たい》のノドに刺さった針を返してもらった山幸彦は陸に戻り、兄を懲《こ》らしめる。山幸彦の子を宿した豊玉毘売は海辺の産屋《うぶや》でお産をする。彼が中をのぞいたら大きなワニ（サメのことか）がのたうちまわっていた。

豊玉毘売は見られたことを恥じ、生まれた子を残して海へ去る。そのとき誕生した鵜葺草葺不合命《うがやふきあえずのみこと》が豊玉毘売の妹・玉依毘売《たまよりびめ》を娶《めと》って生まれたのが神武天皇である。

『日本書紀』は、熊野上陸を目前に嵐の海で命を落とした神武の兄たちが「母もおばも海神《わたつみ》なのに、どうして溺

『古事記』が伝える系図

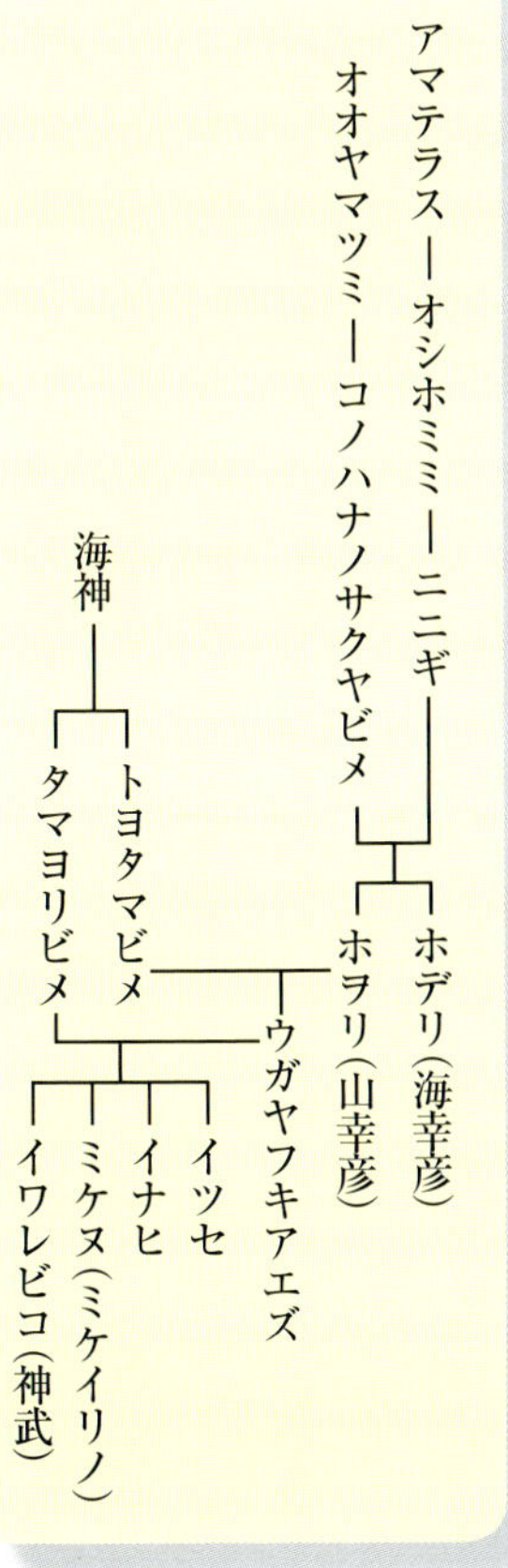

れるのか」と嘆いた、と記す（本書15頁）。それは背後にこういう物語があるからなのだ。神武の一族が海人《あま》系であることをはっきりと示した神話といえよう。

南洋説話との共通点

海幸彦・山幸彦が南方系の物語であることは、民俗学者の大林太良氏や神話学者の吉田敦彦氏らによって、早くに紹介されている。

吉田氏によれば、ミクロネシアのパラオ島、インドネシアのケイ諸島やスラウェシ島には海幸彦・山幸彦とほぼ一致する説話が伝わっているという（『日本神話の源流』講談社学術文庫）。

それらの南洋説話は、登場人物が親子だったり、兄弟だったり、友人同士だったりするものの、「主人公が借りた釣り針を魚に取られる」「その返却を厳しく求められる」「海の底に至り、針を取り戻す」「戻って仕返しをする」といった筋立てが重なっている。

また大林氏によると、失われた釣り針や漁猟具を追って動物の国に行く話はインドネシアの島々に多く、豊玉毘売のように水界の支配者の娘、とりわけ竜王の娘と結婚する話はカンボジアやビルマ（ミャンマー）などに分布しているそうだ（『神話と神話学』大和書房）。

太古の人びとの考えには、人種や民族を超えた共通性があったようだ。類似点を探し求めれば、シルクロードを越えてギリシャやローマまで行ってしまうだろう。それにしても、神武の誕生にいたる物語が黒潮に乗ってこの国にたどり着いたことは間違いあるまい。

神の遺体から生じる食物

『古事記』には高天原を追われた須《す》佐之男命《さのをのみこと》（素戔嗚尊）が大気津比売《おおげつひめ》に食べ物を求める話が出てくる。

大気津比売が鼻や口、尻などから食物を出すのをみた須佐之男は、「汚い」と怒って比売を殺してしまう。その遺体の頭から蚕、目から稲、耳から粟《あわ》、鼻

から小豆、陰部から麦、尻から大豆がそれぞれ生じたという五穀起源の話だ。

『日本書紀』にも似たような話が出てくる。

こちらの主人公は天照や素戔嗚と同じく伊奘諾尊《いざなきのみこと》の禊《みそぎ》から生まれた月夜見尊《つくよみのみこと》（月読命）である。神代紀の「一書《あるふみ》」によると、月夜見は葦原中国《あしはらのなかつくに》に住む保食神《うけもちのかみ》に会いに行った。保食が口から米や魚、獣などを出してもてなしたのに腹をたてた月夜見は、「けがらわしいやつだ。口から吐き出したものを私に食べさせようとするのか」と保食を切り殺した。高天原に戻った

長崎県対馬市豊玉町の和多都美《わたづみ》神社も海幸彦・山幸彦の伝承の地。海から本殿に向かって鳥居が並ぶ

和多都美神社の本殿

月夜見から、いきさつを聞いた姉の天照は「お前なんかに、もう会いたくない」とかんかんに怒った。

　天照は太陽。月夜見は月。太陽と月が別れ別れになったという由来譚《ゆらいたん》である。

　神の死体から作物が生じるという神話は東南アジア、メラネシアなどに広がっている。また黄泉《よみ》の国から帰還した伊奘諾の禊で天照や素戔嗚が誕生した話や、伊奘諾から離縁を通告された伊奘冉《いざなみ》が「一日千人殺す」と叫んだという死の起源神話などは、オセアニア、ポリネシアなど南太平洋の島々に似通った逸話を見つけることができるという。

海の香りのする神話

　大林氏は、こうした話が共通の起源地である中国南部から一方は日本へ、他方はポリネシアに及んだ、と推測している。九州の地に渡ってきた海人《あま》たちの故郷は中国南部ではないか、という説があることと併せて、興味深い。

「混沌《こんとん》のなかから天と地がわかれた」という創世神話から神武の誕生話まで、『古事記』や『日本書紀』の神話には海の香りがぷんぷんしている。ヤマト王権の基礎を築いたのはそうした物語を引き継いだ海人系の人びとだった、と私は考えている。

　一方で、『記・紀』神話には、彼らが引き継いできたはずの南方系神話の中に北方・大陸系の神話がとけこんでいる。異なる系統の神話や伝承が混在することによるギクシャク感が残るのだ。

バイカル湖周辺

天降る神の原点いずこ

「神武・綏靖《すいぜい》・安寧《あんねい》・懿徳《いとく》・孝昭・孝安・孝霊・孝元・開化・崇神《すじん》……」

明治四十四年（一九一一）生まれの私の亡き母は歴代天皇の名を諳《そら》んじていた。天照大神《あまてらすおおみかみ》の孫の瓊瓊芸命《ににぎのみこと》が高《たか》天原《まがはら》から天降《あまくだ》ったという天孫降臨神話を教え込まれた世代である。

「仁徳天皇の次は誰？」と聞くと、「神武・綏靖・安寧・懿徳……」と繰り返すのがおかしかった。

その神話の上で「初代の天皇」とされる神日本磐余彦《かむやまといわれびこ》（神武天皇）の誕生につながる海幸彦・山幸彦の物語が南方系の神話だとすれば、天孫降臨神話はどこからきたのだろうか。

祖先神が天上から山の上に降りてくるというモチーフは、朝鮮や中国東北部など大陸系の神話に共通する。そのことは民俗学者の岡正雄氏や古代史・神話学に精通した三品彰英氏らの研究によって知られている。

古朝鮮の建国神話である檀君《だんくん》神話や朝鮮南部の金官加羅国《きんかんからこく》の始祖・首露王《しゅろおう》の降臨神話などは、すべてこの系統だ。『三国遺事』という朝鮮の歴史書によれば、檀君の父・桓雄《かんゆう》は家臣三千人を引き連れて太伯《たいはく》山頂に降りたという。

瓊瓊芸の降臨

高天原からの瓊瓊芸の降臨について、『古事記』は天照と高木神《たかぎのかみ》（高皇《たかみ》産霊尊《むすひのみこと》）の共同作業とするが、『日本書紀』の本文では高皇産霊が単独で指示したことになっている。

天照はヤマト王権が確立してから皇祖神に祀《まつ》り上げられた神だと私は思う。だから高皇産霊との共同作業というのはぴんとこない。この部分は『日本書紀』の本文のほうが神話の原型に近くて、より古い内容なのではなかろうか。

『古事記』によると、天照は高皇産霊と協議し、自分の子である天忍穂耳《あめのおしほみみ》に「地上に降《くだ》って統治せよ」と命じた。

彼は「その支度をしているときに子が生まれました。名を瓊瓊芸といいます。その子を降すのがよいでしょう」

夜明けの奈良県十津川村・玉置山山頂から南東方向を望むと、雲海の上に熊野の山々が連なる

と答え、任務を自分の子に託した。天照は邇邇芸一行に八尺《やさか》の勾玉《まがたま》、鏡、草《くさ》薙《なぎ》の剣などを一緒に持たせ、とりわけ鏡について「私の御魂《みたま》として、私を拝むようにまつれ」と命じている。

『神話と神話学』（大和書房）でこの場面を取り上げた大林太良氏が、ロシア・バイカル湖周辺に住む遊牧騎馬民族が伝えるゲセル神話との類似性を指摘していることが興味深い。ゲセル神話は、こう語る。

至高神デルグエン・サガンは、悪者に困っていた民の哀願を聞いて、天神を降して悪者を退治しなければならないと考えた。彼は全天の諸神あわせて九十九柱の主な神々らと、悪者征伐の大評定を開いた。最初、

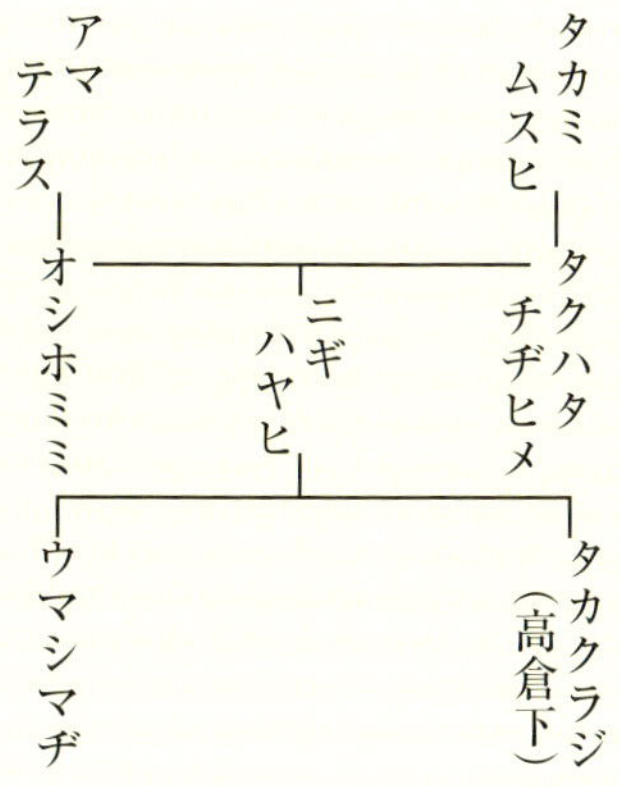

「先代旧事本紀」が伝える系図

神々のうちの一人が「至高神デルグエン・サガンの子、カン・チュルマス神を降すべきだ」と提案した。

しかし、当のカン・チュルマス神は老齢を理由に断わった。そして自分の末子で幼童のゲセル・ボグドゥに天降りを命ずるよう求め、神々もこれに賛成、四歳のボグドゥが命令を受けた。ボグドゥは、全天の九つの天の主宰神のもつ知謀のすべてと祖父のもつ黒い軍馬、準備金、祖父の蹄縄《ひづめなわ》・短い槍《やり》、それに一人の妻を求め、これらを手に入れて天降った。

なるほど。天上で派遣する神を選ぶ協議をする、天神の孫の選出、さまざまな品を持参するなど、多くの要素が日本の天孫降臨神話によく似ている。

物部氏の意図

平安時代の初めごろ、物部氏の伝承などをまとめたとされる『先代旧事本紀《せんだいくじほんぎ》』にはどう描かれているだろうか。

天照大神は子の天押穂耳（天忍穂耳）に豊葦原《とよあしはら》の瑞穂国《みずほのくに》に天降るよう命じたが、天押穂耳は「私が行こうとしたときに、ちょうどわが子饒速日尊《にぎはやひのみこと》が生まれました。彼を天降らせるべきです」と言って、天照の了解を得た。

『旧事本紀』は、饒速日が天押穂耳

と高皇産霊の娘の栲幡千々姫《たくはたちぢひめ》との間に生まれた、とする。そう、降臨するのが『古事記』『日本書紀』が邇邇芸、『旧事本紀』では饒速日というところを除けばそっくりなのである。

これはどういうことだろうか。

私は『記・紀』の降臨神話の「お手本」は『記・紀』が編さんされたときにすでに存在していた物部一族の伝承ではないか、と考えている。

それは『旧事本紀』の元になった「原・旧事本紀」ともいうべき言い伝えだったのではなかろうか。つまり物部氏の祖先神饒速日が天降る話が先に存在していた。それに対抗、優越すべくヤマト王権のもとで天孫降臨神話がつくられた、という筋書きだ。

天照の権威を加味

読者は「それならなぜ旧事本紀の降臨話に『相手方』の天照が入っているのか」と思われるだろう。もっともな疑問だ。物部一族が『旧事本紀』をつくった理由がその答えのヒントになると思う。

『旧事本紀』は新興勢力の中臣（藤原）氏に追い抜かれた物部氏の名誉挽回《ばんかい》のため、そして物部一族をヤマト王権と直結させる目的でつくられたのではなかろうか。だから当時すでに、最高神としてゆるぎない地位を確保していた「天照大神」は欠かせない。

物部氏には『旧事本紀』ができる以前から「高皇産霊神が饒速日尊を降臨させた」という伝承があった。『記・紀』の編者はそれを参考に「天照が孫の邇邇芸を天降らせた」という話を仕立てた。私はそんなふうに推測している。

こぼれ話

◉海人の組織化

海人《あま》は海部、海士、海夫、白水郎とも書く。邪馬台国などが出てくる古代中国の歴史書『魏志倭人伝』は、九州北西部の住民が「皆潜って魚をとる」と驚き、中国東北部〜朝鮮半島北部にあった強大な国・高句麗の好太王碑に「船を連ねて朝鮮半島に侵攻してきた」と記す。3〜4世紀に「海と縁の深い倭人」のイメージが定着。日本側の『記・紀』も応神天皇の時、海人の指導者に大浜宿禰《すくね》を任命したり、管理機構の海人部を置いたりした伝承がある。

自由に海を行き来した人びとは元々、権力からみればやっかいな存在でもあったらしい。このため朝鮮半島への進出のためにも彼らの組織化に力を注いだ。伊勢湾北西部や和歌山、大分県にはかつて、「海部（海士）郡」も設けて管理した。

コラム 古事記は語る3——《天孫降臨》

葦原中国《あしはらのなかつくに》の平定が終わった、という報告を受けた天照大御神と高木神《たかぎのかみ》（高皇産霊尊《たかみむすひのみこと》）は、天照の子・忍穂耳《おしほみみ》に「その国に降《くだ》って統治するように」と言った。忍穂耳は「私が支度をしているとき、息子が生まれました。名を瓊瓊芸《ににぎ》と申します。この子を降すのが良いと思います」と答えて、了承された。

瓊瓊芸が天降りしようとしたとき、その途中で天上と地上を照らしている神がいた。天照と高木神は天宇受売命《あめのうずめのみこと》を呼んで「お前は、か弱いけれど、気後れしない女だ。あれはだれか聞いてきなさい」と命じた。その神は「国つ神の猿田毘古《さるだびこ》と申します。天つ神の御子が降臨されると聞いて、お迎えにまいりました」と答えた。

こうして瓊瓊芸は、天児屋命《あめのこやねのみこと》、布刀玉命《ふとだまのみこと》、天宇受売命、天忍日《あめのおしひの》命《みこと》らを従えて天降りした。天児屋は中臣連《なかとみのむらじ》らの、布刀玉は忌部《いんべの》首《おびと》らの、天宇受売は猿女君《さるめのきみ》らの、それぞれ祖神だ。

一行は、幾重にもたなびく雲を押し分け、威風堂々と道をかき分けて、筑紫の日向《ひむか》の高千穂の「くじふる嶺《たけ》」に天降った。そのとき瓊瓊芸は「ここは韓国《からくに》に向かい、朝日がまっすぐに差し、夕日が照りつける国だ。だから、まことに良いところである」と語った。彼は、そこに太い柱、立派な屋根の宮殿を建てて住んだ。

解説

『記・紀』のハイライトのひとつ天孫降臨は、『日本書紀』にも本文や異伝で記されている。本文は天孫が降った場所を「日向の襲《そ》の高千穂峯《たけ》」としている。「くじふるたけ」とはどこか、「韓国に向かう」とはどういう意味か、について諸論があり、九州各地などが「ここそ天孫降臨の地」と名乗りをあげている。

瓊瓊芸の天降りを命じた「司令神」について、『古事記』は天照と高皇産霊の共同作業といっているが、『日本書紀』の本文は高皇産霊の単独指令とする。

『古事記』が天孫降臨に従う族長の筆頭に、中臣（藤原）氏が祖先とする天児屋命をあげていることは興味深い。天児屋は、天照を岩戸から引き出す「岩戸開き」の場面でも祝詞《のりと》をあげる役で登場する。『記・紀』の編さんのとき、最有力氏族になっていた藤原氏の影響力だろうか。

平安時代に、物部一族の手でつくられたといわれる『先代旧《く》事本紀《じほんぎ》』には、物部氏が祖神とする饒速日尊《にぎはやひのみこと》の天降りの場面がある。そこで護衛として一緒に降った武将の筆頭は饒速日の子の天香語山命《あめのかごやまのみこと》（高倉下《たかくらじ》）で、天児屋命は四番目。藤原氏に追い抜かれた物部氏が「もとはこちらが上だ」と主張しているようだ。

宇賀神社

異伝並べたバランス感覚

『古事記』や『日本書紀』はヤマト王権の正統性を主張するための文書、といわれる。しかしよく見ると、そこには他の氏族への気配りも散見される。物部一族が自分たちの祖神とする饒速日尊《にぎはやひのみこと》についての記述もそのひとつである。

饒速日は三十二人の護衛を従えて天磐船《あめのいわふね》に乗り、河内国河上《かわちのくにかわかみ》の哮峯《いかるがのみね》に天降《あまくだ》った。そしてさらに大倭国《やまとのくに》の鳥見《とみ》の白庭山《しらにわのやま》にうつった。物部氏に伝わる『先代旧事本紀《せんだいくじほんぎ》』はそう記す。

このとき地上を眺めた饒速日は「虚空見《そらみ》つ日本国《やまとのくに》」とつぶやいた。「そらみつ」が大和の枕詞《まくらことば》になった所以《ゆえん》だ。

熊野で神日本磐余彦《かむやまといわれびこ》（神武天皇）を救った高倉下《たかくらじ》はその護衛のひとりだった。ただしそこに「高倉下」の名はない。護衛の筆頭に書かれているのは天《あめの》香語山命《かごやまのみこと》という別名である。

『旧事本紀』のその場面をかみくだいて紹介すると、「饒速日尊は天道日《あまのみちひ》女命《めのみこと》を娶《めと》られ、天上で天香語山命が誕生された。手栗彦命《たくりひこのみこと》や高倉下命ともいわれる。この命は父と一緒に天降って紀伊国の熊野邑《むら》におられた」とあり、続いて神武軍を助けた話が書かれている。『旧事本紀』では「高倉下」はあくまで熊野における呼び名なのである。

物部氏のねらい

『旧事本紀』は、自分たちがヤマト王権につながる家系であることを強調する目的で、物部一族によって書かれたとみられる。それによれば、中《なか》臣連《とみのむらじ》の祖・天児屋命《あめのこやねのみこと》は饒速日の降臨につきそった護衛のひとりにすぎない。

中大兄皇子《なかのおおえのみこ》（天智天皇）と一緒に

神日本磐余彦が陣営を置いたという伝承がある奈良県宇陀市の宇賀神社一帯。山並は朝霧に包まれた

蘇我入鹿《そがのいるか》を倒した功で中臣鎌足《なかとみのかまたり》が台頭し、その子・不比等《ふひと》も権勢を振るった。物部一族は面白くなかったろう。「中臣（藤原）氏は成り上がりもの。元はこちらが主人だ」という意識があったに違いない。それが『旧事本紀』を書かせた理由のひとつではなかろうか。

しかし、饒速日の系統に天照大《あまてらすおお》神《みかみ》を組み入れる必要などなかった、と私は考える。天照や高天原《たかまがはら》は後の創造で、『記・紀』が記す瓊瓊杵尊《ににぎのみこと》（瓊瓊芸命）の降臨神話も物部伝承の焼き直しではないか。そんなふうに推測しているからだ。

物部氏がヤマト王権に服従したため、ヤマト王権の正統性を証明するための『記・紀』に自分たちの伝承を逆に結びつけ、「天孫族と同等なのだ」と主張するしかなかった、といったところではなかろうか。

饒速日の存在

『記・紀』の天孫降臨神話より物部氏の饒速日降臨伝承のほうが先行していたと思うのは、『記・紀』の編者たちも物部伝承を「消す」ことができなかったふしがあるためだ。

例えば『日本書紀』は神武がまだ九州の日向《ひむか》にいるとき「東に青い山に囲まれた良い土地がある。饒速日という者が先に飛び降りてきた。そこに行って都をつくろうと思う」と語る話を紹介している。饒速日の先住を認めているのだ。天武王朝当時、饒速日の先住伝承はすでに朝廷内外で「知る人ぞ知る」事柄だったのだろう。

『日本書紀』には読むものを不思議な気持ちにさせる一節がある。大和制圧を前に、神武が長髄彦《ながすねびこ》と対決する場面である。

長髄彦は妹の御炊屋姫《みかしきやひめ》を嫁がせた饒速日に仕えていた。河内で彼に敗れた神武だったが、その後、饒速日の陣営は長随彦を見捨てて神武側についたらしい。神武と対峙《たいじ》した直後、長髄彦は殺されてしまう。

『日本書記』が語るふたりのやりとりが興味深い。

長髄彦は神武に「昔、天神の御子《みこ》が天磐船に乗って天降られた。それが我が妹の夫、饒速日命だ。いったい天神の子はふたりもいるのか。そちらが天神の名をかたる偽者だろう」と迫る。

それに対して神武はこう答える。

「天神の子はたくさんいる。お前の主君が本当に天神の子ならば、しるしのものがあるはずだ。見せてみなさい」

そこで長髄彦は饒速日の羽羽矢《ははや》（蛇の呪力をもつ矢）と歩靫《かちゆき》（徒歩で弓を射るときの道具）を示した。

その後が面白い。

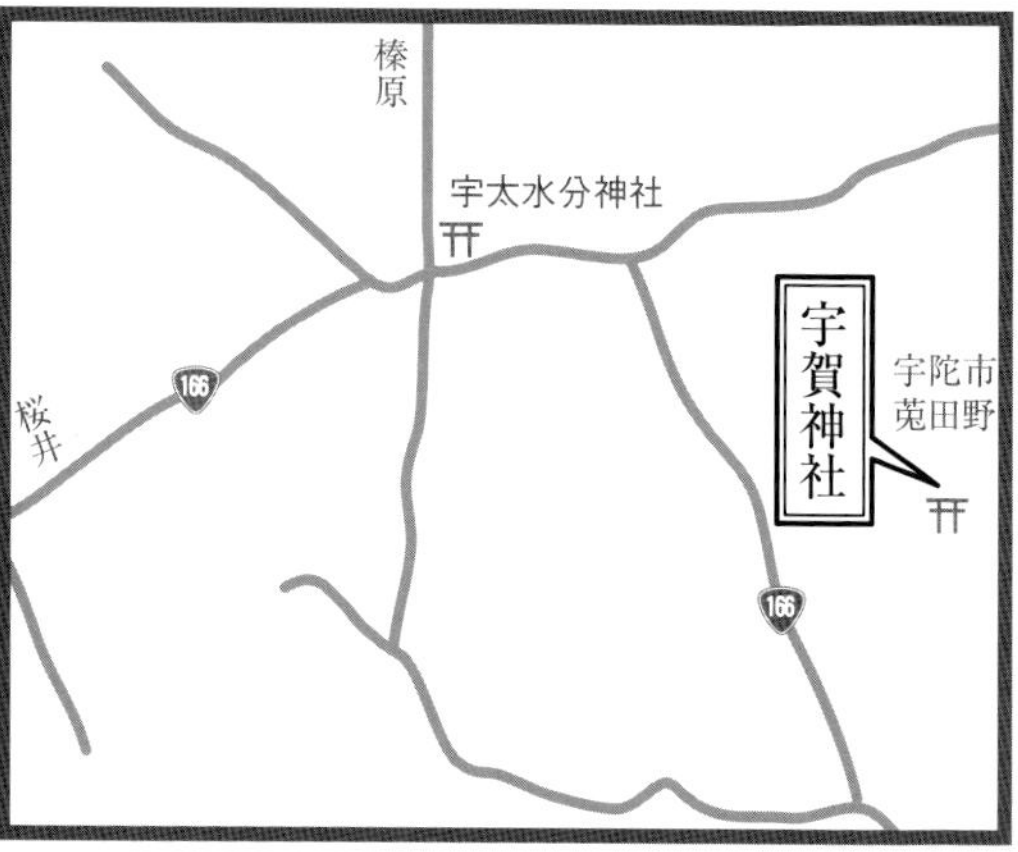

【紀行メモ】

●宇賀神社
所在地：奈良県宇陀市菟田野区宇賀志
交通：近鉄榛原駅から車で約20分
問い合わせ：0745（82）2457
（菟田野観光協会）

●宇太水分神社
所在地：奈良県宇陀市菟田野区古市場
交通：近鉄榛原駅からバス古市場水分神社下車すぐ
問い合わせ：0745（84）2613

それを見た神武は「事不虚《まこと》なりけり（うそではないようだ）」と述べて、自分の羽羽矢と歩靫を長髄彦に見せたというのである。長髄彦は恐縮したものの、反抗心を捨てなかったので殺された、と『日本書紀』は語る。

『記・紀』の内容に影響した物部伝承

普通だったら、仇敵《きゅうてき》が示した「神宝」など「ニセモノだ」と一蹴《いっしゅう》するだろう。それを「うそではないようだ」という神武は滑稽《こっけい》にすら映る。

『日本書紀』の編者もそうした書き方をしたくはなかったのではないか。こんな展開になったのは、編さん当時、物部伝承の存在を否定しきれなかったからだとしか考えられない。

ちなみに『古事記』では、饒速日自身が神武のもとに参上して「天つ神の御子が天降られたとうかがい、後を追って降ってまいりました」と語り、羽羽矢などとみられる品物を献上して臣下になった、としている。

媚《こび》を売るようで嫌な感じだ。この部分についていえば、『日本書紀』のほうが編さん時に集めた氏族の家伝に「正直」であるような気がして好感を覚える。

『日本書紀』には「一書《あるふみ》にいわく」という書き方で、本文とは異なる逸話があちこちに出てくる。それぞれ有力な氏族などに伝わった伝承であろう。

ヤマト王権に都合のいい話ばかりではない異伝も切り捨てずに並べているのは、公式文書の作成にあたった人たちの「バランス感覚」だったのではないか。

こぼれ話 ◉混沌

渾沌とも書き、物事のなりゆき、区別が明確でない状態のこと。多くの神話では世界が始まる天地開闢《かいびゃく》の前の状態を説明することに苦心したらしい。まだ、天地さえ分かれていない様相を想定するのが、最も好都合だったようだ。

ところが実は、この言葉にも元になった神話がある。

古代中国の神話伝承を集めた『山海経《せんがいきょう》』などによれば、れっきとした神の名前なのである。「足が６本、翼を４枚持ち、姿は黄色の袋のようで、のっぺらぼう。歌ったり、舞ったりできる」といい、怪獣のよう。中央の帝で南海と北海の帝が彼の恩義に報いるため、人間に似せて７つの穴を開ける途中で亡くなったともいう。さらに「天山の神の帝江」とも伝えられ、いくつかの神話・伝承が混ざり合った可能性がある。

金官加羅国

陸の高皇産霊　海の天照

神話に登場する神々の中で、私が一番不思議に思う神は高皇産霊尊《たかみむすひのみこと》である。天皇家の皇祖神として天照大神《あまてらすおおみかみ》と並ぶ扱いだが、どこの出身なのか、なぜそんなに格が高いのか、よくわからない。

高皇産霊尊は『日本書紀』の表記で、『古事記』では高御産巣日神とか高木神などと記される。

この神は『古事記』の冒頭に登場する。

天地《あめつち》初めて発《ひら》けし時、高天の原に成れる神の名は、天之《あめの》御中主神《みなかぬしのかみ》。次に高御産巣日神。次に神産巣日神《かみむすひのかみ》。この三柱《みはしら》の神は、みな独神《ひとりがみ》と成りまして、身を隠したまひき。（岩波文庫）

高御産巣日は夫婦のペアでなく、単独の神として成り出て姿を隠してしまう。そのあたりは、『古事記』の編者がこの神の扱いに困っている様子もうかがわせる。

一方、『日本書紀』の天地開闢《かいびゃく》の本文には高皇産霊の名は出てこない。しかし「一書《あるふみ》」の第四に、天地が初めてわかれるときに高天原《たかまがはら》に生まれでた一神として、その名が現れる。

高皇産霊がより古い

「身を隠した」はずの高皇産霊だったが、その後は天孫降臨や神武東征神話の重要場面で高天原の指令者として大活躍する。

『日本書紀』の本文では、瓊瓊杵尊《ににぎのみこと》（瓊瓊芸命）を葦原中国《あしはらのなかつくに》に派遣すべく、諸神を集めて指示を出すのは、瓊瓊杵の祖母の天照ではなく高皇産霊だ。『古事記』は派遣を天照との共同作業とするが、「天照大御神、高木神の命もちて」と二神を同等に扱っている。

『記・紀』はヤマト王権の正統性を示すためにつくられた書だから、重要場面は王権の最高神・天照大神がひとりで仕切ればよさそうなのに、高皇産霊尊が大きな顔をして取り仕切っているのはなぜか。それは高皇産霊こそ古くから実際に敬われた神であるのに対して、天照は王権の支配力が強まった後に最高神になった神だからだ、と思う。

『記・紀』は既存の伝承に新しい神を主人公にした物語を挿入、再編したため、複数の「皇祖神」が奇妙に混在する形になってしまったのではないか。

奈良・金剛葛城山系の麓から眺めた吉野の山並は、霧のかなたに連なっている

高皇産と天照の混在

　高皇産霊と天照の混在と矛盾の背景を明快に解いたのは古代史学者の溝口睦子氏である。彼女の著書『王権神話の二元構造』（吉川弘文館）は、ヤマト王権が「海《あま》」から「天《あま》」へ世界観を転換したという私の考えに示唆を与えてくれた。

　溝口氏は、日本神話は伊奘諾《いざなき》・伊奘《いざな》冉《み》から天照、そして大国主《おおくにぬし》にいたる「アマテラス（天照）系」と、「タカミムスヒ（高皇産霊）系」という異なる体系の神話からなっているとする。そして次のような説を唱える。

　天照系降臨神話が新たにつくられる前には降臨神話は高皇産霊系しかなかった。降臨神話が二元的になるのは天照系成立以後だから、もし天照系の成立が天武朝以降だとすれば、降臨神話は天武朝以降にはじめて二元的になる。

　日本神話に二つの系統があり、天照系がより新しいとする説は、溝口氏が初めてではない。だがその分析にひかれるのは、二系統の世界観を簡潔にまとめたこと、そして高皇産霊の「原郷」を遊牧民が活躍したユーラシア大陸の草原地帯とにらんだことである。

　溝口氏は二つの系統の世界観を次のようにまとめる。

〔タカミムスヒ（高皇産霊）系〕①天に絶対的な価値を置く天優位の世界観②大王を天の主宰者である日神の子孫とする神話的王権思想③出自・血統の重視④父系的・父権的観念。

〔アマテラス（天照）系〕①海のかなたの国である「常世《とこよ》」を、豊かな生命力の源泉として価値の高い国とする。ほかに高天原・根の国・海神《わたつみ》の国などの異界もあり、全体として海洋的色彩が強い②男女の働きを等価とみる③呪術的能力や人間的資質を重視する、出自・血統によらない首長観。

　要するに高皇産霊系は「大陸」、天

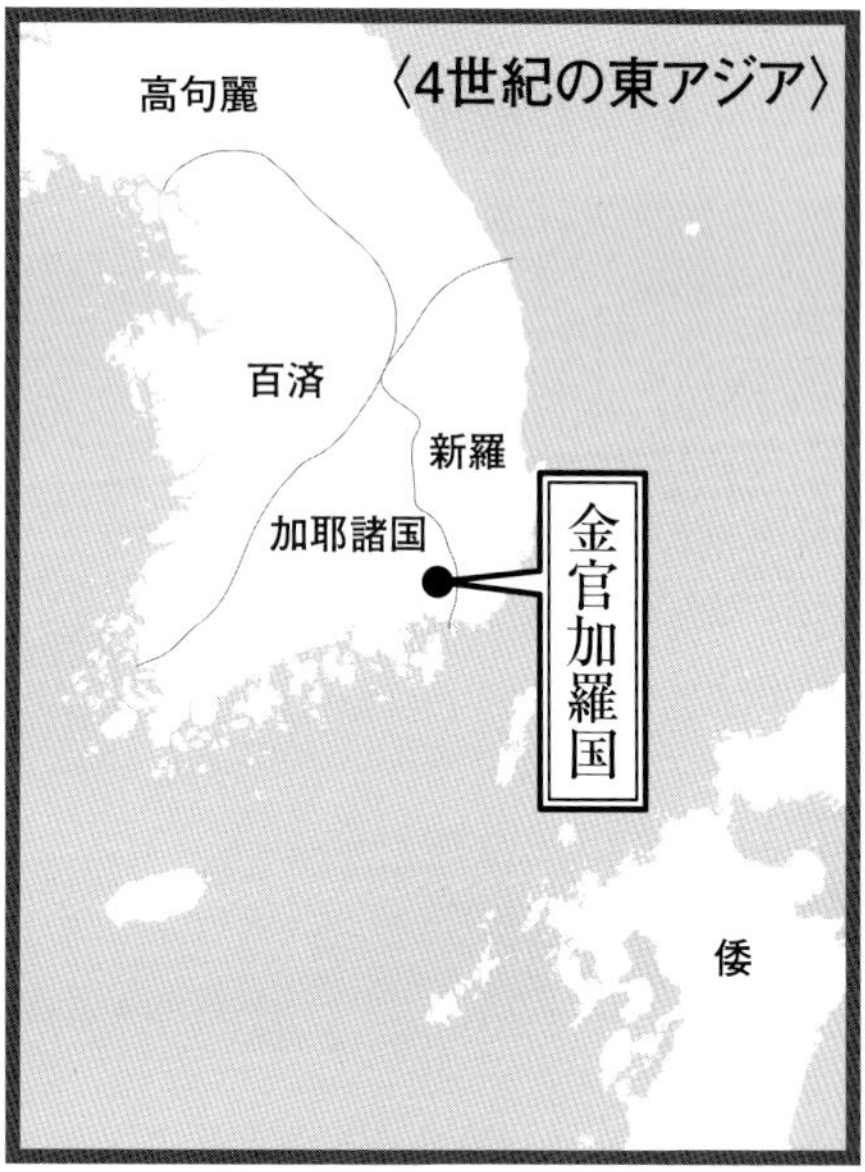

こぼれ話　◉なかつくに

葦原中国は諸説あるものの、漠然と「日本の国土」ということらしい。高天原（天上）に対して地上世界の中心だとか、高天原と黄泉の国との中間を指すとか、奈良・三輪山の付近などとする見解もある。「葦原」は葦が生える沼や湿地帯。水田稲作文化を反映しているとも考えられる。

この話から、映画「ロード・オブ・ザ・リング」を連想する向きも多いだろう。その「中つ国」は、ヨーロッパらしい。なお、隣国「中国」の元々の「中つ国」にあたる「中原《ちゅうげん》」は、現在の洛陽～鄭州を中心とした黄河中流域。その河南省・二里頭《にりとう》遺跡は、約４千年前に誕生した最古の初期国家・夏《か》王朝の宮殿跡という。一帯では小国家が興亡を繰り広げ、独自の「中原王朝」との呼称もある。

照系は「海洋」を背にしているわけだ。溝口氏はヤマト王権の黎明《れいめい》期・確立期を通じて最高神・国家神は一貫して高皇産霊尊だったとみる。それが、律令国家の成立と時を同じくして天照大神に転換する。『記・紀』はその様相を反映している、とするのだ。

海での再生

海のかなたに豊饒《ほうじょう》の常世の国があり、死者はそこに行き、またそこからよみがえる。それは水平的かつ循環的で、海の明るさを包容した世界観だ。これに対して、天が優位に立ち、その下に人びとが暮らす垂直的な世界観には、より秩序の重視を感じる。

天上から始祖が降《くだ》るというモチーフは本来、遊牧騎馬民族や森林狩猟民のものだった。古朝鮮の檀君《だんくん》神話、高句麗《こうくり》や王族が遊牧騎馬系の扶余《ふよ》族である百済《くだら》の王権神話、金官加羅《きんかんから》国《こく》の首露王《しゅろおう》の神話は、いずれもその始祖が天から降臨する。

北方系と南方系の神話が入り混じっている日本神話の中で、いわゆる「天孫降臨神話」には、「天照系」というより「高皇産霊系・遊牧騎馬系」の香りがする。

一方、「天照系」の神話には海の香りや波の音が満ちている。そもそも天照は、黄泉《よみ》の国から帰還した伊奘諾が塩水の混じる水で禊《みそぎ》をし、左目を洗ったときに誕生したとされる。海幸彦・山幸彦の話に、神武は祖母がワニ（サメのことか）、母はその妹で、ともに海神《わたつみ》の子として登場する。天照の世界は海洋的で、高天原とか天上からの降臨などは似つかわしくないのである。

旧事本紀

「神々の線」つながった

私に古代史学者の溝口睦子氏の著書『王権神話の二元構造』を紹介してくださったのは、同じ古代史学者の直木孝次郎氏だった。「これを読みなさい」と書庫から持ってきてくれた。

高皇産霊尊《たかみむすひのみこと》と天照大神《あまてらすおおみかみ》がかもし出す世界観が相いれない、と溝口氏はいう。ではなぜヤマト王権は高皇産霊から天照にくら替えしたのか。

溝口氏は、それを天武・持統朝に行われた一種の宗教改革とみる。

「古い族制的な体制から抜け出して国家が直接全国民を掌握しようとする新体制に高皇産霊はふさわしくない。一般の人になじみが薄い高皇産霊より、広く人びとに親しまれてきた太陽信仰に立脚する天照のほうが、国家統一の象徴としてふさわしい。それが天武朝の判断だった」というのが彼女の推測だ。

従来の神を守るため新たな神を創造

溝口氏の分析にひかれるけれど、引き出す私の結論は異なる。

これまでも述べてきたように、ヤマト王権の創始者は海洋民の子孫で水平的な（溝口氏のいう天照系の）世界観をもっていた。一方、彼らより先に大和の地をおさえていた物部一族は垂直的な（高皇産霊系の）世界観をもつ人びとだっ

奈良・十津川峡の春。熊野川をさかのぼると岸辺の桜が川面を彩り、桃源郷のようだ

た。そう考えるからだ。

ヤマト王権は高皇産霊を捨てて天照を掲げたのではなしに、自分たち用の「高皇産霊の世界」をつくるため、天照大神を「創造」したのではなかろうか。

「天優位の世界観」「地上の大王を天の主宰者の子孫」とする考えは、新しい秩序の形成、国づくりに都合のよい政治思想だった。

溝口氏は高皇産霊を「天皇家の守護神であり天の最高神」とするが、高皇産霊は本当にそうだったのだろうか。
高皇産霊はヤマト王権が「海《あま》」から「天《あま》」へと世界観を転換した過程で「消し切れなかった」神だった、と私は考える。

本来、天照大神だけにしておけば矛盾も二元性も生じない。しかし『記・紀』を編さんした当時、高皇産霊の存在は為政者や有力氏族の間ですでによく知られていたので無視できなかったのではないだろうか。

この推測を進めるためには「神々の線」をつなぐ作業が必要だ。それは、高皇産霊と物部氏が祖とする饒速日《にぎはやひ》尊《みこと》、そして熊野で神武を救った高倉《たかくら》下《じ》を結ぶ線である。物部氏の祖は遊牧騎馬民族特有の思想・世界観をもった民ではないかと推測する材料もほしいところだ。

旧事本紀の資料性

高皇産霊―饒速日―高倉下の系譜をはっきり語るのは、平安時代初めに編さんされた『先代旧事本紀《せんだいくじほんぎ》』である（本書51頁系図参照）。これまでも部分的に引用してきたが、ここで同書の評価を語っておきたい。

『旧事本紀』は江戸時代に「偽書」のレッテルを貼《は》られ、長らく軽視されてきた。しかし今日では『古事記』『日本書紀』とは別に、物部氏が伝承してきた古い物語を含む貴重な資料として再評価されている。「聖徳太子と蘇我馬子の撰《せん》」という序文が全体の信用を損ねたほか、その中では『記・紀』の丸写しも少なくない。だが、ほかの古文書にみられない独自の話も散見されるという見立てである。

長年、同書を研究してきた鎌田純一氏は、饒速日など物部伝承が含まれている巻三、巻五のほか、巻四、巻十などの資料性は高い、としている（上田正昭氏との対談『日本の神々「先代旧事本紀」の復権』大和書房）。

『旧事本紀』は、饒速日が高皇産霊の娘の栲幡千々姫《たくはたちぢひめ》を母として誕生したと語る。つまり饒速日は高皇産霊の孫というわけだ。また天香語山命《あめのかごやまのみこと》（高倉下）が饒速日の息子であるとも明記しているから、高倉下からみると高皇産霊は「ひいおじいさん」にあたる。

そこには、高皇産霊と饒速日が肉親の情で結ばれているかのような記述もある。饒速日は長髄彦《ながすねびこ》の妹をめとり宇《う》摩志麻治命《ましまぢのみこと》が生まれるが、わが子の顔を見る前に死んでしまう。あわれに思った高皇産霊は速飄命《はやちかぜのみこと》を遣《つか》わせて饒速日の遺体を天にのぼらせ、七日七晩、葬儀の遊楽をして悲しみ、天上に葬った、というのである。そんな場面の高皇産霊は天上を支配する厳格な神というイメージではなく、孫がいとおしいおじいちゃんといった感じだ。

一方『記・紀』は高倉下が何者か明言していない。ただ『日本書紀』神代下の「一書《あるふみ》（第六）」が「（天照大神の子）天忍穂根尊《あまのおしほねのみこと》（天忍穂耳《あまのおしほみみ》）は高皇産霊尊の子・栲幡千千姫と結婚し天《あまの》火明命《ほのあかりのみこと》を生んだ。その子の天香山《あまのかぐやま》は尾張連《おはりのむらじ》らの遠祖である」と記しているのが注目される。

天火明は饒速日の別名で、天香山は高倉下の別名とされているから、別名を介してではあるが高皇産霊―饒速日―高倉下の系譜を示しているわけだ。

物部伝承から引用か

「一書《あるふみ》にいわく」として触れているところをみると、これは『日本書紀』編さん当時、すでにあった物部氏系の伝承から引用したと思われる。長髄彦が殺される場面で『日本書紀』が「饒速日は物部氏の遠祖だ」と語っている部分の出所も同じだろう。

『古事記』は高倉下の出自について、彼が神日本磐余彦《かむやまといわれびこ》（神武天皇）に献上した刀剣・布都御魂《ふつのみたま》（韴霊《ふつのみたま》）が「石上《いそのかみ》神宮に坐《いま》す」と付記し、物部氏と高倉下の関係を示唆している。

また『古事記』には「邇芸速日命《にぎはやひのみこと》は登美毘古《とみびこ》（長髄彦のこと）の妹の登《と》美夜毘売《みやびめ》と結婚し、宇摩志麻遅命《うましまぢのみこと》が生まれた。彼が物部連の祖だ」という一節がある。『旧事本紀』では宇摩志麻治命と表記されている。

宇摩志麻治は高倉下とは母違いの弟とされる人物。大和に入った神武は、熊野で命を救ってくれた高倉下より、宇摩志麻治のほうを可愛がったようだ。

こぼれ話 ◉神剣

有名なのは歴代天皇に継承された皇位のシンボル「三種の神器」のひとつ、天叢雲剣《あめのむらくものつるぎ》（草薙《くさなぎ》剣）。素戔嗚尊《すさのをのみこと》が倒した八岐大蛇《やまたのおろち》の尾から出現したとされる。また、『万葉集』には神剣、『東大寺献物帳』に宝剣という表現も見られ、刀剣に神霊が込められているとの見方が古くからあったことがわかる。さらに石上神宮（奈良県天理市）が所蔵している七支刀《しちしとう》は、両側に３本ずつの枝をつけた両刃《もろは》の剣だ。金象眼の60余字が刻まれており、百済などからもたらされたとの説があり、４世紀の東アジア情勢を反映した国際交流の文化遺産として名高い。

耳成山

丸木舟で渡来した祖神

いったい、物部氏やその一族が信奉《しんぽう》した神々のルーツはどこだろうか。その解明は容易ではないが、せめてにおいぐらいはかぎたいものだ。

歴史学者の黛弘道氏は『先代旧事本《せんだいくじほん》紀《ぎ》』が語る饒速日尊《にぎはやひのみこと》の天降《あまくだ》りの段を分析し、そこから物部氏に北方の遊牧騎馬民族の息吹を感じ取っている。

物部氏が祖神《そしん》とする饒速日には三十二人の防護の従者が同行した。彼らにはそれぞれ「天香語山《あめのかごやま》命は尾張連の祖《おや》」「天鈿売《あめのうずめ》命は猨女君《さるめのきみ》の祖」「天児《あめのこ》屋《やね》命は中臣連の祖」「天日神《あめのひのかみ》命は対馬県主《あがたぬし》の祖」といったように、その子孫（氏族）の名が示されている。

黛氏は、饒速日の従者に天鈿売や天児屋など天孫降臨に従った神々が含まれているのは不自然だという理由で三十二人から七人を除外する。そして残った二十五人が本来の伝承ないし原型に近いのではないか、とみる。

古池に姿を映す耳成山。山上近くに高皇産霊を祀る耳成山口神社がある

【紀行メモ】

◉耳成山口神社
所在地：奈良県橿原市木原町
交通：近鉄耳成駅から徒歩約15分
問い合わせ：0744（24）1028

◉天満神社
所在地：奈良県橿原市太田市町
交通：近鉄大和八木駅から循環バス太田市下車徒歩約10分
問い合わせ：0744（22）4001（橿原市観光課）

二十五は五の倍数だ。『旧事本紀』では、そのあとの文章に「五部人《いつとものをのかみ》」「五部造《いつとものみやつこ》」「二十五部人《はたちあまりいつとものをのかみ》」など五や五の倍数が数多く出てくる。

黛氏は、さきに文化人類学者の岡正雄氏が「百済や高句麗を含めて東北アジアの諸民族は、その社会構成、部族構成が五を単位とする例が非常に多い」と指摘したことをふまえたうえで、次のように述べる。

饒速日尊の天降りに供奉《ぐぶ》した人びと（集団）は、いずれも五、ないし五の倍数から成っていたことになるが、百済の五部・五方、高句麗の五部などツングース系扶余《ふよ》族の社会が五を単位としていることと対比して、物部氏もまた北方の遊牧騎馬民族にその起源を有するものと考うべきものかもしれない。（『物部・蘇我氏と古代王権』吉川弘文館）

高皇産霊の来た道

高皇産霊尊《たかみむすひのみこと》はどんな神であろうか。

この神はもともと、ユーラシア大陸の草原を馬で駆け回っていた遊牧騎馬系民族が信奉した。彼らの子孫たちが中国東北部、朝鮮半島を経由して九州に渡ってきた。私はそう考える。

物部氏が渡来系の血を引く一族だとしたら、高皇産霊を祀《まつ》ってきた可能性がある。渡来系でないとしても、降臨神話をもつ渡来系の思想・世界観に強く影響された氏族だったのではなかろうか。そうでなければ「祖先の饒速日尊が天磐船《あめのいわふね》に乗り河内国《かわちのくに》河上の哮峯《いかるがのみね》に天降った」といった伝承にはなるまい。

高皇産霊が朝鮮半島を経由して伝来したと考える理由は、長崎県の対馬に高皇産霊を祀る神社があるからだ。

『日本書紀』の顕宗《けんぞう》天皇紀に、次のような風変わりな記事が載っている。顕宗は第二十三代の天皇だ。

日神《ひのかみ》が人に憑《つ》いて、阿閉臣事代《あへのおみことしろ》という人物に「（大和の）磐余《いわれ》の田を、わが祖《みおや》の高皇産霊尊に献《たてまつ》れ」といった。そこで十四町の田を献じ、対馬の下県直《しもつあがたのあたい》がお祀りし、お仕えした。

橿原市太田市町の天満神社

この記述からふたつのメッセージを読み取ることができる。ひとつは、対馬の日神が高皇産霊を「祖」だとしていることだ。もうひとつは、高皇産霊が対馬から大和に勧請《かんじょう》されたことである。

対馬の高御魂の神

歴史学者の上田正昭氏は高皇産霊と対馬の関係に興味を抱き、現地調査をした。そして島の南端、対馬市厳原《いづはら》町豆酘《つつ》にある多久頭魂《たくずたま》神社の境内で高御《たかみ》魂《むすひ》神社を見つける。もともと豆酘の海辺に鎮座し、里人に「たかおむすぶの神」と呼ばれていた。高御魂は高皇産霊に違いない。

対馬に生まれ育った永留《ながとめ》久恵氏の著書『古代史の鍵・対馬』（大和書房）をひもといた。

貞享三年（一六八六）に編さんされた『対州《たいしゅう》神社誌』は、高御魂のご神体が「うつお船」に乗って豆酘の浦に流れて来たと記す。「うつお船」は「うつろ船」、つまり中をくりぬいた丸木舟やヒョウタンだという説などがある。

永留氏は「対馬では、海の向こうから渡来したものには、うつろ船の漂着伝説が多いので、どうやらこの神は、海の彼方《かなた》から渡来したことを語っているようだ。それがまた、対馬から大和へ勧請されて行く」と書いている。

日神のお告げに従って大和の地で高皇産霊を祀った神社は、どこにあるのか。

それは延喜式内社の目《め》原坐高御《はらにますたかみ》魂《むすひ》神社だといわれてきた。しかし江戸時代に、どこにあるのかわからなくなってしまった。

式内社の現況を調べた『式内社調査報告』によれば、奈良県橿原《かしはら》市太田市町にある天満神社と、大和三山のひとつ耳成山《みみなしやま》の耳成山口神社がその候補だという。ともに高皇産霊（高御魂）を祭神としている。

天満神社は耳成山の北東にある古社である。椋《むく》の大木に三組のアオサギが巣をつくっていた。通りかかった農家の人の話では、神社の前に「マメハラ」

こぼれ話 ◉大和三山

直径約3キロの円内に収まる奈良盆地南部の小さな山々。耳成山を頂点として西の畝傍《うねび》山、東の天香具《あまのかぐ》（久）山からなる。中大兄皇子の万葉歌のほか、『古今和歌集』にも登場する。畝傍山周辺の神武天皇陵指定地などに異論はあるものの、一帯は縄文時代以来の重要遺跡地帯でもある。古代には外国人も多く訪れた日本の中心部なのである。

耳成山の山上近くにある耳成山口神社

と呼ばれる禁足地があり、そこに入ると足にマメができるという言い伝えがあるそうだ。マメハラは目原に通じる。

一方、耳成山口神社は標高百三十九メートルの休火山の八合目に鎮座する。耳成山のある橿原市木原町の「キハラ」も目原に通じるから、ややこしい。

端正な耳成山は「天神山」とも呼ばれてきた。私は高皇産霊が対馬から勧請されたのは山口神社の場所だったのではないか、という気がする。

日本と韓国の間に浮かぶ島から、はるばる大和まで神様がやってきた。「うつお船」で流れ着いたという場所はどんなところだろう。日神はどこに祀られていたのだろうか。

そんな興味を抱いて対馬行きの飛行機に乗った。

対馬

「文明の海の十字路」にて

福岡空港から三十分。ジェット機は水平飛行に入ってすぐ、降下を始めた。対馬空港は小さな湾が複雑に入り組んだ地域にある。レンタカーで長崎県対馬市の中心、厳原《いづはら》に向かい、民俗・考古学者の永留久恵氏に会った。

大正九年（一九二〇）生まれ。師範学校を出て海軍へ。戦後は五十五歳で教員を辞め、郷土史研究に没頭した。お会いした時は、対馬の歴史と文化をまとめた十三冊目の本を執筆中だった。高皇産霊尊《たかみむすひのみこと》を訪ねる島の旅の案内をお願いするのに、これ以上の人はいない。

高皇産霊上陸の地へ

まず、高皇産霊が「うつお船」に乗って漂着したという島の南端、豆酘崎《つつざき》に向かった。一六八六年に編さんされた『対州《たいしゅう》神社誌』に「高雄むすふの神」として、その漂着物語が出てくる。今の言葉にして紹介しよう。

昔、醴豆《つつ》（豆酘）崎に「うつお船」が漂着した。地元の漁民が中をのぞくと、奇怪に光る石があった。それをご神体として祀《まつ》った。そんな話は俗説で、考えられないことだ。

【紀行メモ】

◉対馬へは

所在地：長崎県対馬市

交通：空路では、福岡空港―対馬空港約30分、長崎空港―対馬空港約35分

海路（高速艇利用）では、博多港―厳原港２時間15分

問い合わせ：対馬観光物産協会

長崎県対馬市厳原町国分１４４１

０９２０（５２）１５６６

http://www.tsushima-net.org/

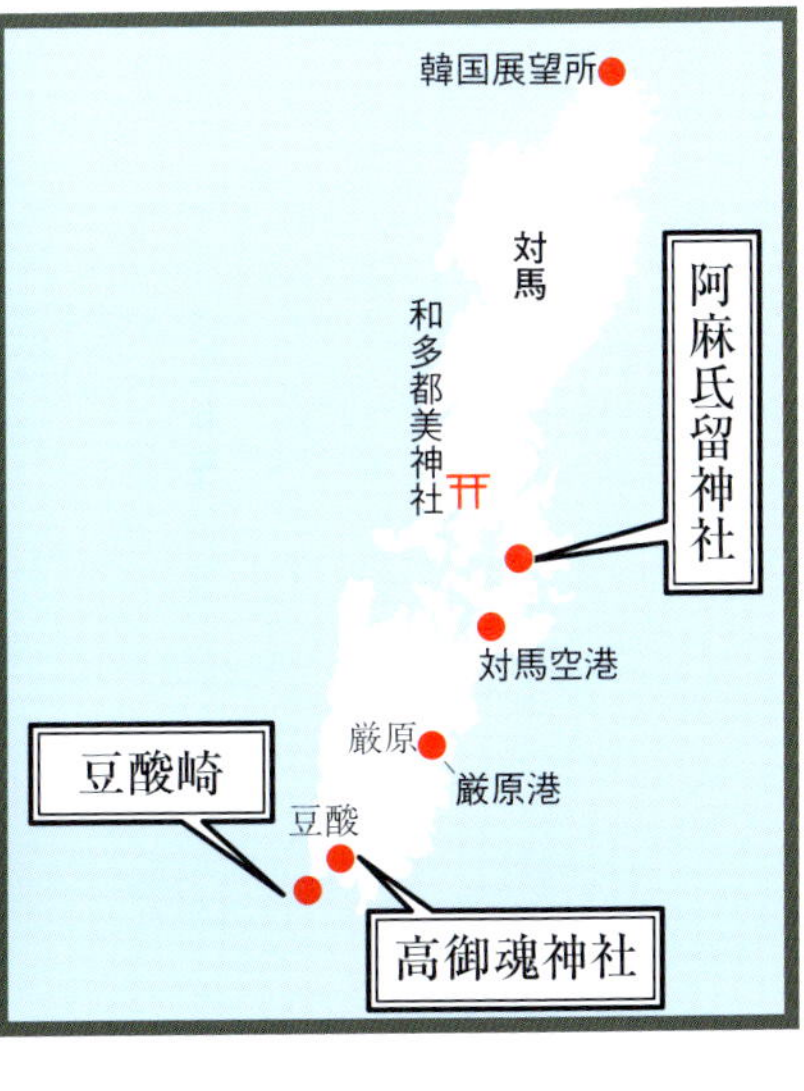

永留氏によると、『対州神社誌』の編者は儒学者だった。最後の「俗説」の部分は、儒学者らしい合理主義によるものだろう。永留氏は「人が乗る舟ではなく、神霊の容器だったのではないか」という。

豆酘崎の景観はすばらしい。白波が押し寄せる断崖の下は、岩礁が一筋の線を描いて沖合に伸びている。満潮やしけのときは岩が隠れる。座礁したらひとたまりもあるまい。

雲間から差し込む陽光に輝く海原の先は東シナ海だ。右手は朝鮮海峡、左手は対馬海峡。「文明の十字路」である。条件がよければ韓国の済州島が見えるという。

対馬市厳原町豆酘にある高御魂神社

高皇産霊を祀った高御魂《たかみむすひ》神社はもともと海辺の森の中にあったが、昭和三十年代の初め、中学校の拡張に伴って山寄りにある多久頭魂《たくずたま》神社の境内に移された。

豆酘には独特の天童信仰が根付いている。観音の化身という天童法師を崇拝する信仰である。

島の伝承によれば、天童法師はこの島に赤米の種籾《たねもみ》を伝えた。毎年「神田」で赤米を栽培し、それに神霊を入魂して「テンドウ」にする神事がある。「高御魂はこの神事でテンドウをつくる神です。米は南方から来たから、豆酘崎に漂着したのは南方の要素が強い神だと思う」と永留氏は語る。

私は高皇産霊が北方、ユーラシア大陸からきた神ではないか、と考えている。つい、永留氏の話に困ったような顔をしたのだろうか、永留氏は「穀霊は米とは限らない。麦や粟《あわ》もある。また天童信仰には穀霊に加えて、『太陽霊の化身』という側面もあります」と「助け舟」を出してくれた。

半島との交通要所に残る痕跡

前述のように、『日本書紀』は、対馬の日神《ひのかみ》が阿閉臣事代《あへのおみことしろ》に「磐余《いわれ》の田を高皇産霊に献《たてまつ》れ」といったので田を献じた、と伝えている。こちらの話は太陽信仰につながる。大和に勧請《かんじょう》された高皇産霊はこの「日神」の祖神であろう。

日神の社は、対馬を縦断する国道沿いの、島がちぎれそうに細くなる小船《こふな》越《こし》という地区にあった。阿麻氏留《あまてる》神社がそれである。天照大神《あまてらすおおみかみ》と似た名前だが、天照よりずっと古い太陽信仰のようだ。

小船越という地名が興味深い。東西から湾が食い込むところで、古代から朝鮮と日本を通う船の通り道だった。コロの上に船を乗せて、低い丘を越して対岸に運んだ。それが地名になった。小船越には倭国《わこく》に仏教をもたらした百済の使節が逗留したという梅林寺がある。阿閉臣事代も大和の朝廷が朝鮮半島の任那《みまな》に出した使いだった。

朝鮮半島との通行の要所に高皇産霊ゆかりの式内社が残っている。この神はユーラシア大陸から海を渡ってやって来たに違いない。私は意を強くした。

阿麻氏留神社の階段から小船越浦を見下ろす。船は狭くなった陸地を越えて行き来した

大陸の神話につながる

　国道から急な石段を登ったところに鎮座する阿麻氏留神社はこぢんまりした社だった。本殿と棟続きで拝殿兼集会場のような建物がある。その壁にベニヤ板の大きな丸い作り物が立て掛けてあった。そこには日の丸が描かれている。弓の的のようだ。

　厳原に戻って長崎県立対馬歴史民俗資料館で地元の町史を調べた。阿麻氏留神社の「弓《ゆみ》射《い》り」は旧暦正月の祭りで、氏子が年齢順に素朴な弓で的を狙う。的を当てた人はもてなしを受ける。女たちは射終わるまで参拝できない。そんな神事だという。

　この神社は「照日権現」ともよばれていた。永留氏は自著『海童と天童』(大和書房)で「弓射り」について「これは古い『射日神事』の伝承かと思われ

岩礁に白波が打ち寄せる対馬南端の豆酘崎。東シナ海に夕日が沈む

こぼれ話 ◉広形銅矛

矛は両刃の剣に柄をつけた形で、大陸生まれの武器である。そのうち弥生時代の中広形・広形銅矛は刃が極端に広がり、殺傷の実用性は乏しくなっている。これらは日本列島で独自につくられ、発達をとげた祭器らしい。鋳型は福岡で出土している。それがなぜか対馬から圧倒的に多く、計100本以上も見つかっている。だから、朝鮮半島への航海や海に関係した祭祀用で、対馬に集中する結果になったのでは、との見解が有力だ。少ないものの近年、朝鮮半島南部の遺跡でも確かめられている。それらの動向がもっと分かれば、海を越えた交流の実像がより明確になりそうだ。

る」と指摘している。

中国などには「大昔、天空には太陽がたくさんあって、大地を焼き、作物もできなかった。そこに弓の名手が現れ、ひとつを残して射落とした」といった神話や伝承がある。対馬の神社の神事が大陸の神話につながっている。そう考えただけで、わくわくする。

対馬には「海幸彦、山幸彦の神話にでてくる海神《わたつみ》の宮はここ」という和《わ》多《た》都《づ》美《み》神社をはじめ、海や海神にちなんだ神社、旧跡が少なくない。北端の「韓国展望所」に行けば釜山の夜景が見えるように、朝鮮半島も目と鼻の先だ。古来たくさんの神たちや人びとがこの島を経由してやってきた。

島を去る前にもう一度訪れた豆酘崎から海原を見ながらそう思うと、胸がちょっぴり熱くなった。

磐船神社

十二メートルの大岩に乗り「降臨」

北端から韓国の灯が見える長崎県の対馬。大陸文化の中継点になったその島で、天照大神《あまてらすおおみかみ》と並んで天皇家の皇祖神とされている高皇産霊尊《たかみむすひのみこと》が、大和に祀《まつ》られるようになった伝承の源流をさぐった。

『先代旧事本紀《せんだいくじほんぎ》』によれば、高皇産霊は物部一族の祖先神・饒速日尊《にぎはやひのみこと》のおじいさんにあたる。こんどは、その「孫」の足跡を追ってみよう。

『旧事本紀』は、天磐船《あめのいわふね》に乗った饒速日が河内国の哮峯《いかるがのみね》に天降《あまくだ》り、次いで大倭国《やまとのくに》の鳥見《とみ》の白庭山《しらにわのやま》に移った、と記している。天上から降りた、という場所にあるのが大阪府交野《かたの》市の磐船《いわふね》神社だ。

巨岩の宝庫

国道168号が奈良県生駒市から交野市に入るあたりは、天野川沿いで、ちょっとした渓谷地帯である。そこにある磐船神社には「古代」を感じさせる独特の雰囲気が漂う。

拝殿の裏の巨岩がまず目に入る。高さ十二メートルという船形の大岩でご神体になっている。なるほど「磐船」だ。ここは肩野《かたの》物部氏の勢力圏だったという。祖先が大岩に乗り、このあたりに降臨したという伝承も、「さもありなん」と思った。

巨岩はご神体だけではない。境内には「岩窟《がんくつ》めぐり」ができるほどたくさんある。宮司のお母さんだろうか、社務所で上品なお年寄りに拝観料を払って白衣を借り、拝殿の横から岩場にもぐった。

そこは川の上に大石がごろごろ重なり合う荒々しい空間だ。裏山に抜ける「岩窟めぐり」は、冬場や雨の後は滑りやすく危険なので閉鎖するという。私が拝観したとき、岩は乾いていたが、木の板を渡る勇気がなくて途中で引き返した。

周辺に残る饒速日の伝承地

「天照の孫の瓊瓊杵尊《ににぎのみこと》にせよ、饒速日尊にせよ、空からやってきたのではない。ヤマト王権も物部氏も、九州方面からの一族の移動や進攻を、のちに

饒速日を祀る大阪府交野市の磐船神社。拝殿を覆うように船形の巨岩が突出している

『降臨』と称した」という説がある。興味深い推測だ。

それはともかく、いったん地上に降り、饒速日が移動したという「鳥見白庭山」の伝承地は、磐船神社からさほど遠くない生駒市にあった。

そこは神日本磐余彦《かむやまといわれびこ》（神武天皇）の宿敵、長髄彦《ながすねびこ》の本拠地と伝えられている土地でもある。饒速日は長髄彦の妹の御炊屋姫《みかしきやひめ》と結婚する。長髄彦の本拠地に落ち着き、大和盆地に「にらみ」をきかしたというのは筋が通っている。

近くには「饒速日の墓」もあるそうだ。生駒民俗会の吉田伊佐夫氏に聞くと、丘陵の中でわかりにくいという。そこで地元の郷土史に詳しい正木榮氏に案内をお願いした。正木氏は大正十五年生まれ、博識である。

山中に「墳墓」も

現地は矢田丘陵の北部に位置している。運動公園の一角に車を止め、このお二人と一緒に雑木林に踏み込んだ。

十五分ほど歩いて、赤と白に染め分けた送電塔の下、「饒速日命墳墓」と彫った石柱の場所にたどりついた。大正時代に大阪の歴史愛好家グループが立てたそうだ。

背後に小石に覆われた土まんじゅうがある。石柱の前には榊《さかき》や酒の空きびんが置かれていた。

「この丘を下ると白庭台の住宅地。そこが長髄彦の根拠地でした。そこから眺めて南に面した丘の上に、亡くなった妹の婿を葬ったのでしょう」と正木氏は言う。

長髄彦は登美毘古《とみびこ》とも呼ばれ

矢田丘陵の北部の山中にある饒速日命墳墓。

「鳥見白庭台」の石柱（右）と「長髄彦本拠」の石柱（左）

【紀行メモ】

●磐船神社

所在地：大阪府交野市私市《きさいち》

交通：近鉄生駒駅から北田原下車徒歩10分、京阪私市駅からバス磐船神社前下車（土日のみ運行、1日2往復）

問い合わせ：072（891）2125

http://www.osk.3web.ne.jp/~iw082125/

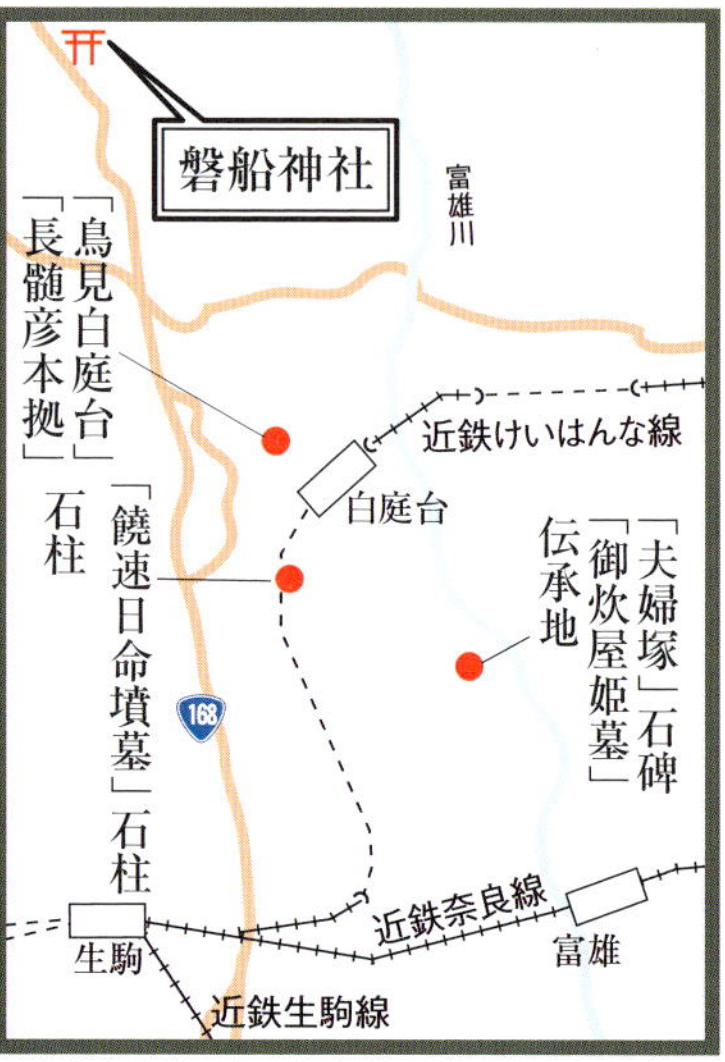

畑の片隅に「御炊屋姫」の塚という石碑があった

磐船神社の「磐窟めぐり」。狭い磐の間を潜り抜けると小川の流れる空間に出た

磐船神社の向かいの岩の上に
立つ天岩船天降りの石碑

た。白庭台の東には、現代の「登美ケ丘」の住宅地が広がる。南北に富雄川が流れる。「ゆかりの地」の雰囲気は十分である。

正木氏に「（奈良県）桜井市にも鳥《と》見《み》山や等《と》彌《み》神社があり、候補地といわれていますが……」と水を向けてみた。そうしたら、「伝承の地やゆかりの場所の数は生駒のほうが断然多い。問題になりません」と軽くあしらわれた。

丘を下って、農業用水池のほとりに据えられた「長髄彦本拠」の石柱を見た。池の脇の集会所裏庭には「鳥見白庭山」の石柱がある。「饒速日命墳墓」

と同じつくりだから、同じ時期に立てられたのだろう。

二本の石柱はもともと、五百から六百メートル東にあった。しかし、昭和五十年代の開発で今の場所に移転されたそうだ。

「長髄彦は『長いスネ』を持つ長身族だったのではないか」という説がある。これに対して正木氏は「南北に長く伸びる矢田丘陵の形から、その名がついた」という説だった。

さびしく佇《たたず》む御炊屋姫の石碑

私たちは最後に、畑の中にぽつんと残る塚を訪ねた。そこは御炊屋姫の墓と言い伝えられてきた。このあたりに饒速日と御炊屋姫の邸宅があったのだろうか。見上げると、さきほどの送電線の塔が丘の上に立っていた。

長髄彦を討った神日本磐余彦《かむやまといわれびこ》（神武天皇）は、饒速日と御炊屋姫の間に生まれた宇摩志麻治命《うましまぢのみこと》に目をかける。しかし、饒速日と神武に姻せき関係があったかどうかはわからない。

『古事記』は、神武天皇が三輪山の神である大物主《おおものぬし》神の娘の伊須気余理比売《いすけよりひめ》を妃にしたと伝えている。

古代史研究者の大野七三氏は『先代旧事本紀』に読みや注をほどこした。大野氏は、その書が饒速日を「大神《おおかみ》」と呼んでおり、古代の大和で「大神」は饒速日以外にありえない、とする。そして、「大神《おおみわ》神社の祭神・大物主神は饒速日のことで、三輪山は饒速日の墓所だ」と考えている。その説に従えば、神武は饒速日の娘と結ばれたことになる。

それぞれが、それぞれの夢を育《はぐく》むことができる。古代史は、まことにロマンの宝庫である。

こぼれ話

◉秋篠銅鐸《あきしのどうたく》

奈良・秋篠寺の西約300メートルで見つかった弥生時代中期の４個の銅鐸。いずれも高さ約21センチの小型で、水鳥らしい絵や補修・補足の跡がある。全国で計500個近く出土している銅鐸だが、大半は一つだけ単独で偶然、発見されることが多い。計39個もあった島根・加茂岩倉を筆頭に、滋賀・大岩山、島根・荒神谷の各遺跡などと同じように複数埋められていた珍しい例だ。銅鐸は「集団の祭り」の道具だったとの見方が強い。埋めた理由も分からない。まとまった数の銅鐸を埋めたのはどのような弥生の集団・社会だったのだろうか。秋篠銅鐸の出土地から北西約２キロに登美ヶ丘の住宅地がある。

伊雑宮

「モデルは持統天皇」説

書名はずばり『アマテラスの誕生』。筑紫《つくし》申真《のぶざね》氏の著書（講談社学術文庫）は一気に読ませる名著である。高校教師のかたわら、神話や民俗学を研究した人だ。

いつ古代人の間に皇室の祖先神とされる天照大神《あまてらすおおみかみ》は登場したか。筑紫氏はこう言い切る。

「誕生したのは持統女帝（六四五～七〇二年）の治世の晩年のことであり、皇大《こうたい》神宮（伊勢神宮・内宮《ないくう》）がつくられたのは退位（六九七年）の翌年。実際的には、まだ女帝の治世の時代であった」

この国の各地には古くから「天《あま》つカミ」（日や風や雷のカミ）への信仰があった。伊勢の人びとは自分たちの「天つカミ」をイセの大神としてあがめていた。その神は太陽のスピリット（神霊）として「アマテル」とも呼ばれた。この筑紫氏の提唱は有力な学説とみられている。

歴史学者の上田正昭氏は「伊勢の天照大神が、皇祖神として明確化するのは、天武・持統朝からであった」とする（『新修　日本の神話を考える』小学館）。

また、直木孝次郎氏は「（伊勢神宮が）天皇家の氏神の地位を独占し、天皇家の最高の神社となるのは、天武朝以後とみるべきで、その画期となったのが壬申《じんしん》の乱（六七二年）である」と述べている（『神話と歴史』吉川弘文館）。

【紀行メモ】

◉伊雑宮

所在地：三重県志摩市磯部町上之郷

交通：近鉄上之郷駅から徒歩5分

御田植祭：例年6月24日

問い合わせ：0599（55）0038（伊雑宮宿衛屋）

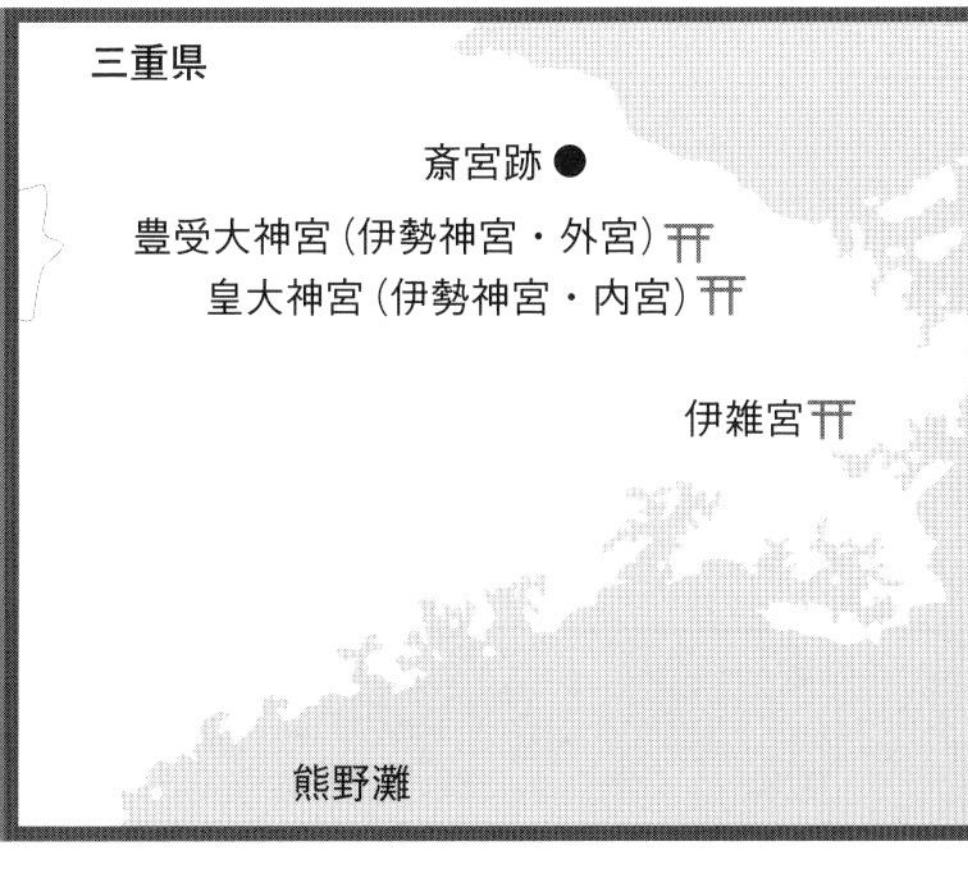

三重県志摩市磯部町の伊雑宮の竹取神事。泥田に倒される竹やその縁起物を奪い取ろうと、男たちは一斉に駆け寄る

皇祖神の誕生は意外に新しいのだ。
天照と並ぶ司令神だとされる高皇産《たかみむす》霊尊《ひのみこと》と縁が深い長崎県・対馬の阿麻《あま》氏留《てる》神社も、日神《ひのかみ》の信仰のひとつだった。

『日本書紀』には、大海人皇子《おおあまのみこ》（天武天皇）が壬申の乱のおり、雷雨の翌朝に三重の川べりで「天照大神を遥拝《ようはい》した」という一節がある。

筑紫氏は、天武は天照大神ではなくアマテル大神を拝んだとする。イセの大神が天照大神に「成長」した背景には、南伊勢の地を重視した天皇家にアマテル信仰があり、地元の豪族も天武朝に接近した、という事情があった。天照と同じ時に皇大神宮も誕生した。彼はそんなふうに解いてみせる。

日神信仰の祭り・御田植祭

「プレ天照」ともいえる日神信仰の名残りを今に伝えるのが三重県志摩市磯部町にある伊雑宮《いざわのみや》の御田植祭だ。毎年六月二十四日に行われ、「磯部の御《お》神田《みた》」として国の重要無形民俗文化財に指定されている。

伊雑宮は伊勢神宮・内宮の別宮で、格の高い社である。祭神は天照大神だが、『磯部町史』によれば、その昔は日の出の太陽（稚日女尊《わかひるめのみこと》）を祀《まつ》っていたようだ。この地方は伊勢神宮に米や海産物を奉納していた。神様も一緒に取り込まれたのではなかろうか。

「磯部の御神田」で興味深いのは漁民の祭り（竹取神事）と農民の祭り（御田植神事）が重なり合っていることだ。もとは同じ海の民の祭りだったのかもしれない。

女児が演じる早乙女《さおとめ》が早苗を取ったあと、裸の男たちが泥田で忌竹《いみだけ》や、その先に付いた大団扇《うちわ》を奪い合う竹取神事は勇壮である。

大団扇はサシバ、ゴンバウチワなどと呼ばれる。神田の端に立てられた大竹の先には宝船や松竹梅など縁起物の絵が描かれている。船の帆には「太《たい》一《いつ》」と大書してある。「太一」は北極星のことだから、天帝という意味だろう。

合図とともに神田に倒されたサシバは男たちにずたずたにされる。竹やサシバの断片を船に供え、航海の安全や豊漁を祈願する風習だ。

神事を見ながら解説してくれた助田時夫氏（志摩市文化財調査委員）は「子どものじぶん、参加者は漁師だけだった。怒号の中で竹を折り、血が流れる。見ていて怖かった」という。

漁民の数が減ったためだろうか、いまは消防団や地区の若者たちで漁師はほとんどいないようだ。男たちは、泥だらけの体を近くの野川で洗う。そこで小さく切った忌竹を知り合いの漁民に配るというから、風習は残っている。家内安全を祈って神棚に飾るため、笹をもらっていく人もいた。

御田植神事ではふたりの少年が演じる「刺鳥差《さいとりさし》の舞」が面白い。野鳥捕りのしぐさだろうか、「やあは、おんは」の掛け声、太鼓と笛に合わせ、ふたりの少年が数え唄を歌う。

磯部には、鶴が落とした稲が元で米どころになったという伝説がある。

一ツ　日の本神代の昔
二ツ　不思議のかの真名鶴が
三ツ　瑞穂《みずほ》をくわえて来る
四ツ　世の中五穀のはじめ
五ツ　磯部はその元ぞかし
六ツ　昔の儀式の舞を
七ツ　鳴りもの謡《うたい》に乙女
八ツ　やあはあの声うち揃《そろ》わせて
九ツ　この田を首尾よく植えて
十で　豊けき秋祈るなる

一所懸命覚えたのだろう。竹取神事の喧騒《けんそう》のあとの神田に少年の声が響き渡った。その前で、早乙女たちがせっせと田植えをした。

天照のモデルは？

天照大神は持統天皇の時代に誕生したとする筑紫氏は、さらに「アマテラスのモデルは持統天皇です」という。

大君は神にしませば
天雲《あまぐも》の 雷《いかづち》の上に廬《いほ》らせるかも
柿本人麻呂
（万葉集巻三）

こぼれ話　◉自然神話学

神や神話が自然への崇拝から始まったとする考え方。太陽や月、星、風、雷、雨、山、川、海、樹木、動物などは、恩恵や被害を含む人知の及ばぬさまざまな威力を示すことがある。神話を自然現象に結びつけて信仰し、神格化してきたという。英国のマックス・ミューラーらの同学説は、19世紀の知識人らに大きな影響を与え、神話学が学会に確立された。

自然は多くの社会で神格化され、信仰されている。その信仰は、低レベルの宗教形態ともされた。ところが人類学などの発展で、世界的な広がりのあるオリエントの天体神話、太陽神話が比較的後世になって拡大したことなどが次第に明らかにされた。太陽・天神を男性神、月・大地神を女性神とする見方は多くの文明で共通している。また日本には雷や風などを神と見る自然神話もあるが、さほど多くないとされる。

御田植神事で笛太鼓に合わせ少年が数え歌を歌う

持統天皇が飛鳥・雷丘《いかづちのおか》に行幸のとき、人麻呂がつくった歌とされている。

壬申の乱に勝利した天武、夫を継いだ持統は「神」になった。「ここに女帝をモデルにした天皇家の始祖アマテラスを、絶対で至高のカミとして系譜のうえに位置づける必要が生まれます」と筑紫氏は書く。それは皇祖神・天照の誕生と同時に女神・天照の誕生でもあった。

いったい「アマテラス（アマテル）」はもとから女神だったのだろうか。日（太陽）の神として男神だったのではないか。男神だからこそ、天皇の子女で未婚の女性である斎王が伊勢に派遣され、祭祀《さいし》をつかさどったのではなかろうか。そうだとすれば、持統女帝がいなければ女神も生まれなかったことになる。

持統が没したのは七〇二年。その十年後『古事記』ができ、さらに八年後の七二〇年に『日本書紀』が完成した。『記・紀』は、できたての皇祖神を神話の主人公にまつりあげたわけだ。

高天原

支配へ　つなげる異界

一方は、ユーラシア大陸の草原を疾《しっ》走《そう》する汗血馬《かんけつば》。他方は、南海の洋上に昇り、水平線に沈む赤く大きな太陽。

奈良盆地の先住者とされる豪族の物部一族と、海人《あま》族だったと思われるヤマト王権の創始者たち。それぞれが受け継いだ世界から、私はまずそんな光景を思い浮べる。

水平的で循環的な世界観

物理学・科学思想という専門分野から古代日本人の世界観・宇宙観に迫った荒川紘氏は、『古事記』と『日本書紀』の構造を①図（本書88頁）のように描いた（『日本人の宇宙観』紀伊国屋書店）。この図では、理想郷である常世《とこよ》の国―葦原《あしはら》の中つ国―妣《はは》の国は水平軸、高天《たかまが》原《はら》―中つ国―黄泉《よみ》の国が垂直軸、ということになる。『記・紀』には毛色の違うふたつの世界観がごっちゃに混じり合っている。荒川氏の図をもとに②図のようにしたら、海人族の世界観をわかりやすく表せるのではないか。

穀物が実り、「まれびと（異人）」がやってくる常世は、死者が戻り復活する場所でもある。常世や、琉球地方の思想で高貴な国とするニライカナイは生と豊饒《ほうじょう》、死と再生のサイクルという点で妣の国とつながっている。水平的世界観が同時に循環的世界観でもある所以《ゆえん》だ。男神・伊奘諾尊《いざなきのみこと》の鼻から生まれた素戔嗚尊《すさのをのみこと》が「亡き母のもとに行きたい」と泣き叫んだ妣の国は明暗両面を持つ異界なのだ。

垂直軸は違う。高天原―黄泉の国を下図に重ねると③図になる。神々が住む天上の国と、人びとの暮す中つ国、死者の黄泉の国は上下関係で分けられている。火の神・軻遇突智《かぐつち》を産んで死んだ女神・伊奘冉尊《いざなみのみこと》が行った黄泉の国は暗く、けがらわしい世界として描かれた。そこから逃げ帰った伊奘諾は「私はなんと穢《きたな》い国にいったのだろう。身体を清めなければ」といって禊《みそぎ》をする。素戔嗚が行きたがった妣の国はそんなところではないはずだ。

熊野の地が変えた意識

天上の絶対神を地上の王が奉じると

いう思想は、ユーラシア大陸の奥地からモンゴル・中国東北部、朝鮮半島、対馬を経て九州にたどり着いた。そんな神のひとりである高皇産霊尊《たかみむすひのみこと》は垂直的な世界観を体現する神として物部一族の血脈のなかに生き続け、『記・紀』の中に残った。私はそう思う。

　熊野山中に分け入るまで、そんな世界観とは縁遠かったヤマト王権の創始者たちは、「高皇産霊との遭遇《そうぐう》」によって中つ国の支配に都合のよい考えを得た。それは常世と妣の国が循環する「海《あま》」の世界から、「天《あま》」の世界への転換にほかならない。

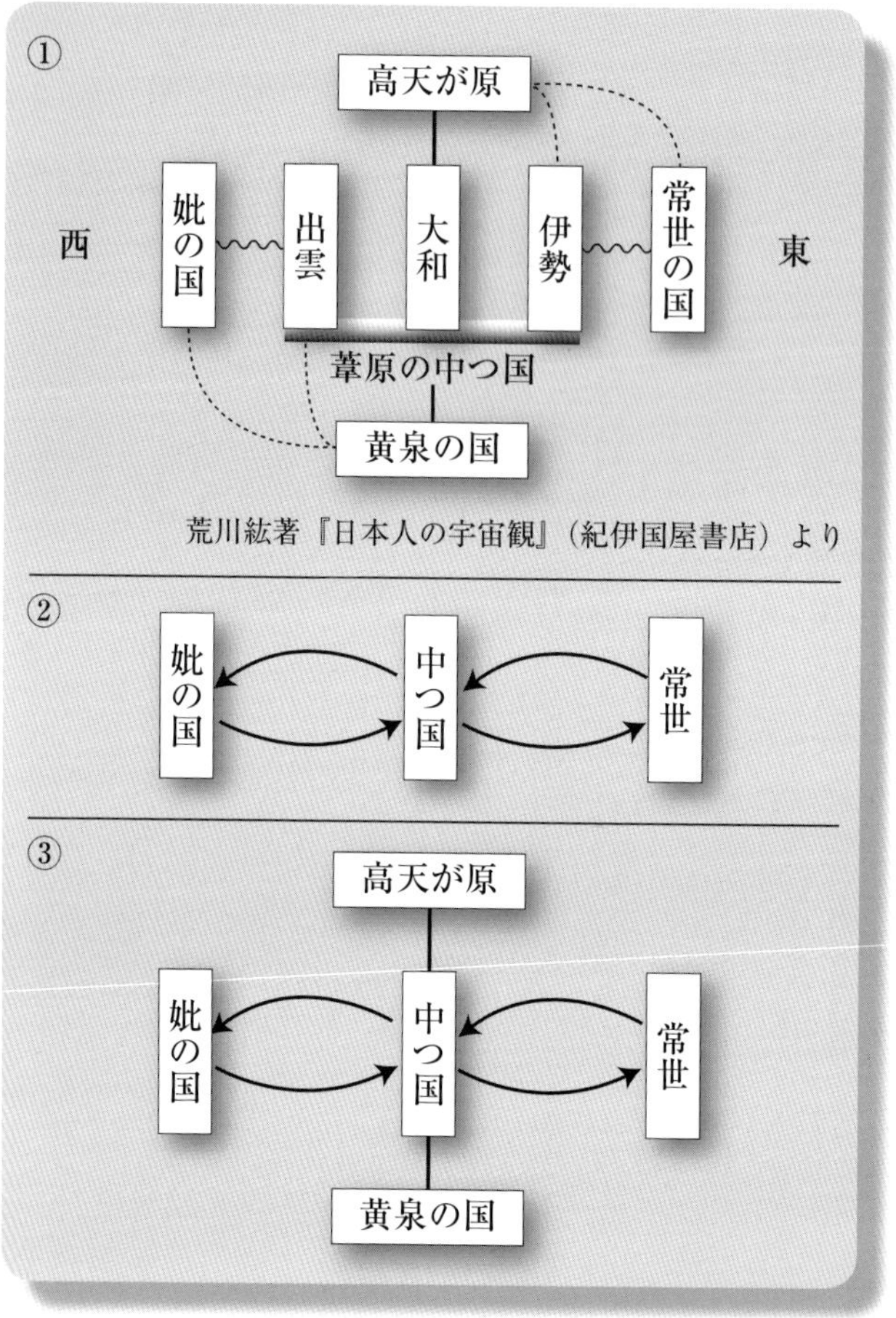

荒川紘著『日本人の宇宙観』（紀伊国屋書店）より

　もちろんそうした転換は一気に進んだわけではない。「高天原」や「天照《あまてらす》大神《おおみかみ》」の完成までにも紆余曲折《うよきょくせつ》があったろう。三輪山のふもと磐余《いわれ》の地で地盤固めをした初期時代から律令制国家を築き始めた天武王朝まで、王権の世界観の完成には数世紀の時が必要だった。『古事記』『日本書紀』はヤマト王権側の「答案」でもあった。

宣長が信念をもって唱えた天上説

　だが世に完璧な答案はない。高天原の最高神が高皇産霊と天照の二神で、命令系統がすっきりしないのは、つじつま合わせがうまくいかなかった一例だ。

もっとも、後世の人びとは「高天原」や「天照」を丸ごと素直に受け入れたわけではないようだ。空の上に水田があったり、機《はた》を織ったりしているはずがない。歴史をくだるにつれて、「高天原」は地上のどこかのことで、そこは大和に進攻する地元勢力の本拠地だったという見解が増えたのは当然といえよう。

雑誌「季刊邪馬台国《やまたいこく》」編集責任者の安本美典氏によれば、「ここここそ高天原」と主張された地は大和、九州各地、常陸《ひたち》、近江など国内にとどまらず、朝鮮、中国、はては遠く「バビロニア説」まであるそうだ。当の安本氏は「天照＝卑弥呼《ひみこ》」という考えに基づいて高天原は北九州にあった、と述べている（『高天原の謎』講談社現代新書）。

江戸中期の儒学者新井白石の常陸説など地上説に対して、「天上」を譲らなかったのは『古事記伝』の著者本居《もとおり》宣長《のりなが》である。『古事記』に書かれていることが真実だ、という信念をもつ宣長が天上説を唱えるのは不思議ではないが、地上説をきって捨てる舌鋒《ぜっぽう》は鋭い。碩学《せきがく》に敬意を表して、その一部を紹介しよう。

最初の「天祖都城弁弁《てんそとじょうべんべん》」は、天祖都城つまり高天原は豊前《ぶぜん》国（大分県北部から福岡県東部）の中津ではなく大和である、とする説「天祖都城弁」に反論したもの。「弁」の反論だから「弁弁」というわけなのだろう。

そもそも天照大御神の都は、高天原に在《あり》て、その高天原といへるは、天《あめ》上なること、古典《いにしへぶみ》の趣《おもむき》、いと明らかなれば、豊前国也《なり》といふも、大和国也といふも、其外《そのほか》も、すべて此国土《くに》に在《あり》しごとくいへる説は、みな古典にそむける私ごと也。（『本居宣長全集』筑摩書房）

『古事記伝』にも地上説を批判したくだりがある。

高天原は、すなはち天《あめ》なり、然《しか》るを、天皇の京《みやこ》を云《いふ》など云《いへ》る説は、いみしく古傳《いにしへのつたへ》にそむける私説《わたくしごと》なり、凡《すべ》て世の物知人《ものしりびと》みな漢籍意《からぶみごころ》に泥《なづ》み溺《おぼ》れて、神の御上《みうへ》の奇霊《くすしくあやし》きを疑《うたがひ》て、虚空《そら》の上に高天原あることを信《うけ》ざるは、いと愚《おろか》なり。（『本居宣長全集』筑摩書房）

尊い天上の場所を、地上のここだあそこだなどというのははけしからん、外国かぶれにも困ったものだ。そんなつぶやきが聞こえてきそうだ。

宣長さんに「高天原も天照も後の創作だ」なんて面と向かって言ったら、首を絞められるだろう。

和歌山県・那智山の見晴台から見た熊野灘、夏の太陽が水平線の彼方《かなた》まで照らし輝く

大和と出雲

仕立てられた死者の国

ヤマト王権が「海《あま》」から「天《あま》」へ発想を転換したことは、彼らがもつ異界のイメージも変えた。

「明と暗」「生と死」を併せ持っていた「常世《とこよ》」や「妣《はは》の国」という観念が薄れ、「根の国」「黄泉《よみ》の国」は死者たちの世界にされてしまった。神話は、伊奘諾尊《いざなきのみこと》が亡き妻、伊奘冉尊《いざなみのみこと》を訪ねた黄泉の国をひたすら暗く、穢《けが》れたところとして描く。

天つ神々が住む高天原《たかまがはら》が天上で、大王や人びとが地上に暮らすとなれば、どこかに死者の国をつくらなければならない。そんな考えから大和の支配者に選ばれたのが出雲だったのではないか。

そう考えると、『記・紀』と『出雲《いずもの》国風土記《くにふどき》』の神話の食い違いや、伊奘諾の禊《みそぎ》から生まれたとされる素戔嗚《すさのをの》尊《みこと》の二面性などの疑問の一端が解けるような気がする。

素戔嗚と大国主

『古事記』『日本書紀』は、素戔嗚を天照大神《あまてらすおおみかみ》らに続いて誕生した弟としている。ならば「天《あま》つ神」に違いあるまい。かと思うと、彼は大国主神《おおくにぬしのかみ》らとともに出雲系の「国つ神」とされる。

素戔嗚は高天原を追われたあと突然

【紀行メモ】

◉須佐神社
所在地：和歌山県有田市千田
交通：JR箕島駅から車で7分

◉須佐神社
所在地：島根県出雲市佐田町須佐
交通：JR出雲市駅からバスで40分、須佐下車タクシー5分

◉猪目洞窟
所在地：島根県出雲市猪目町
交通：JR出雲市駅から一畑電鉄で雲州平田駅下車、バス・車で20分

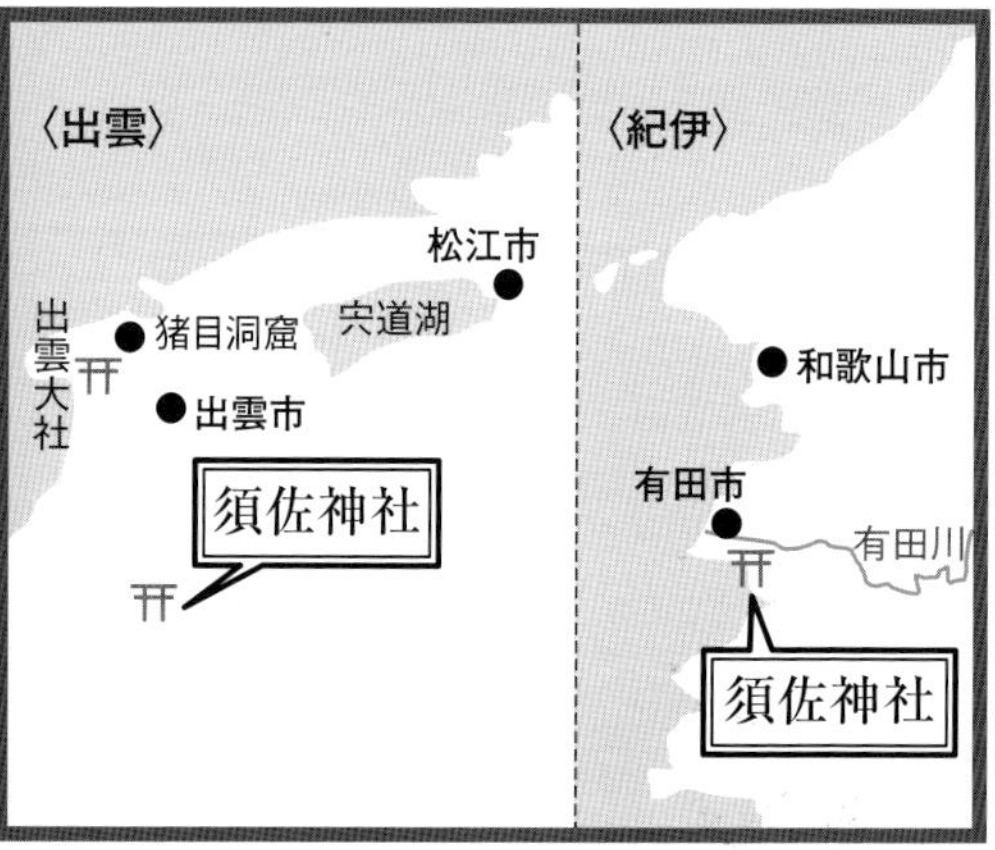

出雲に現れ、八岐大蛇《やまたのおろち》を退治して英雄になる。『記・紀』が伝えるこの話は『出雲国風土記』にはない。どうしてだろう。

素戔嗚と大国主の続き柄もまちまちだ。『古事記』は大国主が素戔嗚の六世の孫だとする。『日本書紀』の本文によれば二人は親子である。そうしながら『書紀』の「一書《あるふみ》」は六世の孫とか七世の孫といっている。はたして二人に血のつながりはあるのだろうか。

私の考えはこうだ。

出雲は大和の北西、太陽が沈む方向にある。ヤマト王権は六、七世紀までには、この出雲地方を配下に治めたといわれる。そこに「地下の世界」を押し付け、垂直的な観念を完成させようとしたのではないか。

天上と地上・地下の橋渡し、水平から垂直への枠組み転換のつなぎ役を演じさせられたのが素戔嗚だった。

彼はもともと出雲や紀伊・熊野のローカルな神だったのではなかろうか。島根県出雲市には素戔嗚終焉《しゅうえん》の地と伝えられる須佐神社がある。一方、和歌山県有田市にも漁民に崇拝されてきた須佐神社がある。神話学者の松前健氏は、社格は出雲より紀伊の方が高かったことから、「私は紀伊の須佐こそ、この神の崇拝の原郷だったと思っている」と述べている（『出雲神話』講談社現代新書）。

その「故郷」がどちらであれ、素戔嗚は『記・紀』のコスモス（宇宙）を

こぼれ話

◉「黄泉の国」と横穴式石室

この世と死者の世界である「黄泉の国」との境は千引《ちびき》の岩《いわ》でふさがれる（『古事記』）。古墳のうち、５世紀以後に盛んになる「横穴式石室」の閉塞石《へいそくせき》からの連想だとの見解が有力だ。

墳丘を掘って棺をおろし、石や土で埋める竪穴式とは異なり、横穴ならその石を外して同じ墓室内に家族らを簡単に追葬できる。発掘調査で何人も葬送したことが確認できる例が多い。「黄泉の国」の様相も、追葬の際に垣間見た光景なのだろう。墓室には土器などに盛って食べ物が供えられた。それが死者が食べ、現世との別れになるという「黄泉戸喫《よもつへぐい》」である。

素戔嗚終焉の地という出雲市の須佐神社

作り上げるために、「大役」「二役」を任されることになってしまった。

　素戔嗚と天照は姉と弟ではなく、もとは無縁だった、と私は思う。「出雲に降りて、地下の支配者になる」という筋立てがまずあって、そのためにストーリーを逆に組み立てていったのではないか。高天原で狼藉《ろうぜき》を働き、追放されたという逸話は、出雲を根の国にするという目的のために作られた話だろう。

　『記・紀』によれば、伊奘諾は天照、月読尊《つくよみのみこと》、素戔嗚の子どもたちにそれぞれ「高天原」「海原」「根の国」を治めさせる。天照は一貫して天上を統治することになっているが、月読と素戔嗚は統治を命じられる場所が文書によってまちまちだ。天照と高天原を結びつけさえすれば、あとは二の次だったのではないか。

　大国主は大穴牟遅《おおなむち》（大己貴、大穴持）、葦原色許男《あしはらしこお》、八千矛《やちほこ》などたくさんの別名をもつ。『出雲国風土記』が大穴持神を「天《あめ》の下造《つく》らし大神」と呼んでいるように、この神は出雲で古くから敬われ、祀《まつ》られてきた神格だ。松前氏の言葉を借りれば「生粋の『出雲っ子』」なのである。素戔嗚に大役を負わせるため「出雲代表」の大国主と血のつながりを作ろうとしたが、うまくいかない。それが「親子だ」「いや六世だ」「七世だ」といった混乱を生んだようだ。

出雲は死者の国に

　「出雲神話」といえば、八岐大蛇を退治する話、因幡《いなば》の白兎《しろうさぎ》など大国主にまつわる物語、そして「国引き」神話などが思い浮かぶ。八束水臣津野命《やつかみづおみつののみこと》が「少女の胸の形のような鋤《すき》で、魚のえらを突くように土地を突き刺し、魚の肉を切り分けるように土地を切り離して、『国来《くにこ》、国来』と引いて来縫《きぬ》った」というくだりはテンポがよく、また素朴で美しい。

　しかしこの「国引き」のくだりは『記・紀』にはない。ヤマト王権にとって、出雲と出雲神話は「従順な国譲り」と「死者がゆくところ」というふたつの要素があれば十分だったからではないだろうか。逆にいえば、『出雲国風土記』が伝える神話は、その地がヤマト王権に支配される以前の伝承を残しているという点で貴重だと思う。

　出雲を「死者の国」にするため、伊奘冉まで協力させられたふしがある。

　『古事記』は伊奘冉が出雲と伯耆《ほうき》（鳥取県西部）の境にある比婆《ひば》の山に葬られたと記す。また、伊奘諾が変わり果てた妻に離縁を宣言した黄泉比良坂《よもつひらさか》も「いまの出雲の国にある伊賦夜坂《いふやさか》という名の坂だ」とする。

　一方『日本書紀』は「一書《あるふみ》」の伝えとして、伊奘冉は熊野の有馬村に葬

島根県出雲市の猪目洞窟遺跡。懐中電灯を頼りに洞窟に入ると、闇に包まれ「黄泉の国」へ引き込まれそうな雰囲気だ

猪目洞窟の入口。小さな社と漁船置き場が向かい合っていた

られたという。『記・紀』の不一致は、出雲を「死者の国」に仕立てようとして生じたほころびだったのではなかろうか。

島根県出雲市の出雲大社から山ひとつ越えた海岸に猪目《いのめ》洞窟がある。『出雲国風土記』に出てくる「黄泉の坂・黄泉の穴」、つまり黄泉の国の入り口はここだ、と伝えられてきた場所だ。私は、黄泉の国の伊奘冉に誘われるように出雲の地にいた。

コラム

古事記は語る4——《黄泉の国》

夫・伊邪那岐命《いざなきのみこと》と一緒に国生みをした伊邪那美命《いざなみのみこと》は、火の神・迦《か》具土《ぐつち》を産んだときのやけどでこの世を去り、黄泉《よみ》の国に行ってしまった。愛する妻にもう一度会いたいと、彼は黄泉の国まで出かけた。「国づくりはまだ終わっていない。どうか戻ってきておくれ」と頼む夫に、妻はこう答えた。「私はもう、こちらの食べ物を食べてしまい、戻ることができません。でも、黄泉の国の神に聞いてみます。その間、決して私の姿を見ないでください」

御殿の奥へ入ったきり出てこない伊邪那美に、しびれを切らした伊邪那岐はクシの歯を折って、そこに火をつけ真っ暗な中を進んだ。そこで彼が目にしたのは、ウジがたかり、体のあちこちから雷がうなる、変わり果てた妻の姿だった。びっくりして逃げ出した夫に、妻は「よくも恥をかかせたわね」と言って、黄泉の国の醜女《しこめ》たちに追いかけさせた。伊邪那岐は、投げつけたものがブドウやタケノコに変わり、それを追っ手が食べている間に逃げた。

やっと現世と黄泉の国を分ける坂のたもとにたどり着いた伊邪那岐は、なお追いかけてきた軍勢にモモの実を投げつけた。そして道を大きな石でふさいで、妻に縁切りを告げる。「あなたがこんな仕打ちをするなら、あなたの国の人たちを日に千人殺す」と叫ぶ伊邪那美に、彼は「それなら私は、日に千五百の産屋《うぶや》を建てよう」と答えた。というわけで、一日千人が死ぬ一方、千五百人が生まれるわけだ。現世と黄泉の国を分ける黄《よ》泉比良坂《もつひらさか》は出雲国の伊賦夜坂《いふやさか》という坂である。

解説

黄泉の国のイメージは、横穴式古墳の形や、殯《もがり》（本葬の前の祭事）の風習から生まれたのではないか。石で築いた通路の奥に棺を安置する横穴式古墳は、出入り可能で追葬もできる。埋葬者の遺骸《いがい》に接することもあろう。殯にかかわる人びとは、腐乱する死体を目の当たりにしたはずだ。奈良県桜井市にある赤坂天王山古墳は蘇我馬子に殺された崇峻《すしゅん》天皇の墓という説が有力な横穴式古墳。暗がりに石棺が横たわる玄室は「黄泉の国」の雰囲気十分である。

伊邪那岐はいわゆる「見るなのタブー」を破った。この手の話は、ほかの日本神話にも出てくる。海神の宮から帰って来た山幸彦を追ってきた海神の娘・豊玉毘売《とよたまびめ》は、海辺の産屋でお産をする。「見ないで」と言われたのに山幸彦がのぞいたら、大きなワニがのたうちまわっていた。豊玉毘売は見られたことを恥じて、海中に去る。

出雲

イザナミの墓いずこに

島根県出雲市の出雲大社の隣に二〇〇七年三月、島根県立古代出雲歴史博物館がオープンした。荒神谷《こうじんだに》遺跡や加《か》茂《も》岩倉《いわくら》遺跡から出土した銅剣・銅鐸《どうたく》、出雲大社の境内から発掘された巨大な宇豆柱《うずばしら》、古代出雲大社の復元模型など、見どころがたっぷりある。

出雲大社近くから日本海へ抜けて、島根半島の猪目洞窟《いのめどうくつ》を訪れた。

浜から洞窟の入り口までは、小さな漁船の陸揚げ場になっている。戦後間もない一九四八年、揚げ場の拡張工事で取り除いた土砂の中から縄文・弥生期の土器や人骨が出てきた。

奈良時代に編さんされた『出雲国風土記』の出雲郡宇賀《うか》の郷《さと》の条に「岩窟があって、そこに行った夢を見た人は必ず死ぬ。だから『黄泉《よみ》の坂・黄泉の穴』と呼ばれてきた」というくだりがある。それが猪目洞窟だ、と伝えられる。

凝灰岩の絶壁のすそに斜めに開口した洞窟に入ってみた。天井から滴り落ちる水滴で足元は滑りやすい。入り口に立つ案内板によると、幅も奥行も三十メートルあるという。懐中電灯で奥を照らしたが、薄気味悪くなって引き返した。

なぜここに黄泉の国の入り口があるのか。風土記を中心に日本古代史を研

【紀行メモ】

◎**揖夜神社**
住所：島根県八束郡東出雲町大字揖夜町
交通：JR揖屋駅から徒歩約10分

◎**岩坂陵墓参考地**
住所：島根県松江市八雲町日吉
交通：JR松江駅より国道432号を車で約15分

◎**比婆山久米神社**
住所：島根県安来市伯太町横屋
交通：JR安来駅からバスで38分、横屋下車すぐ

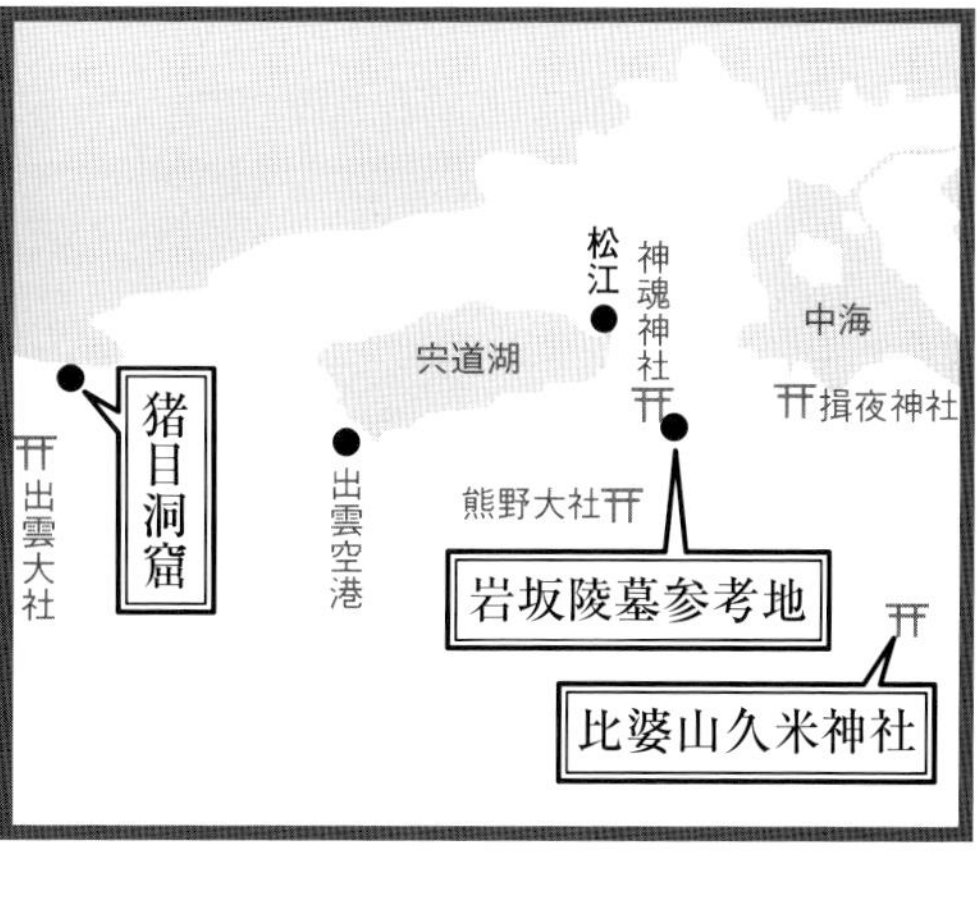

究してきた瀧音能之《たきおとよしゆき》氏は、大和から見た出雲が死者の国のあるところと考えられていた乾《いぬい》（北西）の方角にあたるように、古代出雲の中心地だった意《お》宇《う》郡から見て、猪目洞窟のあたりが乾の方角だった、という見解を述べている（『古代出雲の世界』歴研）。

　なるほど。「死者の国」は古代日本と出雲内部に二重にあったというわけだ。

揖夜神社から伊奘冉の墓へ

　変わり果てた姿の伊奘冉尊《いざなみのみこと》に追いかけられた伊奘諾尊《いざなきのみこと》は、この世と黄泉の国の境の黄泉平良坂《よもつひらさか》に大岩を据えて道を塞ぎ、妻と離別する。『古事記』は「今の出雲国にある伊賦夜《いふや》坂という」坂がそこだとしている。

　島根県東出雲町にある揖夜《いや》神社は、その古伝により伊奘冉を祀《まつ》る。神社近くに「黄泉比良坂伝説地」があるという。探していたら、山陰線の踏切を渡ったところの倉庫の壁に「黄泉の国への入り口直進三百メートル」と大書してあった。さすが神話の国だ。

　石碑の左手に大きな岩が三つ。これが伊奘諾が据えた「千引《ちびき》の石《いわ》」だろうか。花束や百円玉が置かれていた。

　つぎは、出雲国と伯耆《ほうき》国（鳥取県西部）の境にある比婆《ひば》の山に葬られたと

松江市の意宇川の上をコイノボリが泳いでいた。この後方の森が伊奘冉の岩坂陵墓参考地になっている

岩坂陵墓参考地

『古事記』がいう伊奘冉の墓だ。島根県東部にはその候補地があちこちにある。

「水平」から「垂直」へ、ヤマト王権の世界観を転換させるために、出雲を「死者の国」に仕立てた。だから伊奘冉の墓も出雲にもってきた。私はそう考えている。このあたり、「熊野の有馬村に葬る」という説があることを紹介した『日本書紀』より、『古事記』に「政治」の匂いを感じる。

二つの墓

しかし出雲の人たちは、それぞれ自分のところこそ伊奘冉が永眠する地と信じているだろう。その気持ちに思いを致しながら二カ所の候補地を訪れた。

ひとつは、明治三十三年（一九〇〇）に宮内省が伊奘冉の陵墓伝説地とした

「岩坂陵墓参考地」だ。

それは松江市の南部、神魂《かもす》神社から熊野大社に向かう国道沿いにあった。椎《しい》の大木が茂った小山で、鉄門の前には松江市教育委員会がつくった看板が立つ。「古事記にある比婆山はこの地で、伊耶那美命《いざなみのみこと》の御神陵と伝えられている。古くから子授け安産の守護神として広く崇敬された」と書かれている。

陵墓参考地近くに住むお年寄りに、この墓所の由来を聞いた。

「祖父以来、私が三代目の守部《しゅぶ》です」

伊奘冉を祀る出雲町の揖夜神社

黄泉比良坂の大岩

こぼれ話

◉青銅器王国

計439点。「出雲国」などという旧国名単位でみた場合、これまでに地下から発見された青銅器は、出雲がもちろん全国一である。一つの遺跡で出土した点数でも、銅鐸は39個の加茂岩倉遺跡、銅剣も358本の荒神谷遺跡が全国でも飛び抜けてトップなのである。出雲は、考古学的にも「押しも押されもせぬ存在」となった。

この両遺跡が近年、相次いで見つかるまで、やや事情は違った。「出雲神話と、壮大な出雲大社の伝説・物語が歴史を彩っているものの、実態がよくわからない」とされてきた。それが今は「青銅器王国」の異名を取るに至った。

という。宮内庁から陵墓参考地の管理を頼まれ、「普段は生け垣の手入れや、樹木を傷めるツルを切る、といった仕事をしている」そうだ。

次のような話もしてくれた。

比婆山山頂の久米神社の奥宮は緑に包まれていた

ここは旧岩坂村の神納《かんな》というところ。小山の名は「比婆山」で「神納の御陵さん」と呼ばれてきた。陵墓参考地になるまでは荒神《こうじん》さんを祀っていた。江戸時代、峠を越した集落に世継ぎのできない長者がいた。ここに願を掛ければ子が授かるという夢をみて日参し、望みがかなった。そのお礼に立てた石の祠《ほこら》が今も頂上にある。円墳といわれるが、方墳という人もおり、よくわからない。

「比婆山」「神納」といった地名が陵墓参考地に選ばれた理由のひとつだろう。「子授け安産の守護神」といわれてきた背景もわかった。

地元の人たちに守られて

もう一カ所訪れたのは、鳥取との県境に近い安来《やすぎ》市伯太《はくた》町である。山間のこの町にも伊奘冉のお墓があると聞いたが、どこかわからない。

「比婆山久米神社」がそれらしいと当りをつけ訪ねたら、案内板に「高さ三百二十メートルの比婆山山頂に御神陵と奥宮がある」と書いてあった。

車で行けるのは途中まで。あいにくの雨で足元はぬかるんでいた。でもせっかくここまで来たのだから、と傘をさして登った。山道に頭を出したタケノコを靴で蹴《け》り取った跡が、あちこちにある。参道を確保するためだろう。

約三十分で頂上に到着。久米神社の奥宮の後ろに木塀で囲った一角があり「伊邪那美《いざなみ》大神御神陵」と書いた木柱が立つ。裏を見たら「平成四年(一九九二)、井尻公民館建立」とあった。

あわただしく、またときにすさんだ世の中にあって、地元の人たちの歴史心に触れるとほっとする。

コラム 日本書紀は語る①——《国譲り》

葦原中国《あしはらのなかつくに》の平定の仕上げとして、高皇産霊尊《たかみむすひのみこと》は経津主《ふつぬし》神と武甕槌《たけみかづち》神を、天上から出雲国に派遣した。二神は海岸に逆さに剣を突き立ててその先に座り、大己貴《おおあなむち》神に「高皇産霊尊が皇孫を降《くだ》らせて、この国に君臨しようと思っておられる。お前は言うことを聞くのかどうか」と迫った。

出雲の大己貴は「私の子どもに相談します」と答えた。そのとき、子の事代主《ことしろぬし》神は美保の岬で釣りをしていた。そこで使いの者が「熊野の諸手船《もろたふね》」に乗って、事代主のもとに急いだ。いきさつを聞いた事代主は「父上は天つ神のおっしゃる通りにされたほうがいいでしょう。わたしも逆らいません」と語った。

息子の返事を聞いた大己貴は二神に対して「頼みにしていた子はもういない。私も身を引きます。私がそうすれば、国中の神たちも、もう抵抗はしないでしょう」と述べた。そして帰順のしるしに持っていた矛《ほこ》を献上したうえ、「私はこれから幽界にまいります」と言って隠れてしまった。

いまや二神に従わないのは星の神・香香背男《かかせを》だけになったが、この神も服従させられた。

解説

『記・紀』のストーリーは「葦原中国の平定へ先発隊の派遣」→「出雲の帰順」→「天孫降臨」という順序になっている。『古事記』には建御雷神（武甕槌神）が怪力を発揮して大国主神（大己貴神の別名）の別の子をねじふせる場面が加わっている。武甕槌の独り舞台、といったところだが、この神はもともと中臣（藤原）氏の神である。『記・紀』の編さんに影響を及ぼすほどにのし上がった藤原氏が、自分たちの氏神の手柄話に仕立てたとみられる。

『古事記』で注目されるのは、大国主が出雲を譲り、霊界に退く「条件」として「地中深く埋めた太い宮柱を立て、屋根の上に千木《ちぎ》が高々と伸びる神殿をつくってほしい」と要求したことである。そうしてできたのが出雲大社だとされている。

江戸時代に造営された現在の本殿は地上から千木まで二十四㍍もあるが、古代はその倍の高さをもつ巨大な建物だったという。本殿のそばから杉の巨木を三本まとめて一本の柱にした「宇豆柱《うずばしら》」跡が出土したことで、話の信憑性《しんぴょう》が高まった。島根県立古代出雲歴史博物館には、平安時代の本殿の十分の一の復元模型が展示されている。平安時代に巨大建築のベストスリーとして、「雲太（出雲大社）、和二（大和の東大寺大仏殿）、京三（平安京の大極殿）」といわれた姿をしのばせる、迫力ある模型だ。

「熊野村」

東征神話の不思議な山場

　これまで、ヤマト王権の創始者と物部一族が引き継いだ世界観を対比し、「海《あま》」から「天《あま》」へという王権の世界観の転換を描いてきた。いわばマクロの仮説である。このあたりでミクロに立ち入って「幻視行」の核心に入って行きたい。

　それは熊野山中で、物部一族とされる豪族の高倉下《たかくらじ》が神日本磐余彦《かむやまといわれびこ》（神武天皇）を救う話である。

　熊野の神の毒気《あしきいき》にあてられた神武軍が、高天原《たかまがはら》から下された刀剣である韴《ふつの》霊《みたま》（布都御魂）で目覚める。この出来事は、『古事記』や『日本書紀』が伝える神武東征神話のハイライトのひとつだ。

　私に物語を書かせたのは、そのエピソードである。つまり空から刀剣が落ちてきたというこの不思議な逸話と、熊野本宮大社付近の重々しい空気が、私の頭の中でぶつかり、執筆へと駆り立てた。

洪水で高台に移転

　奈良・和歌山県を流れる熊野川は、奈良県内では十津川《とつかわ》とも呼ばれる。奈良から、狭く曲がりくねった国道168号を南下すると、それまで深い谷底に見下ろした川が、道のわきを悠々と流れる大河になる。県境のそんな景観の変化に、いつも新鮮な驚きを覚える。

　熊野本宮大社は、県境の和歌山県側に鎮座する。明治二十二年（一八八九）の大洪水で、熊野川の中洲にあった社殿が流された。かろうじて残ったいくつかの建物を近くの高台に移転したのが、現在の本宮大社である。

　国連のユネスコは、エジプト・アスワンハイダム建設で水没する古代エジプトのアブシンベル神殿遺跡を移築した。壮大な彫刻が施された岩山を、いったんブロック状の石材に切り分けて高台に運び、かつての姿のままに再建した。

　日本もこの前例のない難事業に貢献した。「人為と天災」「事前と事後」の違いはあるが、熊野本宮大社は日本のアブシンベルといえよう。

　本宮大社の旧社地は「大斎原《おおゆのはら》」と呼ばれている。熊野の中でも私が一番好

きなのはその一帯である。私の中では、刀剣の降下と本宮大社の近辺の風景が、重なり合っている。

空から落ちてきた刀剣

『記・紀』はこのエピソードをどう伝えているか。まず『古事記』(岩波文庫)から、その場面を一部省略して紹介しよう。

神倭伊波禮毘古命《かむやまといはれびこのみこと》、熊野村に到りまし時、大熊髪《ほの》かに出《い》で入りてすなはち失《う》せき。ここに神倭伊波禮毘古命、倐忽《にはか》に惑《を》えまし、また御《み》軍《いくさ》も皆惑えて伏しき。

　この時熊野の高倉下、一《ひと》ふりの横《た》刀《ち》を賚《も》ちて、天《あま》つ神の御子の伏したまへる地《ところ》に到りて献《たてまつ》りし時、天つ神の御子、すなはち寤《さ》め起きて、「長く寝つるかも。」と詔《の》りたまひき。故《かれ》、その横刀を受け取りたまひし時、その熊野の山の荒ぶる神、自《おのづか》ら皆切り仆《たふ》さえき。

　天つ神の御子、その横刀を獲《え》し所《ゆ》由《ゑ》を問ひたまへば、高倉下答へ曰《まを》ししく、「己《おの》が夢《いめ》に、天照大神、高木神、二柱の神の命《みこと》もちて、建御雷神《たけみかづちのかみ》を召《よ》びて詔りたまひけらく、『葦原《あしはらの》中国《なかつくに》はいたく騒《さや》ぎてありなり。我が御子等《みこたち》不平《やくさ》みますらし。建御雷神降《くだ》るべし。』とのりたまひき。

　ここに答へ曰ししく、『僕《あ》は降らずとも、この刀《たち》を降すべし。(この刀の名は、佐士布都神《さじふつのかみ》と云ひ、亦《また》の名は甕布都神《みかふつのかみ》と云ひ、亦の名は布都御魂《ふつのみたま》と云ふ。この刀は石上神宮《いそのかみ》に坐《いま》す)

　この刀を降さむ状《さま》は、高倉下が倉の頂《むね》を穿《うか》ちて、それより堕《おと》し入れむ。故、朝目吉《よ》く汝《なれ》取り持ちて、天つ神の御子に献れ。』とまをしたまひき。故、夢の教への如《まにま》に、旦《あした》に己が倉を見れば、信《まこと》に横刀ありき。故、この横刀をもちて献りしにこそ。」とまをしき。(岩波文庫)

今の言葉で描写すると、こんなふう

熊野古道の和歌山県・伏拝《ふしおがみ》王子から見た熊野の山並み。熊野詣での人たちは山の谷間にある本宮大社を思わず伏し拝んだという

になろう。

熊野上陸までに兄を失った神武にまたも試練が襲う。大きな熊が見え隠れしたかと思うと、軍勢は気を失ってバタバタと倒れた。「惑《を》え」とは正気を失う様子をさす。

そこに高倉下という男が参上、大刀を神武に献上する。するとあーら不思議、神武は正気を取り戻し「よく寝たなあ」とあくびのひとつもして起き上がった。神武がその大刀を手に取ると敵は総崩れになった。

高倉下はいきさつを神武に説明する。「実は夢を見ました。天照大《あまてらすおお》神《みかみ》と高木神《たかぎのかみ》（高皇産霊尊《たかみむすひのみこと》の別名）が建御雷神《たけみかづちのかみ》（武甕雷神）に『地上は騒然として、わが御子たちは困っている。助けに行け』といわれましたが、建御雷神は『私が行かなくともこの刀を落とせば大丈夫です』と答えられた。そして、私に『倉の屋根を破って落とすから、朝、目が覚めたら御子に献上しなさい』といわれたので、こうしてまいりました」

神武は、自分が天照大神と高皇産霊に守られていることを知る。岩波文庫版の中の（布都御魂《ふつのみたま》は石上神宮《いそのかみ》に鎮座されている）という部分は、小さな字の添え書きで記されている。石上神宮は奈良県天理市にある古社だ。

ここで、ちょっと付け加えたい。

建御雷神は天孫降臨に先立って葦《あし》原中国《はらのなかつくに》を平定するために派遣された武神だが、刀剣降下の場面でまた登場するのは違和感がある。なにも建御雷が一枚かまなくても、天照か高木神が直接下せばいいからだ。

建御雷は『記・紀』の編さん時に権力を握っていた中臣《なかとみ》（藤原）氏の氏神である。神話学者の松前健氏は、出雲の国譲りや熊野の刀剣降下の神話に建御雷を「割り込ませた」のは中臣氏だ、という見方をしている（『史話日本の古代㊂・ヤマト王権のあけぼの』作品社）。

毒気作戦の顛末

一方、『日本書紀』のほうは、熊野山中の出来事をどう記しているだろうか。中身は似ているので、『古事記』と表現が異なるところだけ、こちらも要約して引用しよう。

天皇軍《すめらみことみいくさ》を帥《ひき》ゐて進みて、熊野の荒坂津《あらさかのつ》（亦《また》の名は丹敷浦《にしきのうら》）に至ります。因《よ》りて丹敷戸畔《にしきとべ》といふ者を誅《ころ》す。時に神、毒気《あしきいき》を吐きて、人物《ひと》咸《ことごとく》に瘁《を》えぬ。（岩波文庫）

『日本書紀』は、神武軍が丹敷戸畔という名の敵を倒した直後に、倒れたという。地元の豪族なのだろう。この書き方に従えば、「毒気」作戦で神武を失神させたのは丹敷戸畔の軍だったのかもしれない。

そこに高倉下が登場し、刀剣を献上するに至ったいきさつを説明するくだりは『古事記』とほぼ同じ内容である。

神武に献上した刀剣の名は『書紀』では「韴霊《ふつのみたま》」と表記されている。また『古事記』で建御雷神に命じるのは天照と高皇産霊の二神だが、『日本書紀』は天照の単独指令としている。

『日本書紀』は、高倉下が夢から覚めて刀剣を見つける場面を「庫《ほくら》を開きて視《み》るに、果たして落ちたる剣有りて、倒《さかしま》に庫の底板《しきいた》に立てり（倉の底板に逆さに刺さっていた）」と記す。こちらのほうが『古事記』より描き方がリアルだ。

コラム　日本書紀は語る2──《神武の東征出発》

神日本磐余彦《かむやまといわれびこ》（神武天皇）は四人兄弟の末子。父は、高天原《たかまがはら》から降臨した天照大神《あまてらすおおみかみ》の孫の、さらにひ孫。母は海神の娘である。神武は幼少時に狭野尊《さののみこと》と呼ばれていた。生まれながらにして賢く、十五歳で皇太子になった。成長して日向国《ひむかのくに》の吾田邑《あたのむら》にいた女性を娶《めと》り、子をもうけた。

四十五歳になったとき、兄や子どもを前に、次のように語った。

「（私の曽祖父の）天孫が豊葦原瑞《とよあしはらのみつ》穂国《ほのくに》に降臨されて以来、代々善政をしいてきた。しかし、ここから遠い国では王の恵みが及ばず、争いが絶えない。物知りの古老によれば、東の方角に良い土地があり、青い山に囲まれているそうだ。そこへ磐船《いわふね》に乗って空から飛び降りてきた者がいるという。彼の名は饒速日《にぎはやひ》というらしい。私はそこへ行って都をつくろうと思う」

それを聞いたみんなが「おっしゃる通り。すぐ実行しましょう」と賛同したので、その年の冬に軍勢を率いて東征の途についた。

神武軍は瀬戸内海を通って難波に上陸。生駒越えで奈良盆地に入ろうとしたが、地元に勢力を張っていた豪族・長髄彦《ながすねびこ》に阻まれる（饒速日は長髄彦の妹と結婚していた）。

この戦いで敗れた神武は「私は日の神の子孫なのに、太陽に向かって戦ったから失敗した。いったん退却して、次は太陽を背に、つまり日の神の威光をお借りして戦うことにしよう」と語った。そして再び海上に出て、熊野に向かった。

解説

「天孫降臨」の場所がどこかについては諸説あるが、宮崎県南部・鹿児島県境の高原町《たかはる》は「神武の里」を宣伝文句にしている。町内の皇子原《おうじばる》公園には「神武天皇生誕地」と伝えられてきたところがある。皇子原公園に近い狭野神社の祭神はもちろん神武だ。

宮崎県日向市美々津は、神武一行が大和に向け船出した地といわれてきた。そこには、戦中の昭和十七年につくられた「日本海軍発祥之地」の石碑が立っている。

神武一行が、なぜ紀伊半島を半周して熊野灘まで行ったのか、『日本書紀』は「太陽を背にする」という以外の理由を語っていない。

神武の日向出発のくだりで興味深いのは、物部氏が自分たちの祖神とする饒速日の大和先住を神武が認めていることだ。長髄彦はその後、神武に帰順した饒速日またはその子に殺される。

クライマックスに導く川

古代の大豪族・物部一族とされる高《たか》倉下《くらじ》が熊野山中で神日本磐余彦《かむやまといわれびこ》（神武天皇）と相まみえて、東征神話はいよいよ佳境に入る。

『古事記』『日本書紀』とも、かなりの行数を使って刀剣降下の話を伝えているのは、編者たちが大事なエピソードだと考えていたからであろう。

私は「神武は大和の地をめざした何人もの武人のうちのひとりだった」という推測でストーリーを組み立てている。

●これはいつ、どこで起きた出来事か

●「熊野の神」とは何か

●なぜ一斉に気を失ったのか

●刀剣はなぜ天から降ってきたのか

●高倉下はいったい何者か

その謎に迫ってみたい。

「刀剣降下」はいつ、どこで

まず「いつ」は難問だ。

その時代を特定することはできない。皇国史観華やかなりし昭和十五年（一九四〇）にこの国は「紀元二千六百年」を祝った。それだと神武は紀元前七世紀に建国したことになる。まだ縄文土器を作っていた、との説も根強い時代に即位したというのは荒唐《こうとう》無稽《むけい》だ。このあたりが「架空の人物」とされる理由のひとつだろう。

もし、後に「磐余彦」と名付けられた武将がいたとすれば、それは弥生時

【紀行メモ】

◉神倉神社
住所：和歌山県新宮市神倉
交通：JR新宮駅から徒歩15分
問い合わせ：0735（22）2533

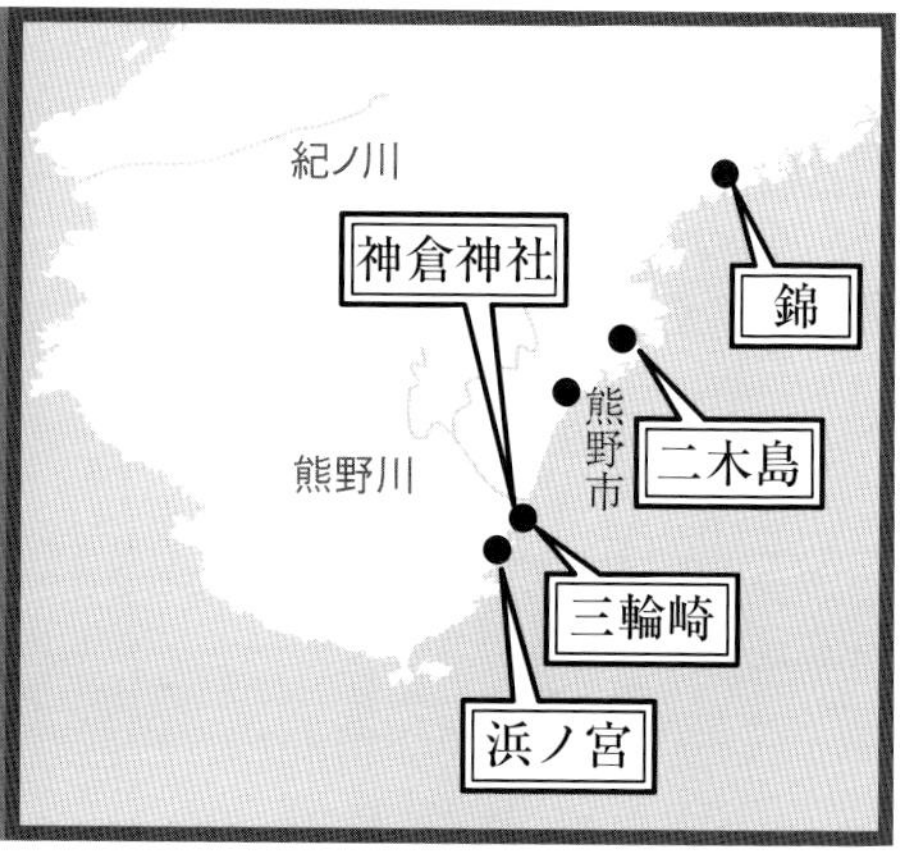

代が古墳時代に移り変わるころではないか。日本の古墳時代は三世紀に始まる。

「いつ」に比べれば「どこで」は、いろいろ空想を楽しめる。『記・紀』によれば、神武一行が熊野のどこかに上陸して間もなくの出来事ということになる。だが、上陸地を巡っては諸説がある。

北から南へ主な説をあげると

①錦《にしき》説（三重県大紀町錦）

②二木島《にぎしま》説（二木島祭が行われる三重県熊野市二木島町）

③三輪崎説（和歌山県新宮市三輪崎）

④浜宮説（和歌山県那智勝浦町浜ノ宮）

などだ。

「紀元二千六百年」の祝典行事の一環として聖蹟《せいせき》調査が行われ、「わが郷土こそ、ご上陸の地」と侃侃諤諤《かんかんがくがく》の論争になった。戦前の神武天皇研究はもっぱら東征ルートが中心で、戦後になるとその実在が全否定される。神武をめぐる見解は揺れが大きい。

神武東征のコース

論争は今に続く。紀勢町（現・大紀町）に育った奥野清見氏は、神武軍に抵抗した「丹敷戸畔《にしきとべ》」が「錦」に通じることや、その地が山越えで大和への最短コースであることなどから錦説を掲げる（『ふるさと錦』ナショナルピーアール）。

一方、大蔵官僚だった宝賀寿男氏は熊野川でなく、紀の川（吉野川）を溯《さかのぼ》って大和に向かった、と主張している（『「神武東征」の原像』青垣出版）。

熊野川、紀の川と説が分かれる理由のひとつは、『古事記』と『日本書紀』の記述の微妙な違いだ。『古事記』が「熊野—吉野河の河尻《かはじり》—宇陀《うだ》」という順序なのに対し、『日本書紀』のほうは「熊野—宇陀—吉野」と記し、大和に入る

こぼれ話 ◉熊野古道

世界遺産「紀伊山地の霊場と参詣道」（2004年登録）の道路網。和歌山、奈良、三重３県にまたがって本宮、新宮（速玉）、那智の熊野三山をつなぎ、海と山を結びつけた古来の巡礼路だ。「日本一の歴史の道だといっても過言ではない」（小山靖憲氏著の岩波新書『熊野古道』）存在である。平安時代、宇多法皇の熊野御幸《ごこう》（907年）に始まるという皇族・貴族の盛んな参詣があり、武士・庶民の間にも広がった。延々と続く人びとの波は「蟻の熊野参り（詣）」と呼ばれた。病気回復などの現世利益のほか、宮廷歌人、藤原定家のように極楽往生を願う信仰の地であった。

手前で吉野と宇陀が逆になっているのである。

宝賀氏は『熊野』を古代熊野国《くまののくにの》造《みやつこ》が置かれた紀伊国牟婁《むろ》郡の地とすると、熊野から吉野を経由しないで宇陀にいたる『紀』の行程は地理的に無理である」と述べている。

難波から海上を迂回《うかい》した場合、紀の川に入るほうが近いし早い、というのは一理ある。だが「紀の川」が本命だったら、なぜ熊野灘沿岸に多くの神武伝承が残されているのだろうか。

紀伊半島の突端を越えて大迂回するのはおかしいという主張は、神武軍が瀬戸内海を通って難波にいたった、という『記・紀』の記述を前提にしている。しかし、神武東征の話は熊野から大和に入った終盤に比べて、瀬戸内海を進む部分はいたくあっさりしてリアリティーに乏しい。

生駒越えを前に長髄彦《ながすねびこ》に敗れた神武軍が「日の神の御子《みこ》なのに日に向かって戦ったのが悪かった。日を背にして敵を討とう」と迂回作戦をとった、というのもどこかわざとらしい。迂回作戦は神武が「日の神の御子」であることを強調するための挿入で、九州方面から黒潮に乗って直接熊野にいたった、ということも考えられるのではなかろうか。

いずれにしても、神武の軍勢は熊野川の河口近くに上陸、熊野川を溯ったと想定したい。けわしい山岳地帯に分け入るより、大きな川に沿って内陸に向かうほうがはるかに楽で合理的だからである。海人《あま》の先住者の支援を受けることも期待できよう。実際、熊野川などを通路として海人系の先駆者たちが内陸に向かい、そこここに定着した。

神武の上陸の一つとされる浜ノ宮海岸。補陀落渡海の海としても知られる

ゴトビキ岩

熊野川の河口に位置する新宮市を見下ろす神倉山には「ゴトビキ岩」をご神体とする神倉神社がある。「ゴトビキ」とはヒキガエルのこと。海上からも見える巨岩で、昭和三十一年（一九五六）に銅鐸《どうたく》の破片が出土し、弥生時

代後期からそこで祭祀《さいし》が行われていたことがわかった。

『日本書紀』には神武軍が「熊野の神邑《みわのむら》に到り、且《すなは》ち天磐盾《あまのいはたて》に登る」という一節がある。その形状から「ゴトビキ岩」のことだ、と伝えられてきた。「御燈祭《おとうまつり》」で有名な神倉神社の祭神は高倉下だ。白装束の男たちが松明《たいまつ》を手に、急な石段を駆け下りる勇壮な祭りである。

「ゴトビキ岩」から、さほど遠くない所に上陸した神武一行は、熊野川をさかのぼって進んだ。そして、いま熊野本宮大社のある場所に到るまでのどこかで「熊野の神」の毒気《あしきいき》にあてられ、ピンチに立たされた。そんな推論で話を進めることにしたい。

高倉下、天照大神を祀《まつ》る神倉神社。和歌山県新宮市街地を見下ろす神倉山のゴトビキ岩には朝から参拝者が登ってくる

旧妙法鉱山

「毒気《あしきいき》」の陰に資源争奪戦

和歌山県那智勝浦町の妙法鉱山の廃墟《はいきょ》を訪ねた。

熊野に上陸した神日本磐余彦《かむやまといわれびこ》（神武天皇）の軍勢は「熊野の神」の攻撃で気を失った。『古事記』によれば、「大熊が見え隠れした」直後にばたばたと倒れたという。その正体に迫るためである。

「熊野の神」は「国つ神」、つまりその土地の豪族や首領だったと思われる。

『日本書紀』は神武が紀国《きのくに》で名草戸畔《なくさとべ》を、熊野の荒坂津《あらさかのつ》で丹敷戸畔《にしきとべ》を倒したと記す。ともに地元の部族長だろう。岩波文庫版は「トベのトは戸、べはメの音転。女」と説明している。熊野灘沿岸を押さえていた勢力の「長」が女性だったとすれば、ロマンチックだ。

『古事記』に「大熊」とあるのは、熊野だから＝大熊＝強力な勢力という意味ではないか。『日本書紀』には「丹敷戸畔といふ者を誅《ころ》す。時に神、毒気《あしきいき》を吐きて」と書いているから、丹敷戸畔との戦いで「毒気」にあてられたとも読める。いずれにしても、神武軍は上陸後間もない戦闘で窮地に陥った。

熊野の海を見下ろす妙法鉱山跡。コンクリートの廃墟が所々、山の斜面に残る

興味があるのは「毒気」の正体である。軍勢が一度に気を失うほどだから、かなりの威力だ。そこからこれは急性の水銀中毒か鉱山の廃ガスではないか、という説がある。

熊野の研究家、酒井聰郎《としお》氏は、神武軍がわざわざ熊野に回った理由は金、銀、銅、水銀などの金属にあったのではないか、といった指摘をしている（『熊野歴史研究』第12号）。

一つたたらの伝説

そういえば熊野には鉱物に関する昔話が少なくない。一眼一足《いちがん》の「一つたたら」伝説もそのひとつだ。中世に熊野三山周辺を荒らしまわる怪物がいた。それを退治した狩場刑部左衛《かりばぎょうぶざえ》

門《もん》は山林三千町歩をもらった。褒美《ほうび》を地元の村落に譲ったという美談も加わり、那智勝浦町には遺徳をたたえる記念碑が立っている。

「たたら」は踏鞴《たたら》製鉄に関連がある。高温下の作業で片目を失った「たたら師」もいただろう。それが「一つたたら」の伝説を生んだのではなかろうか。

和歌山県立図書館で地元の研究雑誌「熊野誌」のバックナンバーを調べていたら、後《うしろ》誠介氏の「熊野に火山があったころ」という論文に出合った。那智勝浦町出身で日本地質学会の会員、現在は社会福祉法人「高瀬会」の事務長だ。

後氏によれば、千四百万年前に紀南地方で繰り広げられた火山活動の結果、那智から三重県熊野市にかけての沿岸部一帯は銅、硫化鉄、金、銀などの鉱床にめぐまれる地帯となった。紀南地方には妙法鉱山、鉛山《かなやま》鉱山、南海鉱山、道湯川鉱山、三陽鉱山など鉱山がたくさんあった。

「毒息」の正体

なかでも熊野市紀和町にあった紀州鉱山と那智勝浦町の妙法鉱山は「北の紀州、南の妙法」と名高く、銅を中心に硫化鉄や少量の金銀を産出してきたという。紀州鉱山の銅は東大寺の大仏鋳造にも用いられたそうだ。紀州鉱山と妙法鉱山はそれぞれ昭和五十三年(一九七八)、昭和四十七年(一九七二)に閉山された。

後氏は「毒気とは鉱毒ではないかという説は興味深い。もしかしたら神武軍を油断させた謀略があって、それにはまったことを毒気にやられたと書いたのかもしれない。妙法鉱山が操業中のころは、そこから流れ出る川には魚がいなかった。私たち子どもは平気で泳いでいましたがね。金属資源の確保は古代の豪族にとって重要事項だから、それをめぐる争いも当然あったでしょう」と語る。

妙法鉱山跡への道は、補陀落渡海《ふだらくとかい》という死出の旅に立った僧たちの墓のある補陀洛山寺から熊野那智大社に向かう道をたどり、井関という集落で左折、ゴルフ場に通じる道路をのぼる。しばらく行くと右手の道脇に半ば朽ちたコンクリート群が目に入った。トラックが入る車庫のようなつくりだから、選鉱した鉱石を運び出す施設だったのだろう。

足元は危ないし、無断で立ち入るわけにもいかない。通りがかりの人に聞いたら下の集落に管理事務所があるという。そこで事情を話すと、管理人に電話をしてくれた。

ゲートの鍵を開けて先導してくれた管理人の車について中に入ると、鉱山跡はかなりの広さである。死者の霊魂が集まるといわれてきた那智妙法山の裾野《すその》にあたる。

坑口からはこんこんと水が流れ出て

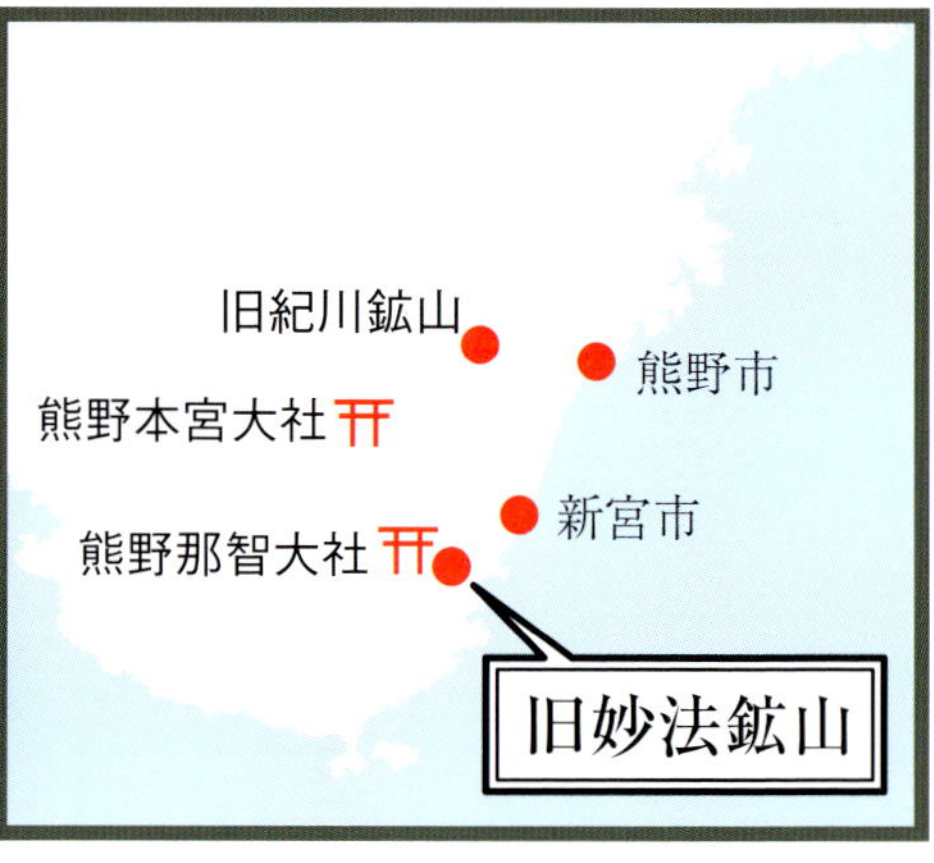

【紀行メモ】
◉旧妙法鉱山
住所:和歌山県東牟婁郡那智勝浦町
交通:JR那智駅から国道42号線を通って車で約10分

いる。酸性の水を中和する作業はいまも続けられている。選鉱場跡と見られる建物の上にのぼると熊野の海が見えた。

『那智勝浦町史』によれば、妙法鉱山周辺は古くからの産銅地帯で、多くの鉱山があった。妙法鉱山は戦後の一九四七年から七二年までに百七十万トンの粗鉱を生産していた中堅のヤマだった。一九五四年に石原産業から三菱鉱業に経営が移った後も操業してきたが、閉山を余儀なくされた。海外からの安い鉱石に押されて採算が取れなくなったのだろう。要塞《ようさい》のようなコンクリート、折れ曲がった鉄骨、山間に点在する建物……。「兵《つわもの》どもが夢の跡」である。

今も残る廃鉱の坑口

鉱山の資源をめぐる争い

丹敷戸畔は、鉱山をおさえていた女族長だったのかもしれない。神武軍は資源をめぐって地元部族と戦い、毒ガス攻撃を受けた、となると神武がわざわざ熊野をめざしたわけも説明できる。ギリシャ神話のアマゾネス（アマゾン）に似た古代日本の女性軍と神武の死闘、秘密兵器の登場なんて、ちょっと映画的だ。

失神した軍勢は刀剣・韴霊《ふつのみたま》を献上されると突然目覚めて敵を倒したという。韴霊は奈良県天理市の石上《いそのかみ》神宮の祭神になった。その霊験譚《れいけんたん》だろう。

だが実際は、高倉下率いる物部の軍勢が駆けつけ、形勢を逆転させた。その戦いの後に高倉下が物部氏に伝わる刀剣を神武に献上した、ということではなかろうか。

越の国へ

「左遷」された大功労者

世界の神話には王権の祖先が天空から降りてきた、との話が多い。天照《あまてらす》大神《おおみかみ》の孫・瓊瓊芸命《ににぎのみこと》（瓊瓊杵尊）も物部氏の祖・邇芸速日命《にぎはやひのみこと》（饒速日尊）もそうだった。

だが飛行機もロケットもない時代、人が空から降り立つはずはない。そこには特別な家系であるという誇示や、別の場所からの侵攻を美化する、といった狙いがあるのだろう。神日本磐《かむやまといわ》余彦《れびこ》（神武天皇）を救った刀剣・韴霊《ふつのみたま》が「天から降ってきた」という物語にも、何か秘密が隠されているのではないか。

『古事記』などによれば、天照大神や高木神《たかぎのかみ》に神武救援を命じられた武神の建御雷《たけみかづち》（武甕雷）が「私が行かなくても、私が下界を平定した刀剣がありますから、それを高倉下《たかくらじ》のもとに落としましょう」と提案し、了承される。

刀が天から降ってくることもない。高倉下は武装して駆けつけただろうから、新たな武器など必要なかった。物部一族の高倉下が天照側の武神から「お告げ」を受けるというのも変な話である。

熊野の研究家、酒井聰郎《としお》氏は「高倉下に神剣を落としたのは武甕雷ではなく、高倉下の父・饒速日だったのではないか」と見る。父が子の夢に現れ、これから大事な交渉・儀式に向かう息子を激励するほうがストーリーとしては通りがいい。

しかし、それでも疑問は残る。なにも空から落とさなくても高倉下自身が持参して、神武に献上すれば、それで済むことだからである。

私は、この刀剣は物部氏のレガリア（王権の象徴）ではなかったかと考えている。もしかしたら饒速日の宝物だったかもしれない。レガリアの献上は軍事・政治的な服従を意味する。

この逸話のポイントは「天から降下した」という表現にある。つまりこの出来事は、ヤマト王権の創始者が物部一族の帰順を契機に世界観を転換させたことを示唆しているのではないだろうか。

新しい世界観の創出

神武らはもともと海になじんで暮らしてきた海人《あま》系の人びとだった。海幸彦・山幸彦の神話はそれを物語る。『古事記』では次のようになっている。

山幸彦（火遠理《ほをり》）は高天原から降《くだ》った邇邇芸命の子だ。山幸彦は兄の海幸彦（火照《ほでり》）から借りてなくした釣り針をさがしに海神《わたつみ》の宮に行き、豊玉《とよたま》毘売《びめ》と結ばれる。神武は、海神の娘の豊玉毘売が海岸で産み落とした子（鵜葺草葺不合命《うがやふきあえずのみこと》）が豊玉毘売の妹・玉《たま》依毘売《よりびめ》と結ばれて生まれた。

彼らは海人の一族だ。水平線から朝日が昇り、そこに真っ赤な夕日が落ちる光景を見慣れ、そのかなたに「死と再生の地」を想う民だったに違いない。

だが、黒潮の通う海に別れを告げ、内陸に侵攻したら、新しい思想や世界観を身に付けていかなければならなくなる。そこへ都合よく現れたのが、祖先神の降臨伝承を信じる物部一族の高倉下だった。

物部氏が政治・軍事的帰順に加えて思想や世界観まで「献上」したのか、それともヤマト王権の創始者たちが「これは都合がいい」とちょうだいしたのか、それはわからない。ただ思想や世界観は力ずくで奪えるものではない。海が見えなくなった海の民が、新しい環境に適応するため受容し、自らの思想に仕立て上げた、といったところではなかろうか。

「日神」から「天つ神」へ

『古事記』によれば、神武の兄弟は、はじめは自分たちのことを「日神《ひのかみ》の御子《みこ》」と呼んでいた。それが天から刀剣が降ってきた熊野での出来事を契機

こぼれ話 ◉越

高志、古志とも書く。『日本書紀』の国生み神話に「越洲《こしのしま》」として初めて登場する。ほぼ今の福井、石川、富山、新潟の４県をさす。同書は６世紀後半、崇峻天皇による阿倍臣の「越等《こしら》の諸国《くにぐに》の境」への視察派遣を伝え、647年には新潟付近に最前線基地とみられる「渟足柵《ぬたりのさく》」を設置、658年に阿倍比羅夫が北方の蝦夷《えみし》・粛慎《みしはせ》を討ったという。日本海沿岸を北上したヤマト王権が支配地を拡大したらしい。692年に「越前」の地名があるので、この少し前に越前、越中、越後に分割されたようだ。越には応神天皇の角鹿《つぬが》（敦賀）訪問、その子孫である越前の継体天皇、高句麗使者の再三の到着などが伝わり、古代の重要地域である。

に、神武は「天《あま》つ神の御子」と呼ばれるようになる。そこに注目したい。「日神」から「天つ神」への変化に、「水平」から「垂直」への転換を感じるからである。

　絶対神の居る天上があり、大王が支配する地上（葦原中国《あしはらのなかつくに》）に民が暮らす一方、暗い黄泉《よみ》の国がある。そんな垂直的世界観は、海人族がもっていた水平的・循環的世界観に比べて政治支配に便利な論理だ。「大王は天上の神の子孫として、民衆の上に立つ」という思想が明示されているからである。大和の制圧をめざす人びとは、その意味からも我がものにしたい発想だったと思う。

「神武天皇上陸の地」ともいわれる和歌山県那智勝浦町、浜ノ宮の海。水平線から燃えるように太陽が昇った

　もちろん「水平」から「垂直」への宇宙・世界の枠組み転換は一気に進んだわけではあるまい。それは三輪山のふもとの磐余《いわれ》で基礎固めをしたヤマト王権の勢力圏が広がるにともなって徐々に固まっていった。八世紀の初めに編さんされた『古事記』と『日本書紀』は「海《あま》」から「天《あま》」への宗旨替えの完成宣言でもあった。

　とはいえ、海の民はその血の中に引き継いだ潮の香や波の音、海原を染める荘厳な太陽への憧憬《どうけい》を消し去ることはできない。それは海幸彦・山幸彦などの神話に色濃く残っている。

謎多き人物

　ところで、神武を助けた高倉下は何者なのだろうか？

　この人物には謎が多い。物部氏に伝わる『先代旧事本紀《せんだいくじほんぎ》』は饒速日の子と

しているが、『記・紀』にはどんな人物かの説明がない。ただ「熊野にいた」とされるだけだ。『記・紀』にその名が出てくるのは高天原《たかまがはら》から降された刀剣で神武を救ったエピソードの場面だけである。

物部氏を代表して帰順したのだから、ヤマト王権からすれば大功労者だろう。まして私の推測のように、高倉下から新しい世界観のヒントを得たとしたら、もっと尊重してしかるべきではないか。だが神武の側近になったとか、論功行賞を受けたといった記述はない。

それどころか、神武の即位後間もなく、越《こし》の国に派遣されてしまう。企業なら左遷人事である。

『記・紀』も『旧事本紀』も、この「人事」に沈黙している。それも謎のひとつだ。

高倉神社

王権にも物部にも邪魔に

「熊野の神」の毒気《あしきいき》にあてられ失神した神武軍を、空から降ってきた刀剣の力で救った。そんな働きをした高倉《たかくら》下《じ》なのに、『古事記』も『日本書紀』もその後、彼がどうなったか知らんぷりである。

高倉下をめぐる秘密は、どうやらそのあたりにありそうだ。「いったい何者か」と問いながら、彼を追いかけたい。

様々な場所で祀られた高倉下

まず「地元」の熊野。さすがに熊野には高倉下を祀《まつ》る神社が多い。和歌山県神社庁に同県内の関連神社を調べてもらったところ、次のようになっている。神社本庁の全国調査に基づくもので、小さな社まで網羅しているわけではない。

【高倉下を主祭神にする神社】
◇地主神社＝串本町古田
◇高倉神社＝新宮市高田、同市熊野川町日足《ひたり》、同市熊野川町赤木、同市熊野川町上長井（小口）
◇矢倉神社＝串本町高富

【高倉下を一緒に祀っている神社】
◇王子神社＝すさみ町和深川
◇八幡神社＝同町防已《つづら》
◇若宮八幡神社＝古座川町平井

和歌山市六《む》十《そ》谷《た》の「射《い》矢《や》止《と》神社」は天香山命《あめのかぐやまのみこと》（高倉下の別名）を一緒に祀っている。ほかに、和歌山市和田の竈山《かまやま》神社や田辺市鮎川の住吉神社は境内社で祀っているという。

肝心の熊野三山（本宮大社、速玉《はやたま》大社、那智大社）ではどうなっているだろう。

本宮大社の摂末社のひとつとして「高倉下神社」があり、明治二十二年（一八八九）の水害で社殿が流失した旧社地・大斎原《おおゆのはら》にある石の祠《ほこら》に祀られている。

「ゴトビキ岩」をご神体とする新宮市の神倉神社の祭神は高倉下命と天《あま》照大神《てらすおおみかみ》だが、神倉神社は速玉大社の摂社だ。「御《お》燈祭《とうまつり》」で有名とはいえ、高倉下の扱いは決して高いとはいえない。

『記・紀』は多くを語らない。熊野でもなんとなく軽んじられている。これはどうしたことだろう。私にはそのことが逆に、高倉下の果たした役割の大きさを物語っているように思えてならない。

忘れてしまいたい人物

物部氏に伝わる『先代旧事本紀《せんだいくじほんぎ》』は、高倉下を大和の先住者である饒速日《にぎはやひの》尊《みこと》の息子だとしている。彼は物部一族を代表して神武との和平という重要任務を課された、と私は思う。妹を饒速日に嫁がせた長髄彦《ながすねびこ》が徹底抗戦の構えをみせていた中で、親族を裏切り敵方につくというのだから、かなりきわどい立場だ。

当時、物部陣営は「抗戦派」と「和《わ》睦《ぼく》派」に割れていたのではないか。高倉下や宇摩志麻治命《うましまぢのみこと》（可美真手命《うましまでのみこと》）ら饒速日の息子たちは、長髄彦に見切りをつけ、神武になびいた。

ヤマト王権は、三輪山のふもとの磐《いわ》余《れ》から飛鳥まで都や王宮を移しながら権力基盤を強めてきた。その過程で先住者や旧支配勢力をうまく取り込み、支配体制に組み込んできた。

そんな王権にとって、物部一族の内紛や高倉下の役割などは、ことさら騒ぎ立てたくないことだったろう。まして、彼と神武との出会いがきっかけで世界観を転換させたとすれば、「触ら

こぼれ話 ◉鉄の歴史

日本列島で初めての鉄器が登場したのは、異論はあるものの2400年ほど前、弥生時代の北部九州だったとみられる。福岡県二丈《にじょう》町・曲《まが》り田遺跡から見つかった鍛造による斧《おの》などで、中国・江南製らしい。それ以来、「漢帝国の安全保障体制の象徴」などどとして、鉄の刀剣などの完成品が弥生社会に供給された（岡村秀典氏）。武器にもなる鉄の独占・管理の思惑がその背後にうかがえる。以前からの朝鮮半島での「国際分業」による生産も続いた。近畿の巨大古墳に副葬された大量の鉄器も、そうした鉄素材を高温で加工する大阪府柏原市・大県《おおがた》遺跡などの「鍛冶《かじ》コンビナート」で生産された。

『日本書紀』によると、第12代の景行天皇は東国遠征を命じた皇子・日本武尊《やまとたける》に斧鉞《まさかり》を授けた。それは生殺与奪の大権を意味する中国思想からきたらしい。古墳に副葬された大きな斧も確認され、権威のシンボル自体も「輸入品」だった模様だ。日本で製鉄が始まったのは、岡山県総社市・奥坂遺跡群などから、６世紀の中国地方とみられている。紀伊半島での古くからの鉄器生産は、銅や豊富な鉄器伝承の割にまだ実態が明らかにされていない。

新宮市高田にある高倉神社

ぬ神にたたりなし」ではないか。

事情は物部氏も同じ。相手が大王家とはいえ、後からやってきた勢力にさっさと帰順したのは、伝統ある一族として誇れる事態ではあるまい。それが思想や世界観まで拝借されるきっかけになったとあれば、忘れたい、思い出したくない人物になるはずだ。

高倉下の名が物部伝承や、彼が大和からそこに渡ったとされる新潟方面では、もっぱら天香山命（天香語山命《あめのかごやまのみこと》）と呼ばれているのも「高倉下を忘れたい」気持ちの表れのように思える。

熊野に居た目的は何か

ところで、神武軍を助けた高倉下は、なぜその時、熊野にいたのか。物部の本拠地である大和から、和平交渉のために出向いた、と私は見ている。

面白いのは、彼は物部氏が鉱山資源を得るために熊野に派遣されていた、という見方である。高倉下「山師説」とでも言おうか。

熊野は鉱物資源に恵まれた地域だった。物部氏が目をつけてもおかしくない。そうなると、熊野の資源をめぐって地元の部族長らしい丹敷戸畔《にしきとべ》と高倉下、神武の三者が入り乱れ、神武が勝ったという筋書きになる。

高倉下自身が鍛冶《かじ》と深く結びついていた、という説もある。

新宮に生まれ、詩人で実業家でもある澤村経夫氏は著書『熊野の謎と伝説』（工作舎）の中で「神剣を奉じた高倉下命は、また鍛冶神であるといわれる。速玉社（熊野速玉大社）に奉仕する神楽人《かぐらびと》の鍛冶人こそ、征服された高倉下命の姿をあらわすものだろう」と書い

ている。

平安初期に編さんされたといわれている『先代旧事本紀《せんだいくじほんぎ》』によると、高倉下には天香語山命のほかに手栗彦命《たくりひこのみこと》という名前がある。

手栗は「吐《たぐ》り」に通じる。火の神・軻遇突智《かぐつち》（迦具土）を産んで「ほと（陰部）」を焼いた女神・伊奘冉尊《いざなみのみこと》が、死の苦しみの中で嘔吐《おうと》したものから生れたのが金山彦神《かなやまびこのかみ》と金山姫神である。金山彦は鍛冶や鉱業など金属関係者の神とされてきた。伊奘冉の嘔吐物が熱に溶けた鉱物を連想させるからであろう。

一眼一足の怪物「一つたたら」の伝説などとともに、熊野と鉱物資源のかかわりを物語る名前に興味をひかれる。

新宮市熊野川町の山間地、赤木地区にも巨大杉の杜《もり》の中に高倉神社があり、水田に影を映していた

玉置神社

神々集う「独立独歩」の社

奈良の人に「屋久島の縄文杉に圧倒された」という話をしたら、「それに負けない大杉が十津川村の玉置《たまき》神社にありますよ」と言われた。熊野三山の奥の院と呼ばれ、標高千七百六メートルの玉置山の山頂付近に位置する古社である。

　そのさまを見たくて、あえて厳冬期に訪れた。はたしてそこに、熊野で「神武東征」を助けたという「わが高倉《たかくら》下《じ》」が祀《まつ》られているだろうか。そんな興味もあった。

　本殿では国常立尊《くにとこたちのみこと》、伊奘諾尊《いざなきのみこと》、伊奘冉尊《いざなみのみこと》、天照大神《あまてらすおおみかみ》と神日本磐余《かむやまといわれ》彦尊《びこのみこと》（神武天皇）を祀っている。境内には樹齢三千年という神代杉など巨木が林立していた。

　本殿から山頂に向けて白く覆われた山道を登った。杉の枝から揺れ落ちる雪片が差し込む陽光にきらきらと輝き、崇高な気分になる。

　しばらくして玉垣をめぐらした三本杉があり、「玉石《たまいし》社」の額が掛かっていた。雪で見えないが、杉の根元に黒色の丸石が顔を出しているという。

　「玉置」の名はそもそもこの石から始まったそうだ。元祖ご神体である。玉置の地主神とも、出雲系の国つ神である大己貴命《おおなむちのみこと》を祀っているともいう。

【紀行メモ】

◉玉置神社

所在地：奈良県吉野郡十津川村玉置川

交通：十津川温泉から車で約35分、玉置神社駐車場から徒歩15分

問い合わせ：0746（64）0500

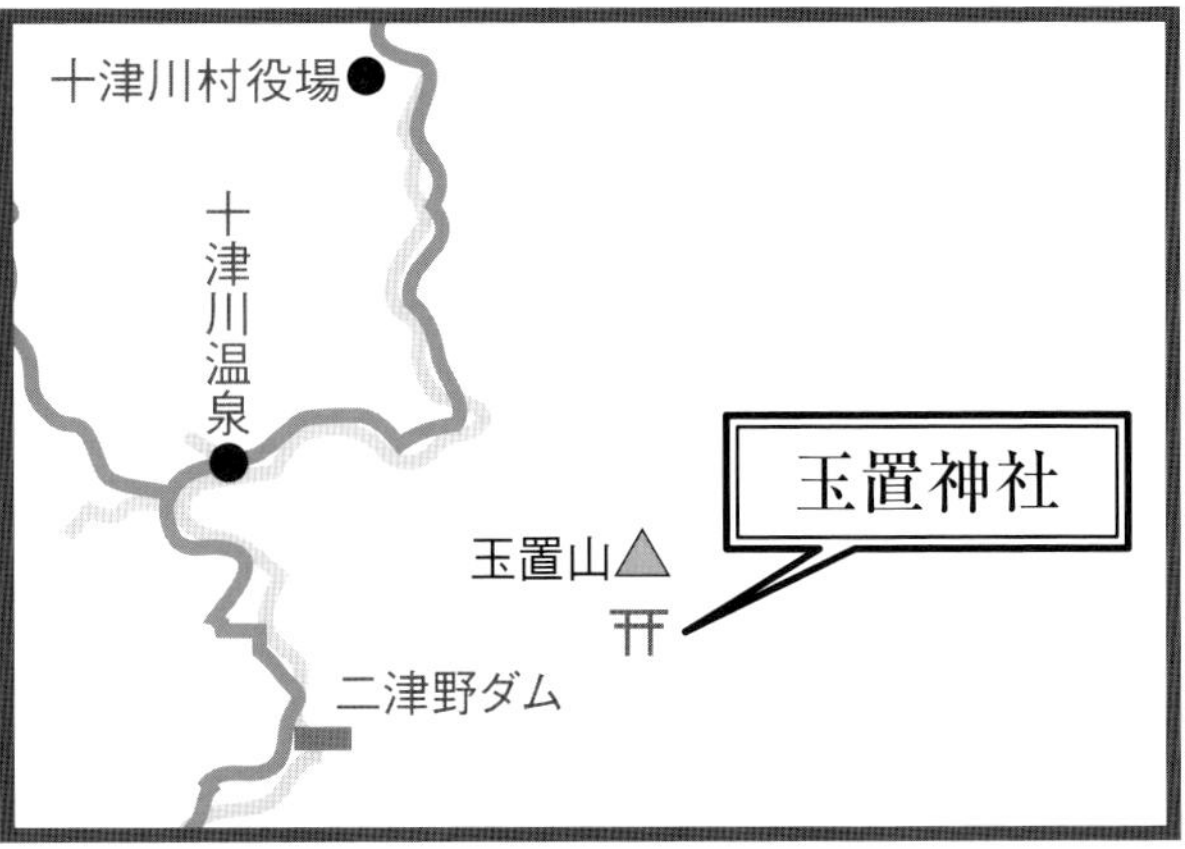

伊奘冉の墓所といわれる三重県熊野市の花の窟《いわや》、神武が登ったという伝承が残る和歌山県新宮市の「ゴトビキ岩」はともに巨岩だ。玉石も巨石の一部らしいが、どれだけの大きさかわからない。これら巨石・磐座《いわくら》は大昔からの信仰対象なのだろう。

「玉石社」から雪道をさらに十分ほど登ると山頂に出る。山々の向こうに、熊野の海が見えた。

玉置山の神武伝承

私が訪れたとき、宮司を務めていた井上賢豊《よしとよ》氏は「この地では玉石信仰が一番古い。次に国常立、伊奘諾、伊奘冉尊が本殿で祀られ、天照大神と磐余彦尊は明治になって本殿に合祀されました」と解説してくれた。

玉置山にも神武東征伝承がある。熊野に上陸した神武がここに立ち寄り、天神から授受した十種《とくさ》の神宝を玉石に奉じたという。それも「玉置」の由来のひとつになった。

十種の神宝は、確か物部氏の祖という饒速日尊《にぎはやひのみこと》が天神からもらった宝物ではなかったか。そう思ったけれど、問いただすのは玉置神社の霊気にそぐわない気がしてやめにした。

昭和の始めに神宝を探そうと玉石の周りを掘った人がいたそうだ。何も出てこなかったという。

高倉下を探したら、いました、いました。本殿の脇に並ぶ小さな摂社「神武社」に伊奘冉が産んだ軻遇突智《かぐつち》とともにひっそり祀られていた。神武が本殿合祀へと「昇格」した後に入ったのだろうか。摂社とはいえ神武ゆかりの古社に祀られていることがわかって、なんとなく安心した。

こぼれ話

◉修験道

「神武伝承」に彩られた紀伊半島南部は、古くから格別な聖域とされた。また、熊野本宮大社など熊野三山の地は、代表的な山岳崇拝の地でもあった。深山幽谷を経て奈良時代に仏教がもたらされ、苦境での修行で特異な霊力を得るという考え方が出てきた。密教僧・徒が組織化を特に進め、神道儀礼も融合して、平安時代には影響力の大きな「熊野修験道」が誕生。中世以降は各地それぞれに中心的な霊場ができた、とされる。しかし、舞台となった産地での調査は困難で、よく分からないことが多い。吉野、飛鳥などとつながる古来の道路網が、謎を解く鍵のひとつらしい。

高倉下は本殿横の摂社に祀られていた

十津川郷士の気質

玉置神社には出雲大社教の社殿もあり、宮司はその玉置教会長も兼ねていた。出雲大社教は出雲大社の教えを広めるためにつくられた教団である。

井上氏によると、玉置神社の場所には天台宗の寺院もあった。明治の廃仏《はいぶつ》毀釈《きしゃく》で廃寺になり、葬式や先祖供養をするお坊さんがいなくなってしまったので、出雲大社教がその穴埋めをしたという。十津川村は、今も寺がほとんどない珍しい自治体だ。

山塊が川に迫る十津川は田畑が少ない。江戸時代は年貢を免除され、その代わりに朝廷の警護などに郷士《ごうし》を派遣した。

司馬遼太郎は『十津川街道』（街道をゆく12、朝日文庫）で「明治までの十津川郷の歴史は、外界に大政変があるごとに勝者に接触し、そのあかしとして戦闘者の血を提供し、それによって十津川式の自治と無税の伝統を保証してもらうべくつとめてきた歴史であるといってもいい」と書いている。

しかし、ただ強者におもねったわけではない。たとえば天誅組《てんちゅうぐみ》だ。

明治維新前夜、孝明《こうめい》天皇の大和行幸《ぎょうこう》の先鋒《せんぽう》として挙兵したが、京都の政変で「義挙」が「叛徒《はんと》」に一転し、吉野山中で壊滅した。十津川郷士はいったん加わった天誅組から苦渋の離脱をした。そのいきさつを知ると、十津川人の真っ直ぐな気質に好感を抱く。

井上氏から面白い話を聞いた。明治になって新政府から「官幣《かんぺい》大社にする」という話がきたが、それを断り、「村社」の道を選んだという。「玉置社は当時、三千町歩もの山林を持っていた。官幣大社になったら財産を国に取られてしまうと警戒したようです」。独立独歩の十津川らしいエピソードだ。社有林のかなりの部分は村に引き継がれたという。

男性が舞う神子神楽

玉置山は修験道の行者たちの奥駈《おくがけ》道の行場のひとつでもある。吉野山─大峯山《おおみねさん》─玉置山─熊野本宮大社を結ぶ紀伊半島縦断コースだ。本宮から吉野を

奈良県十津川村・玉置神社の初午祭。村民も参列、男性の舞う神子神楽が奉納された

めざすのを順峯《じゅんぶ》、その反対を逆峯《ぎゃくぶ》という。熊野三山の奥の院といわれてきたのは、そのコース上にあることも関係している。

社務所のすぐ上に鎮座する摂社・三《み》柱《はしら》神社の例祭で、巫女《みこ》ならぬ男性が舞う神子神楽《みこかぐら》が見られると聞いて、三月初旬に再訪した。雪はおおかた消え、満開の梅の花が春の訪れを告げていた。

大正十五年(一九二六)生まれで、長く神社に奉仕してきた嶋本三雄氏がたたく太鼓の音に合わせ、鈴を手にした玉置神社権禰宜《ごんねぎ》の中上昌直《なかうえまさなお》氏が舞った。

いたく簡素なその神楽は、山岳の澄んだ大気によく似合った。男性が神楽を演じるというのは女人禁制を旨としてきた修験道の影響だろうか。

戦後間もない時分から神子神楽を演じてきたという嶋本氏は「後継者がなかなか見つからなくて」とつぶやいた。

彌彦神社

大当たりの抜擢人事？

熊野で神日本磐余彦《かむやまといわれびこ》（神武天皇）の「東征」に加勢するなど活躍したとされるわれらが高倉下《たかくらじ》の消息は、その後ぱったり途絶える。代わって脚光をあびるのは異母弟の宇摩志麻治命《うましまぢのみこと》（可《う》美真手命《ましまでのみこと》）だ。

物部氏に伝わる『先代旧事本紀《せんだいくじほんぎ》』によれば、高倉下は天上で生まれ、父・饒速日尊《にぎはやひのみこと》と一緒に天降《あまくだ》った。一方、宇摩志麻治は饒速日が大和地方の豪族・長髄彦《ながすねびこ》の妹を娶《めと》って生まれた子である。

宇摩志麻治は、神武と河内で対決した長髄彦を殺し、神武に忠誠を誓ったとされる。神武は大いに喜び、高倉下が献上した刀剣・韴霊《ふつのみたま》を彼に下賜《かし》した。

『旧事本紀』は、即位間もない神武が宇摩志麻治に「勲功は大功で、忠節は至忠だ。子々孫々仕えてくれ」と語った、と記す。命を助けてもらった高倉下より、宇摩志麻治のほうに目をかけたわけだ。

地方へ異動し、名前も変わり

それだけではない。高倉下は神武天皇四年に勅命で今の新潟地方、越《こし》の国に移される。サラリーマンでいえば、大功績の社員に突然、地方への異動命令が出るようなものだ。古代の越の国は大陸との海上ルートもあり、けっこう開かれたイメージの場所だったのか

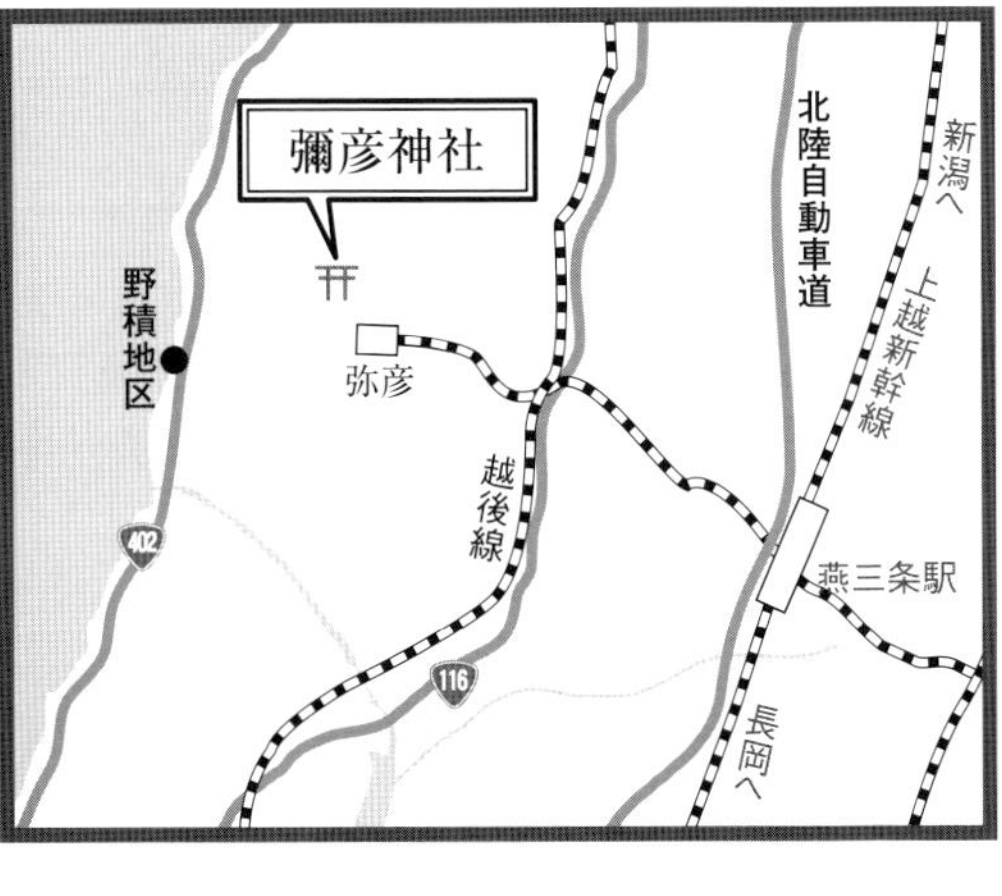

【紀行メモ】

◎**彌彦神社**

所在地：新潟県西蒲原郡弥彦村弥彦

交通：JR弥彦駅より徒歩約15分

問い合わせ：0256（94）2001

もしれないが、高倉下はショックだったろう。

私の推測によれば、彼はヤマト王権に水平的な世界観から垂直的なそれへと、世界観・宇宙観の転換のヒントを与えた人物だ。「知りすぎた」男ゆえに大王家と物部一族の双方からけむたがられ、追い払われたのではないか。

そのことは彼の名前の変化にも表れている。『旧事本紀』では天香語山《あめのかごやまの》命《みこと》として登場し、高倉下や手栗彦《たくりひこの》命《みこと》という別名は添え書き程度だが、そこに疑問がある。

天香語山は大和三山のひとつ天香《あまのか》具山《ぐやま》を連想させる名前だ。畝傍《うねび》山、耳《みみ》成《なし》山、天香具山の大和三山が歴史の舞台に出てくるのは都が飛鳥や藤原京に移ってから、つまりずっと後のことだ。『旧事本紀』は「天香語山命」の名が先にあり「高倉下」は熊野での呼び名だったとするが、そうではなくて、高倉下の名前を「隠す」ために天香語山の名をつけたというふうに考えられないだろうか。

祖先の格付けに利用

ところで、『先代旧事本紀』は天香語山命について、「尾張連等祖《おはりのむらじたちのおや》」としている。天香語山は高倉下と同一人物とされるから、この記述に従えば、高倉下は尾張氏の祖先ということになる。

『日本書紀』のなかで天孫降臨を記したくだりの「一書《あるふみ》」も「天香山は尾張連らの遠い祖先」としている。また、平安時代に編さんされた氏族名鑑である『新撰姓氏録《しんせんしょうじろく》』にも同じような記述がある。いずれも「出所」はひとつ、それがあちこちに引用されたのだろう。高倉下＝尾張氏の祖先、をど

こぼれ話

◉古代文化先進地・新潟

新潟地方の優れた文化は、複雑な模様や装飾がある土器や、ヒスイの装身具など縄文時代の印象が強烈だ。ところが実は、そうした古い時代にとどまらない。遅くとも５世紀（古墳時代中期）には新潟市に前方後円墳が築かれた。前方後円墳は近畿中心の政治体制論では最上位に位置づけられている。日本海沿岸で北限に近い国史跡・菖蒲塚古墳（全長53メートル）で、青銅の鏡や鉄製品を副葬していた。付近からは北方系の土器が大量に出た遺跡もあり、共存・交流の地との見方もある。ヤマト王権がこの地に渟足柵《ぬたりのさく》を置き、前線基地にしたのは、後の飛鳥時代（７世紀）である。

う解釈すべきか。

尾張氏は中部地方に勢力を張っていたといわれる古い氏族で、物部氏とも深い関係があったとみられる。ともに天火明命《あめのほあかりのみこと》（饒速日尊《にぎはやひのみこと》）を祖神としていることから、同族という説もある。問題は「香語山（香具山・香山）」と「尾張氏」を結ぶ線だ。これについて、平林章仁・龍谷大教授は次のような見方をしている。

「五世紀の中頃、尾張氏の一族が（後に推古天皇が都にした奈良県明日香村近辺の）小墾田《おはりだ》の地を開拓、住み着いた。『尾張連が拓《ひら》いた土地』だから、オハリダと名付けられたのだろう。そこは天香具山（天香久山）に近いので、彼らが香具山の神を信奉したとしてもおかしくない。そこから自分たちの祖神を天香語山命としたのではなかろうか」

『日本書紀』の允恭《いんぎょう》天皇紀には「小墾田采女《うねめ》」という名が出てくる。平林氏は「小墾田に根付いた尾張一族が朝廷に差し出した女性ではないか」と推測する。

歴史学者の上田正昭氏は「藤原京の左京の地名『小治《おはり》』のあたりが大和の尾張連の本拠であって、霊山である天香山の神との神統譜化は、大和居住の尾張氏によって具体化した可能性がある」と述べている（『新修　日本神話を考える』小学館）。

大きな氏族には、さまざまな祖先・祖神伝承が伝わる。『先代旧事本紀』などの記述は、

香具山や小墾田という地名が縁となったもの、といえよう。

尾張一族は、天皇家が聖なる山とする香具山と自分たちの祖先を結びつけることによって、家系の格を高めようとしたとも考えられる。

おやひこさまの誕生

話が横へそれた。神武天皇四年の高倉下の「人事」に話を戻そう。

越の国への異動辞令は『記・紀』にも『旧事本紀』にも出てこない。それは、新潟県弥彦村にある彌彦《やひこ》神社の神官の家に伝わる「伊夜日子宮《いやひこのみや》旧伝」にあった。その全文は彌彦神社が戦前に刊行した『彌彦神社叢書《そうしょ》』（名著出版から復刻）に載っている。

天香語山命（天香山命、天香児山命）は、「伊夜日子宮旧伝」の天照大神《あまてらすおおみかみ》に始まる系図の中で、宇摩志麻治とともにその略歴が紹介されている。主要部分をわかりやすく表わすと次のようになる。

高倉下（天香語山命）が上陸したという新潟県長岡市寺泊の野積海岸。遠くに佐渡島が見え、岩場には小さな石碑があるのがわかる

日本海が一望できる弥彦山頂。天香山命を祀る御神廟にハイカーも参拝

天香児山命は熊野の神邑《みわのむら》におられたときのお名前を熊野高倉下命といわれた。後に越後国の米水浦《よねみずのうら》においでの時は手操彦命《たぐりひこのみこと》と呼ばれ、越後国一ノ宮（彌彦神社）の祖神になられた。天香児山命は天道日媛《あめのみちひめ》

命《みこと》を御母に天上で誕生され、伯父の邇邇芸命《ににぎのみこと》の降臨と一緒に日向国に天降られた。

紀伊国の熊野におられたときに(刀剣)韴霊《ふつのみたま》で神武天皇を助けられた。神武天皇のご即位後、神武天皇四年に越州を賜り、熊野を出て船で米水浦に上陸、一ノ岩屋にしばらくおられた。その後、伊夜日子山(弥彦山)に移り、佐久良井《さくらい》の地に暮らされ、(第六代天皇の)孝安天皇元年に亡くなられた。

彌彦神社は弥彦山の東麓《とうろく》に位置する古社だ。地元の人びとに「おやひこさま」と敬われている。高倉下は熊野からはるばる越後までやってきて、稲作、製塩、漁労などを教え、彌彦神社の祭神になった、と言い伝えられてきた。神社の裏手にそびえる弥彦山頂には「御神廟《ごしんびょう》」もあるという。

越での評価

伊丹から新潟空港へ飛び、レンタカーで約一時間。越後一ノ宮とも呼ばれる彌彦神社で禰宜《ねぎ》の石動《いするぎ》修氏に会った。学生社から出ている神社シリーズの『彌彦神社』の著者である。

私の「知りすぎた男」説に、石動氏は柔和な表情でこうこたえた。

「天香山命は神武天皇を救った。それは大きな功績です。そんな人物の力量を見込んで、越の開拓を託したのではないでしょうか。いわば抜擢《ばってき》人事ですね。ここが有数の穀倉地帯になったのですから、人事は大当たりだったといえるでしょう」

なるほど、そんな見方もあるのか。

「おやひこさま」が上陸したという米水浦は現在の長岡市寺泊の野積《のづみ》地区だとされてきた。弥彦山を挟んで神社の反対側、目の前に佐渡島が横たわる海岸である。

集落のはずれ、新潟市との境の国道沿いに、海に突き出た岩場があり、その先に「上陸記念碑」が日本海に向いて建てられている。

石碑の場所まで行こうとしたが、岩盤の上に崩れやすい土がかぶさっている地形のため、道路際からも海岸からもたどりつけない。佐渡をバックにした絶景を楽しむだけで満足した。

石動氏ら彌彦神社の神官たちは春秋の鎮魂祭の前に、この浜辺に来て禊《みそぎ》をする。「男五人が褌《ふんどし》ひとつで掛け声をあげながら海水を浴びている。その様子を不審に思った人の通報で、警察官が駆けつけたこともありました」と彼は笑った。

妻戸神社

夫恋う妻　いま共に眠る

新潟県西蒲原《かんばら》郡弥彦村にある彌彦《やひこ》神社を私が訪れた四月十八日は妻戸《つまど》大神の例祭日だった。妻戸大神は、彌彦神社の祭神である天香山命《あめのかごやまのみこと》（高倉下《たかくらじ》）の奥さん熟穂屋姫命《うましほやひめのみこと》だという。その日は彼女の命日とされている。

彌彦神社は大阪の四天王寺から伝わったという舞楽をもつ。重要無形民俗文化財に指定されており、中心の「大々神楽《だいだいかぐら》」は七曲の稚児舞と六曲の大人の舞からなっている。年に一度、この日だけ全曲通しで奏される。

舞殿の周りには、氏子や写真愛好家、友だちの晴れ舞台を見学に来た小学生たちが集まり、舞い終わるたびに拍手をした。笛と太鼓、そして「アーイ」といった掛け声にのった舞いはどれもゆったりしている。杉木立の間に、しばし悠久のときが流れた。

物部氏に伝わる『先代旧事本紀《せんだいくじほんぎ》』は天香語山命（天香山命）が異母妹の穂屋姫（熟穂屋姫）をめとって一男をもうけた、と記す。この話は熊野で神武を助けた話のすぐ後に出てくるから、熊野か大和の女性だったようだ。

熟穂屋姫の伝承

弥彦村で聞いた彼女にまつわる伝承が興味深かった。

一説には、高倉下は初め「単身赴任」だったという。熟穂屋姫は夫を追いか

【紀行メモ】
◉妻戸神社
所在地：新潟県長岡市寺泊野積
交通：JR吉田駅下車、タクシーで約40分。弥彦駅、または寺泊駅下車、タクシーで約25分
問い合わせ：0256（94）3154（弥彦観光協会）

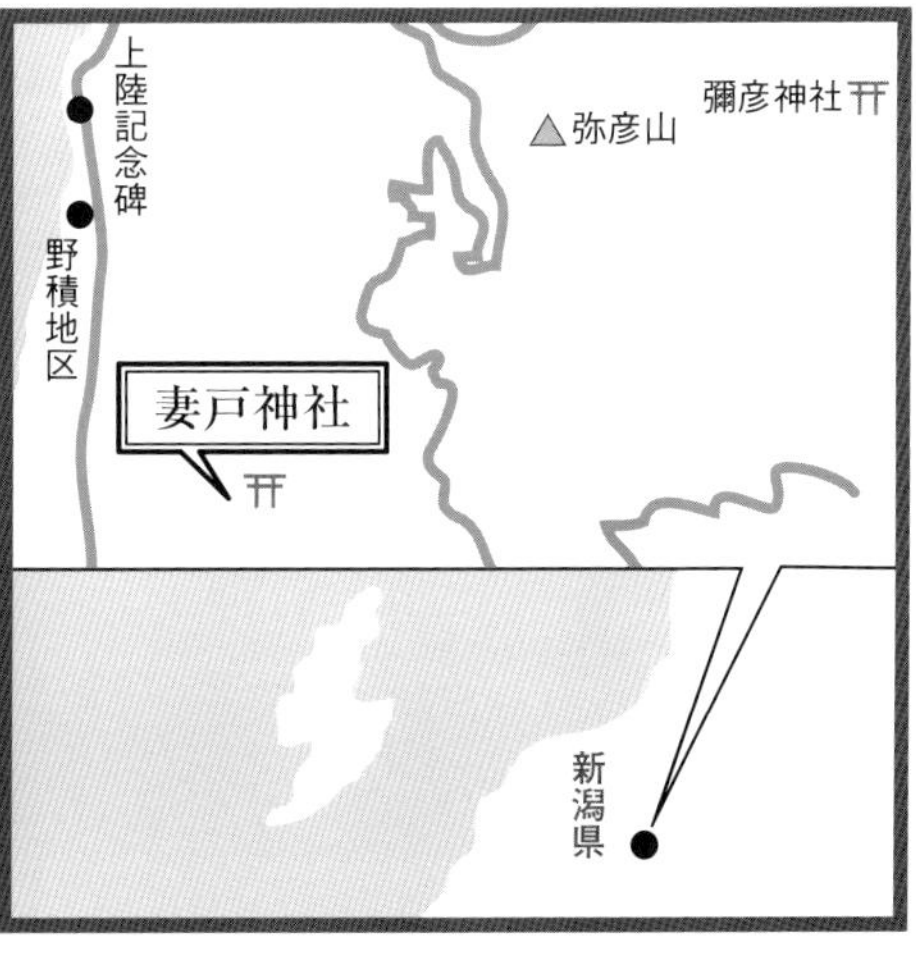

けて越《こし》にやってきた。しかし夫には越の開拓（平定）という大仕事がある。上陸した米水浦《よねみずのうら》（現在の新潟県長岡市寺泊野積）から峠を越えて平野部に移るとき、妻をさとしてその地に残した。

それでも夫のあとを追った彼女は山中で樵《きこり》に出会う。樵は高倉下の行き先を知っていた。教えようと口を開いたとたんに、樵は大石になってしまう。熟穂屋姫は自分のわがままを恥じてその場所にとどまり、夫の仕事の成就を祈った。

そんな伝承の場所に彌彦神社の摂社、妻戸神社が鎮座する。

急斜面に作られた小社だが、真っ白な小石がきれいに敷かれ、地元の人びとに大事にされていることがわかる。一番高い所にある本殿の背後に、「口開け石」と呼ばれる大岩がそびえていた。

彌彦神社禰宜《ねぎ》の石動《いするぎ》修氏によると、

新潟県弥彦村、彌彦神社の例祭。「大々神楽」で稚児が舞う。小学生も熱心に見学していた

熟穂屋姫命を祀る妻戸神社の本殿の背後には大岩がそびえる

彌彦神社は「夫婦や男女の仲を裂く神様」と言われることがある。

「ひと昔前に、観光バスのガイドさんが広めた話らしい。奥さんが置いてきぼりにあった、との伝えからでしょう。『香』や『山』の字が入っているため、ご祭神の天香山命を女神と思っている人も少なくない。山の神は仲の良い男女を見ると嫉妬《しっと》する、という連想も加わったようです」

「縁結びの神」の逆では神社としてまずいのでは。そんな心配をしてしまうが、石動氏は気にする様子もない。地元の人びとに篤《あつ》く敬われ、支えられている彌彦神社の余裕だろうか。

夫を待つ熟穂屋姫はただぶらぶらしていたわけではなかったらしい。酒造りを教えたという伝説が野積地区に残る。

古代の酒造りは神事だった。炊いた米を巫女《みこ》が口に含み、唾液とともに甕《かめ》や壺に吐き出して発酵させた。熟穂屋姫もそんな酒造法を伝授したのだろうか。

この地は「野積杜氏《とうじ》」と呼ばれる酒造り職人を全国に送り出してきた。彼らは新酒ができると「口（蓋《ふた》）開け」の一番酒を妻戸神社に奉納する。姫の伝説は今の世に引き継がれ、生きている。

八百比丘尼の伝説

米水浦に上陸した高倉下は、地元で「おやひこさま」と呼ばれている。逸話はほかにないだろうか。

野積の集落で通りがかりのおばあさんに「このあたりの歴史に詳しい人はいませんか」と尋ねたら、「高津の金五郎さんに聞くといい」と教えてくれた。高津勝氏は民宿「まつや」の経営者で、金五郎は屋号だった。

かやぶき屋根の母屋の前庭に松の古木があり「八百比丘尼《はっぴゃくびくに》の松」という説明がついている。不老不死の妙薬、人魚の肉を食べて八百歳まで生きたという女性の話は聞いたことがある。

「八百比丘尼伝説はあちこちにありますが、ここは北限。日本海を航行した北前船に乗ってここまで伝わったのでしょう」。そう切り出した高津氏は、滑らかに言い伝えを語ってくれた。

「八百比丘尼は私の先祖、金五郎の娘でした。金五郎はある晩、この地に上陸された『おやひこさま』にごちそうになり、お土産をもらいました。何やら気味が悪いものだったので、戸棚にしまって漁に出ました。その留守に娘がそれを食べたのです。人魚の肉でした」

「金五郎の娘は美しく育ちましたが、いくらたっても年を取りません。五百歳で出家して村を出ます。そのときに植えたというのがこの松です。比丘尼は若狭国（福井県）小浜の空印寺に入り、八百歳で亡くなったといわれます」

と、八百比丘尼。ふたつの話が佐渡島を望む海浜で結びついた。

天香具山夫婦の安息の地

伝承では別れ別れだった天香山命と熟穂屋姫は標高六百三十八メートルの弥彦山頂にある「御神廟《ごしんびょう》」で仲良く眠っている。建物があるのかと思っていたが、吹きさらしの墓所だった。石の鳥居が立ち、周囲を石柱で囲んだ中に円墳のような形に土盛りがしてあり、その上に石の祠《ほこら》がふたつ並んでいた。

西に日本海と佐渡島、東は越後平野を一望し、遠く福島県境には雪を抱いた山々が連なる。目を南に転じると海岸線の果てに長野県や富山県の高峰も視野のうちにある。

波乱万丈のこの夫婦に似合いの景色だ。墓所に立って、そんなことを考えた。

こぼれ話 ◉日本の酒

縄文時代から酒造りがあったと考えられている。青森市・三内丸山遺跡で見つかったキイチゴなどの搾りかすをはじめ、土器についた木の実の遺物などから「縄文酒」が注目されている。ブドウによるワインや蜂蜜を使うミード酒のような自然発酵だったらしい。弥生時代には米による日本酒造りが始まったとされ、酒造用をまねたという土製の杵《きね》などは古墳時代の遺跡で出土。「口嚼《くちかみ》」の酒のほか、奈良の平城宮には「造酒司《みきのつかさ》」という国立酒造機関が知られ、酒米蔵跡なども確認されている。

近年は各地で赤米や黒米による「古代酒」が盛んだ。酒への関心はつきない。

物部神社

任地になじみ祀られた

大和から越《こし》の国（新潟地方）に「赴任」した高倉下《たかくらじ》は、新潟県弥彦村にある彌《や》彦《ひこ》神社で天香山命《あめのかごやまのみこと》として大事に祀《まつ》られていた。

ところが、大和からの「転勤者」は彼だけではなかった。『式内社調査報告』第十七巻（皇学館大学出版部）によると、天香山命と一緒に二田《ふた》物部という人物が越に向かった。その末裔《まつえい》が柏崎市西山町にある物部神社の宮司だそうだ。

これは江戸時代の社記『二田宮伝記』が伝えている。物部神社の祭神の二《ふ》田《だ》天物部命《あめのもののべのみこと》は天瀬《あませ》という場所に上陸、近辺で二つの田を献じる者がいたので、そこに居を定めた。その後、何度か遷宮し、現在の神社に鎮座した。神職の三嶋家は物部氏の祖神、饒速日《にぎはやひの》尊《みこと》の降臨に供奉《ぐぶ》した二田物部の子孫で、歴代の当主は物部連《もののべむらじ》を名乗っているという。

平安時代初期に編さんされた『先代《せんだい》旧事本紀《くじほんぎ》』には、確かにお供の中に「二田物部」の名が出てくる。子孫が現地にいるなら会ってみたい。新潟県神社庁に電話で問い合わせたところ、宮司の息子で物部神社禰宜《ねぎ》の三嶋崇史《たかし》氏がそこに勤めていた。これも高倉下の引き合わせだろうか。

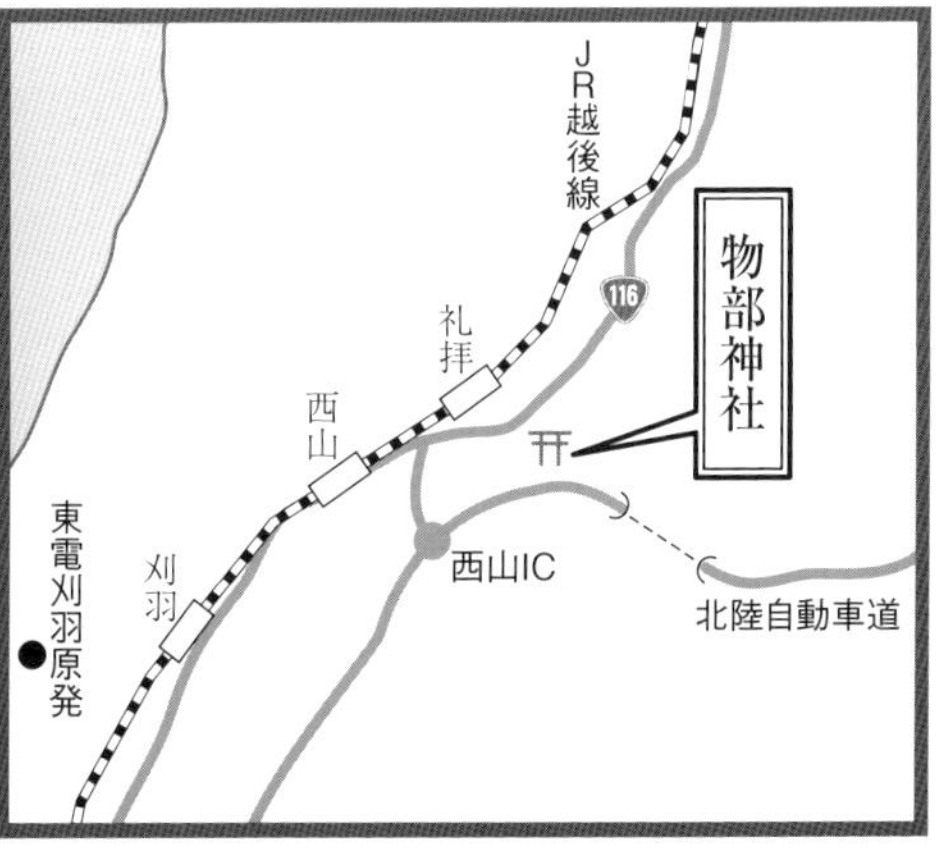

【紀行メモ】
◉物部神社
住所：新潟県柏崎市西山町二田
交通：JR礼拝駅から徒歩約12分

鉄に目をつけた物部氏

十一月二十三日が物部神社の新嘗祭《にいなめさい》

だと教えられ、奈良から夜通し車を運転して出向いた。三嶋千穎《ちかい》宮司は私と同じ昭和十九年生まれ。二田天物部命から数えて百二十九代目だという。

「天香語山命《あめのかごやまのみこと》（天香山命）と一緒に越までやって来たご先祖は、どうして別のところに居を構えたのでしょう」

「理由は鉄ではないかと思います。天瀬は、西山町の隣の出雲崎町尼瀬と見られ、砂鉄を原料にした製鉄の遺跡がいくつも見つかっています。一方、弥彦山周辺では銅が採れたそうです」

なるほど、鉱物資源が狙いというわけだ。二田物部は天香語山の家臣と思っていたが、兄弟説もあるという。彌彦神社は越後一ノ宮、物部神社は越後二ノ宮と呼ばれてきた。

「七年ほど前、うちの神社の近くの遺跡から立派な勾玉《まがたま》が発掘されました。糸魚川《いといがわ》の翡翠《ひすい》を畿内で加工した勾玉だそうです。四、五世紀にこの地にやってきたという物部一族が持ち込んだのでしょうか」と千穎宮司。もしかしたら、この人たちが天香語山（高倉下）や二田物部の伝説を伝えたのかもしれない。

新潟で多くの神社の祭神に

柏崎市一帯は、二〇〇七年七月の新潟県中越沖地震で大きな被害を受けた。三嶋氏が宮司を務める三十九社の大半が被災し、うち十七社は全壊だった。物部神社の境内にも、石灯篭や常夜灯が崩れたままで、震災の爪痕《つめあと》が残る。そんな中、室町時代の建築といわれる本殿の被害はわずか。匠《たくみ》の技の確かさを後世の人に見せつけた。

新嘗祭の朝、本殿と棟続きの拝殿にはコシヒカリの新米の袋がいくつも運び込まれ、崇史禰宜は初穂をそろえて祭壇に供える。

私たちが奈良からやってくるというので、春秋の大祭でしか演じない「太夫舞」（神楽）を披露してくれた。二十いくつもある演目の中から選ばれたのは「岩戸開《びらき》」と「蛭子《ひるこ》」。天照大《あまてらすおお》神《みかみ》がこもった岩屋の戸を手力雄神《たちからをのかみ》がこじ開ける舞はにぎやかに、出雲大社に祀られている大国主神《おおくにぬしのかみ》の子、事代《ことしろ》主神《ぬしのかみ》の魚釣りの舞はコミカルに演じられた。

『記・紀』神話や彌彦神社の神官の家に伝わる伝承から察すると、高倉下は熊野で神日本磐余彦《かむやまといわれびこ》（神武天皇）を救う大功があったのに遠ざけられ、越の国に派遣された。調べているうちに彼に情が移り、気の毒な思いがしていただけに、新たな地で崇拝され、同族の二田物部の末裔《まつえい》も健在と知って、ほっとする。

そういえば、新潟県には彌彦神社の

新潟県柏崎市の物部神社（通称・二田物部神社）。新米を供え新嘗祭が催されたあと、神楽「岩戸開」が演じられた

ほかにも高倉下を祭神とする神社があちこちにある。新潟県神社庁が調べてくれた（「こぼれ話」欄）。

　その数の多さに驚かされる。神武を助けた熊野より断然多い。赴任先の水があったのだろうか。サラリーマンでいえば、本社で疎《うと》んじられたが地方で実力を発揮、子会社や関連会社をたくさん作って名を成した、といったところか。

　実力ある者、直言する人物が組織の中枢から離されるということは、今の世にもままあることだ。神話では、西国から戻ってすぐ東征を命じられる日本《やまと》武尊《たけるのみこと》はそのくちかもしれない。

　私の推測では、高倉下は「知りすぎた男」だった。「水平」から「垂直」へというヤマト王権の世界観転換の秘密を知る人物だけに、大王家と物部一族の双方から「うっとうしい」存在になった。それが遠ざけられた原因だとしたら、まさに悲劇の主人公である。

　新潟県の神社の祭神をみると「かぐやま」「かごやま」のオンパレード、「たかくらじ」は片隅に追いやられたような扱いだ。これも「高倉下を忘れたい」

「その名を消したい」という力が働いていたのではなかろうか。

境遇が重なる蜂子皇子

高倉下の旅路は、蜂子皇子《はちこのみこ》の伝説を思い起こさせる。

六世紀末、臣下の蘇我馬子《そがのうまこ》によって暗殺された崇峻《すしゅん》天皇の子、蜂子皇子は身の危険を感じて飛鳥を離れる。出羽三山の伝承によると、日本海を北上、出羽（山形県）の地に上陸した。そして難行苦行のすえに出羽三山を開いた。蜂子皇子は里人たちにいろいろなことを教え、「能除《のうじょ》（悩みや災いを除いてくれる）太子」と呼ばれて慕われたという。

高い身分でありながら、複雑な思いを胸に大和から日本海を渡って見知らぬ国へ行き、神社の開祖となる。ふたつの貴種流離譚《きしゅりゅうりたん》が、古代から現代へ共鳴する。

こぼれ話 ◉新潟県内の関連神社名

＊【　】内は祭神名。文字には異同があるため、ひらがなとした。大半が本殿の主神として祀るが、一部合祀や摂社・末社もある。新潟県神社庁調べ。

【あめのかぐやまのみこと】◆神明社（新潟市上大月）◆伊夜日子《いやひこ》社（新潟市袋津）◆伊夜日子神社（新潟市田潟）◆彌彦神社（西蒲原郡弥彦村）◆伊夜日子神社（三条市蝶名林）◆寒澤《さむさわ》神社（長岡市寒沢）◆巣守《すもり》神社（長岡市吹谷）◆巣守神社（長岡市栃堀）◆弥彦社（長岡市滝谷町）◆辨財《べんざい》社（十日町市尾崎）◆弥彦神社（三島郡出雲崎町）

【あめのかごやまのみこと】◆神明宮（新発田市大手町）◆諏訪神社（阿賀野市曽郷）◆伊夜日子神社（新発田市飯島甲）◆伊夜日子神社（胎内市弥彦岡）◆諏訪神社（新潟市木津）◆矢作《やざく》神社（西蒲原郡弥彦村）◆伊夜日子神社（見附市堀溝町）◆弥彦神社（長岡市寺泊野積）◆大宮神社（長岡市寺泊野積）◆伊夜日子神社（長岡市西之俣）◆魚沼神社（小千谷市土川）◆伊《い》米《め》神社（小千谷市桜町）◆伊夜日子神社（南魚沼市大月）◆伊夜彦神社（南魚沼市黒土）◆伊夜日子神社（十日町市下組）◆十二神社（柏崎市西山町）◆弥彦神社（柏崎市石曽根）◆弥彦神社（胎内市大塚）◆弥彦神社（胎内市築地）

【いやひこのおおかみ】◆七所《ななしょ》神社（新発田市西園町）◆神明社（新潟市灰塚）

【たかくらじのみこと】◆神明宮（新発田市上石川）◆巣守神社（長岡市北荷頃）◆守門《すもん》神社（魚沼市高倉 109 番地）◆守門神社（魚沼市高倉 2168 番地）

大斎原

神々しき祈りの分岐点

熊野の山に雲が流れ、大斎原の杜《もり》に大鳥居がそびえる

古《いにしえ》から聖地といわれてきたところには、えもいわれぬ空気が漂っているものだ。本居宣長《もとおりのりなが》が「迦微《かみ》」と名付けた「尋常《よのつね》ならずすぐれたる徳《こと》のありて、可畏《かしこ》き物」がそこに「居《い》ます」からだろうか。

里人や信者はその神を敬い、畏怖《いふ》し、手厚く祀《まつ》ってきた。神々と人びとが織りなしてきた長い長い時の流れがそこに凝縮・沈殿し、張り詰めた雰囲気をかもし出すのだろう。

熊野三山のひとつ、熊野本宮大社の旧社地もそうである。

熊野川を河口から三十キロほど溯《さかのぼ》り、本流と支流の音無川、岩田川が合流する中洲が「大斎原《おおゆのはら》」と呼ばれる旧社地だ。明治二十二年（一八八九）の大洪水で社殿の大半が流出した。かろうじて残ったいくつかの社殿を高台に移転したのが現在の本宮大社である。

【紀行メモ】

◉大斎原
所在地：和歌山県田辺市本宮町本宮
交通：JR新宮駅からバスで約1時間15分、本宮大社前下車、徒歩5分
JR紀伊田辺駅からバスで約2時間、大斎原下車すぐ

和歌山県田辺市・熊野本宮大社の旧社地「大斎原」は熊野川と二つの支流の中洲、巨大杉の森の中にある

旧社地では二基の小さな石祠《せきし》が本殿のあった場所を示している。参拝者や観光客の多くは今の本宮大社に向かうが、私は一万坪の社地の中心に大木が繁る大斎原に惹《ひ》かれる。

雨に煙る聖地

二〇〇七年七月十四日、台風４号が暴れるさなかの紀伊半島に出かけ、那智の火祭りを見た。その帰りに大斎原に立ち寄った。荒天の旧社地を見たかったからである。

濁流で増水した熊野川は広い河原を埋め尽くして走り、旧社地はしのつく雨に煙っていた。高さ三十四メートルの大鳥居が「聖地を守ってみせる」とばかりに、上流に向かってすっくと立っていたのが印象的だった。

熊野川では昔、死人を河原の小石の下に埋める風習があったという。何年かに一度の洪水で河原が洗われると遺骨も熊野の海に流される。一種の水葬だ。

　川の合流点の中州は、聖地であると同時に洪水の直撃を受ける危険な場所である。明治の水害は、熊野の神をさらに強大な「迦微《かみ》」が押し流した「神の水葬」だったのかもしれない。風雨のなかで、そんなことを考えた。

川の合流点を聖地とする考え

　古代の熊野を語る文書は少ない。十二世紀に編さんされた『長寛勘文《ちょうかんかんもん》』の中の「熊野権現御垂跡《ごすいじゃく》縁起」は貴重なひとつだ。

　「縁起」によると、最初に熊野の神を感得したのは地元の犬飼《いぬかい》、つまり犬を使って猟をする狩人だった。大きな猪《いのしし》を射止めた彼は手負いの猪を追って川を溯り、大湯原《おおゆのはら》（大斎原）にたどり着く。猪がイチイの大木の根元で死んでいたので、そこで一夜を明かすことにした。翌早朝、狩人は大木の先に「三枚の月形」を見つけ、それを熊野権現だとして仰いだ。そんなストーリーである。

　「縁起」を分析した橋本観吉氏（和歌山県田辺市立芳養《はや》小学校の前校長）の指摘が興味深い。

　橋本氏は「川の合流点は、水系の異なる山岳地帯の入り口にあたる。そこが聖なる地とされていくのは、狩人にとって狩のための重要な分岐点であったためではなかろうか」

　「やがて、そういう地は、神の示現の地、託宣の地として祭祀《さいし》（神社）の発生をみるに至ったのではなかろうか」と述べている（国書刊行会『紀州史研究3総特集熊野1』に掲載の論文「熊野の創祀とその祭神」）。

　大斎原の地は古来、鎮魂《ちんこん》と祭祀の場

こぼれ話　◉神

　日本で「神」という言葉は早く『古事記』や『万葉集』に登場している。ところが、「意味づけ」はしていない。江戸時代後期の国学者・本居宣長は、人間以外の動植物、山、海、などでも通常より威力（徳）を持つ存在と幅広く考えたようだ。また、民俗学者の柳田国男は主に祖先神を取り上げ、民俗・歴史学者で文学者だった折口信夫は異郷から来訪する神聖者（まれびと）に注目した。ヨーロッパなどでは超越的な人格を想定することが多い。一方、日本人はさほどの隔絶性は意識せず、神剣のほか神木や神体山、神馬、神鹿もある。自然に宿る神霊をも崇拝する側面が強い。このため原始的なアニミズムとする見解もある。

だったのである。

この聖地は、天から授かった刀剣・韴霊《ふつのみたま》で神日本磐余彦《かむやまといわれびこ》（神武天皇）一行の急場を救った高倉下《たかくらじ》と関係があるのだ。

江戸・元禄年間に紀州藩士・児玉荘左衛門は藩主の命で熊野三山参拝のための旅行案内書『紀南郷導記《きょうどうき》』を書いた。当時は熊野川の中洲にあった熊野本宮大社について彼は「此《この》地主ハ高倉下ノ神ナリ。此社へ毎月二十八日竜宮城ヨリ乙姫詣デ来ルト云ヒ慣《なら》ハセリ」と記す。

中洲の周りには、川水が渦を巻く深い淵《ふち》がいくつもあった。舟の難所だけに祭祀の場所ともなった。そのひとつ立島《たてしま》ノ淵について『郷導記』はこんな伝承を紹介している。

雨乞《あまご》いのため笛を吹いていた男が過って笛を淵に落としてしまった。それを探して水底に至ると竜宮城があり、金銀玉に飾られた床の上に笛があったので、取り返して戻った。一時のことと思ったが、十三里川下に出たときには三年が過ぎていた。

『記・紀』神話の海幸彦・山幸彦の話や浦島太郎物語を思い起こさせる。橋本氏は「淵は異界や他界の入り口であり、海ともつながると考えられていた。それが竜宮伝説になったのだろう」と解釈している。

帰順儀式の現場では？

私は「高倉下が地主」という伝説が残るこの大斎原こそ、彼が神武に物部氏のレガリア（王権の象徴）である刀剣・韴霊を献上する「帰順儀式」が行われた場所だと思う。

高倉下が「毒気《あしきいき》」に倒れた神武一行を救ったところは、熊野川の河口から本宮大社にいたるまでのどこかではないか、と私は考えている。『記・紀』のストーリーでは刀剣を捧《ささ》げると、たちまち敵が倒れた形になっている。実際は、高倉下率いる物部の軍勢のおかげで形勢が逆転した。戦闘の勝利後に、場所を移して「帰順儀式」が挙行されたという順序だったのではなかろうか。

儀式だから重々しく行われなければならない。となれば、狩猟時代から聖地とされてきた「大斎原」がふさわしい。

そこには地元の狩人たちが鳥獣を鎮魂し、豊猟を神に祈る祭祀の場がすでにあったかもしれない。神武は高倉下の労をねぎらい、物部一族直系の帰順に大和進攻への自信を深めたことだろう。

熊野本宮大社

神社集まる信仰の「へそ」

紀伊半島の地図を開いて面白いことに気づいた。東の三重県尾鷲湾と西の和歌山県有田川河口を結ぶ横線を引くと、南端の潮岬を頂点とする三角形ができる。熊野本宮大社はその三角形のほぼ中央に位置する。つまり本宮（旧社地の大斎原《おおゆのはら》）は半島の「へそ」に当る聖地中の聖地なのだ。

それだけではない。本宮大社は奈良県との境に近い和歌山県内にある。十津川街道（国道168号）は奈良県五條市から熊野川（十津川）に沿って河口の和歌山県新宮市に到る道である。本宮大社の場所は大和・吉野方面から川を下ってきた人たちと、河口から溯《さかのぼ》ってきた人たちが出会うところなのである。「流下《りゅうか》」と「溯上《そじょう》」の出会いについて『熊野山海民俗考』（人文書院）の著者、野本寛一氏は、「流下」が「山から海へ」の志向、「溯上」は「海から山への」志向であると指摘している。

この指摘は私にとって重要だ。「山から海へ」と「海から山へ」の出会いは、まさに高倉下と神《かむ》日本磐余彦《やまといわれびこ》（神武天皇）の邂逅《かいこう》だからである。本宮大社の旧社地・大斎原は川の中洲だった。「帰順儀式」の場所として、これ以上ふ

【紀行メモ】

◉熊野本宮大社
所在地：和歌山県田辺市本宮町本宮
交通：JR新宮駅からバスで約1時間15分、本宮大社前下車
JR紀伊田辺駅からバスで約2時間、本宮大社前下車
問い合わせ：0735（42）0009

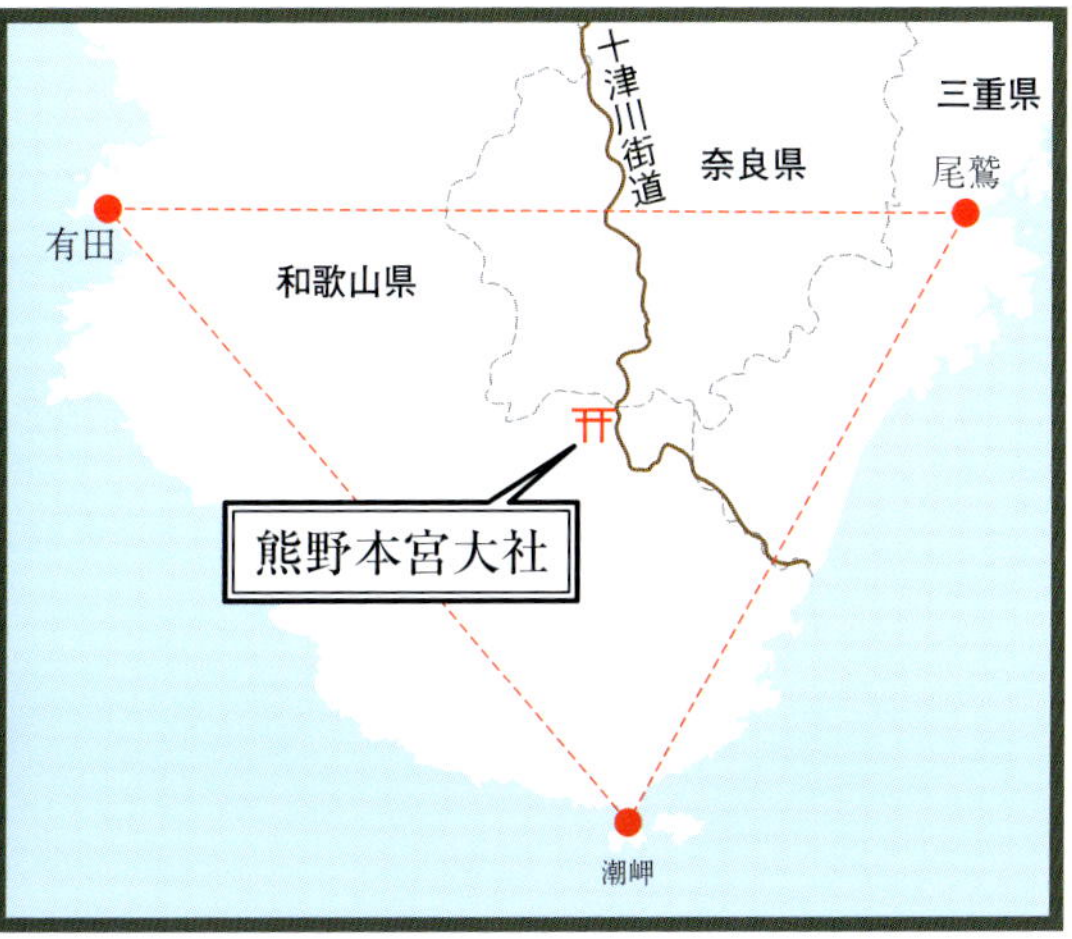

さわしいところはない。

集中する高倉神社

私が熊野本宮と高倉下との関連にこだわるもうひとつの理由は、その近辺に「高倉神社」が集中していることだ。とりわけ熊野川河口から本宮に向けて川沿いに進んだところの新宮市熊

野川町一帯に多い。日足《ひたり》地区から支流の赤木川上流の山中にかけての地域である。旧熊野川町教育委員会がまとめた「町史研究資料」から私が拾っただけでも「高倉神社」が七社あった。

秋のある日、そのうちの四社をまわった。日足、高田、赤木、小口（上長井）の高倉神社である。いくつかは、裏手に川が流れるすがすがしい社《やしろ》だ。

『和歌山県神社誌』によると、高田の高倉神社が「中世に伊勢より勧請《かんじょう》、氏神として奉祀《ほうし》した」とあるほかは、近世以降にその地に祀《まつ》ったと説明されている。その由緒からは古代にさかのぼる材料は見当たらなかった。

たとえば、中世のいつごろかに高倉下信仰が盛んになり、幕末の尊王思想、明治以降の皇国史観と結びついて高倉神社が増えた、といったことも考えられる。

「信仰」は「タネ」のないところには育つまい。高倉下信仰を生む何らかの歴史的な素地がこの山中の地にあったからこそ、信仰が芽生え、広がったのだと思う。

小口の高倉神社では明治初年まで、毎年霜月《しもつき》（陰暦の十一月）に赤木川の両岸に住む氏子同士が手ごろな棒切れに火をつけて、悪口を言い合いながら川越しに投げ付け合う「御火の神事」

和歌山県新宮市熊野川町小口の高倉神社は杉、アラカシ、モチノキなどの林の中にあり、裏手には熊野川にそそぐ赤木川が流れている

が行われていたという。『和歌山県神社誌』は「合戦数時間経過しても止《や》まない時は、双方が川辺で和睦《わぼく》し神酒を飲んでわかれた」と記している。明治二十三年（一八九〇）に当時の村長が再興したものの二、三年しか続かず、それ以降なくなったそうだ。

この「合戦」にはどんな背景があるのだろうか。伝説が彩る神武と地元の女族・丹敷戸畔《にしきとべ》との戦闘だろうか、「和睦と神酒」は神武と高倉下の故事の反映だろうか。興味はつきない。

山越阿弥陀図に描かれた海

本宮大社の主祭神、家津美御子大神《けつみみこのおおかみ》は阿弥陀如来が仮の姿で現れた垂迹《すいじゃく》神とされている。平安時代に入って神仏習合思想が盛んになり、神はそれぞれ本地仏《ほんちぶつ》をもっているという本地垂迹説がはやった。仏教と神道を両立させ

国宝《山越阿弥陀図》　総本山　禅林寺蔵

ようという思想である。

本宮大社の祭神の本地が阿弥陀如来とされることに、私は格別の興味を覚える。二〇〇七年春、奈良国立博物館で開催された「神仏習合」展で国宝の《山越《やまごし》阿弥陀図《あみだず》》（写真）を見たからだ。

京都・禅林寺蔵のこの作品は鎌倉時代以降に制作されるようになる山越阿弥陀図のなかで、もっとも古く美しいとされている。

なだらかな山の合間から、やわらかい表情の阿弥陀如来が半身を乗り出し、いま臨終を迎えた人を救おうとしている。阿弥陀如来の左右手前には、白雲に乗った観音菩薩《ぼさつ》と勢至《せいし》菩薩が往生人《おうじょうびと》を阿弥陀如来へと導くべく道をあけて立つ。両脇の四天王や童子も極楽往生を見守っている。静かで清らかな来迎図《らいごうず》である。

私が注視したのは、阿弥陀如来の背後に描かれた大海だ。そこに海が描かれているのは、どういう意味であろうか。これは「海《あま》」から「天《あま》」へという私のモチーフに関連があるのではないか。常世《とこよ》という浄土が海の彼方から山のあなたへと変わった。それを反映して作者はいにしえの「あの世」である海を背後に描き入れたのではないか。山越阿弥陀図の前で、私はそんなことを考えていた。

山上他界と海上他界

歴史学者の上田正昭氏は阿弥陀如来の背後に広がる「海」について「山越阿弥陀図は、海上他界に山上他界が重なって、山上他界の優位を示しているかにみえる」と書いている（『日本文化の基層研究』（学生社）のなかの論文「日本人の他界観念」）。

私にはこの阿弥陀図は「熊野」そのものの世界と歴史を表しているように思えてならない。上田氏が、この本の別の論文で指摘する通り、熊野は「海の彼方《かなた》の常世からの神の来臨をあおぐ海上他界の信仰と、山から降臨する山上他界の信仰との接点」だからである。山越阿弥陀図について「山上他界が海上他界より優位に立っている」という上田氏の視点を、「水平」から「垂直」へというヤマト王権の世界観の転換として解釈するのは、我田引水にすぎるだろうか。

こぼれ話 ◉神と仏の「平和共存」

仏教は、古来の神々とともに生きる日本列島の人びとには「異教」だった。歴史書によると、受け入れるまでには苦難があった。しかし、蘇我氏などの尽力でようやく飛鳥に仏教文化が花開いたという。「国教」となった奈良時代に、仏と神は一心同体だという共存と融合のアイデアが打ち出された。それが本地垂迹説で、祭神を仏教の如来などにあてはめて考える。そして、仏が神を守るという神宮寺が神社の境内や近くに建てられた。第一号は藤原武智麻呂が福井県に715年、創建したとされる気比神宮寺。以後、全国各地で神護寺、護国寺などの名で造営された。古代日本の「知恵」といえる。

御燈祭

高倉下からの「伝言」

和歌山県新宮市、神倉神社の「御燈祭」。白装束の男たちが松明を手に駆け下るさまは、天から降る炎の滝のようだ

【紀行メモ】

◉神倉神社（108頁参照）

所在地：和歌山県新宮市神倉

交通：JR新宮駅から徒歩15分

御燈祭：例年2月6日

問い合わせ：0735（22）2533

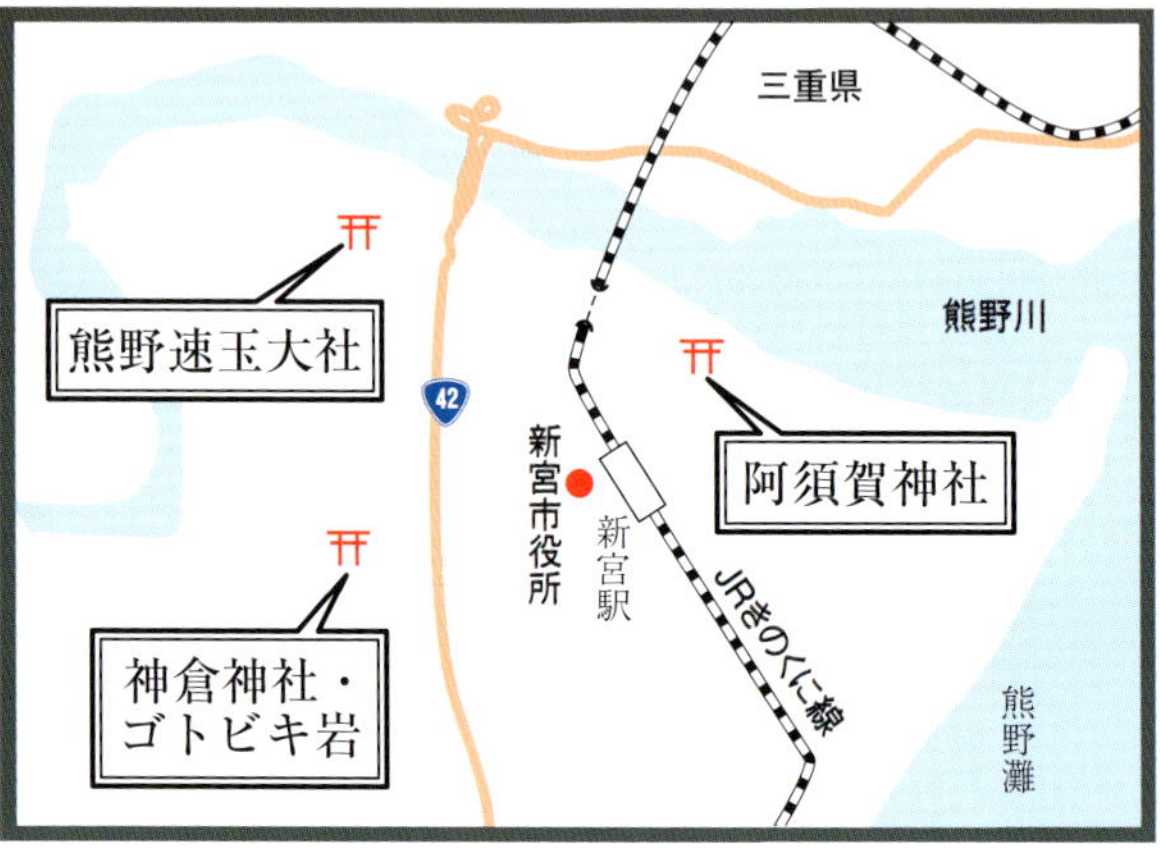

熊野で見ておきたい祭りがふたつあった。和歌山県新宮市にある神倉神社の「御燈祭《おとうまつり》」と、同県那智勝浦町・熊野那智大社の「火祭り」だ。

　ともに名高いお祭りだから、ご覧になった方も少なくないだろう。私の関心は、自分の仮説とのつながりである。神日本磐余彦《かむやまといわれびこ》（神武天皇）への物部氏の帰順という大事な仕事をしたにしては、高倉下《たかくらじ》の熊野や大和での扱いは良くない。熊野三山ではほとんど無視されており、天照大神《あまてらすおおみかみ》とともに熊野速玉《はやたま》大社と密接な関係がある摂社、神倉神社の祭神とされている程度である。ヤマト王権と物部氏の双方から「知りすぎた人物」として敬遠されたのではないか、というのが私の推測だ。

　大和の勢力だけではない。平安時代に盛んになった熊野信仰を奉じる人たちの間にもこの空気は伝わり、高倉下を正面に出さなくなったのではないか。

しかし歴史は消しきれるものではない。御燈祭は毎年二月六日の夜に行われる。そこが神武一行の登った「天磐《あまのいは》盾《たて》」だといわれる神倉山の頂上から、松明《たいまつ》の火が一斉に駆け下りる勇壮な祭りと聞いていた。

それは、ヤマト王権の創始者が熊野の地で「水平」から「垂直」にその世界観を転換するきっかけをつかんだこと、そのキーパーソンは高倉下であったことを歴史に残す「指紋」かもしれない。年に一度の「縦の火流」が、神武伝承や高倉下の存在をも思い起こさせるからだ。

そんな気持ちを抱いて、海風が肌に冷たい新宮を訪れた。

火の滝に「刀剣降下」を重ねて

祭りの舞台である神倉山には前に登ったことがある。「鎌倉積み」という、自然石を組み合わせた急な石段が五百数十段も続く。昼間の上り下りさえ足元が危ういのに、夜、松明を手に一気に駆け下りるなんて、想像するだけで足がすくむ。

腰に荒縄を巻いて祭りに参加の準備をする家族連れ

神倉神社で見るものを圧倒するのは、社殿背後の巨岩「ゴトビキ岩」だ。ゴトビキとは地元の言葉でヒキガエルのこと。形が似ているから付けられたのだろうが、これは海上からも見えるという。神武がそこに登ったという伝承もなるほどと思わせる。

祭り当日、新宮は「ハレ」の空気に包まれる。襦袢《じゅばん》から足袋《たび》まで白ずくめの男たち（上《のぼ》り子）が、あちらこちらから現れる。おなかに幾重にも縄《なわ》を巻き、手には松明を持つといういでたちだ。

三々五々集まって速玉大社や阿須賀《あすか》神社に参拝し、すれ違うと互いに「頼むぞ」と声を掛け合う。中には父親に連れられた小さな男の子もいる。「御燈祭」に参加することは通過儀礼でもある。初祈願は「初上《はつあが》り」という。

速玉大社の「特殊神事調」によれば

「神倉神社御燈祭ハ、二月六日ノ夜（晴雨ニカヽハラズ）之《これ》ヲ執行ス」とある。戦時の灯火管制のときも行われたというから、伝統神事とはたいしたものである。

夕刻になった。

写真家たちは「火の流れ」を間近にしようと急な石段の脇に陣取るが、私は頭の中で火の流れと、熊野で神武を救ったという刀剣・韴霊《ふつのみたま》の降下とを重ね合わせていたので、神倉山全体を眺められるビルの屋上でそのときを待った。

夜のとばりがおりると、その数二千人という上り子たちがワッショイワッショイと声をあげながら山上の巨岩「ゴトビキ岩」をめざす。神事が続いているのだろう、しばらくは静寂のときが過ぎる。ゴトビキ岩の下で鑽《き》り出された御神火は、大松明に移される。火は石段の途中にある「中ノ地蔵」まで下ろされたあと、山上で待つ上り子たちの松明に次々点火される。

八時前、「ウォー」という大歓声とともに「爆発」が起きた。いったん閉じられていた柵《さく》が開き、松明を掲げた男たちが一斉に石段を駆け下りるのだ。

「山は火の滝、下り龍」と表現される祭りのハイライトである。

闇を裂く縦の火流。私には、それが天上からの祖先神の降臨の姿にも映った。

高倉下のメッセージ？

十二世紀に編さんされた『長《ちょう》寛《かん》勘《かん》文《もん》』の中に記された「熊野権現御《ご》垂《すい》跡《じゃく》縁起」によると、熊野の神は唐の天台山から九州、四国、淡路島を経て熊野新宮の神蔵峯（神倉山）に降臨したあと、早玉社などに祀《まつ》られた。だから地元では「新宮は熊野本宮大社に対する新宮ではない。神が降臨した神倉山に対して新しい宮、という意味だ」という。

「御燈祭」は旧暦の一月六日に行われていたというから、新年の祭りだ。初春にゴトビキ岩に降りてこられる神を迎え、その年の平穏と豊穣《ほうじょう》を祈願する。熊野の神の降臨伝承と豊作などを祈る予祝行事が合わさった祭礼だといわれれば、そうだろうと思う。

熊野速玉大社が発行する「神倉神社とお燈祭」と題する小冊子の中で、先代宮司は「当地方では神武天皇御東征に際して、高倉下命《みこと》が松明をもって奉迎した故事によるとの伝説がありますが、これは附合《ふごう》された根拠のない説話と思うのです」と語っている。私はむしろもうひとつの那智の火祭りのほうが、そうした伝説に似合いだと思う。

古代史はロマンだとはいえ、何でも

自説に都合よく解釈するのはよくなかろう。しかし私には「御燈祭」と高倉下の関係が気にかかって仕方がない。
　なぜ高倉下が、熊野の神が降りたという山頂に鎮座する神倉神社の祭神になっているのか。なぜそこが長い年月を超えて彼の名を残してきたのか。
　一度それを見たものの目に焼きつく山上からの火の流れは、ヤマト王権の秘密をにぎる高倉下が後世に伝えようとしたメッセージに思えてきた。

御神火を松明に移して出発の合図を待つ

こぼれ話 ◉火の神話

　神話によると、女神・伊奘冉尊《いざなみのみこと》（伊邪那美命）は火の神である軻遇突智《かぐつち》（迦具土）出産の際のやけどで亡くなった。怒った男神は軻遇突智を斬殺。その血や体から雷神、水神、山の神らが誕生、軻遇突智の子神の体からは蚕と桑、五穀が生じたとする伝承もある。

　火はゾロアスター教やヒンドゥー教などでも神聖視され、ギリシャ神話は、天上からプロメテウスが盗んだ火が人間に与えられたのを怒った最高神・ゼウスが、地上最初の女性パンドラを作って人間たちが様々に苦しむようにした、という。火は食べ物の調理や金属器製造、焼き畑農耕など、つまり文明と同時に寺や苦難をもたらした、ともいえる。

那智の火祭り

「世界の始まり」思わせた

「那智の火祭り」も不思議な祭りだ。熊野三山のひとつ、和歌山県那智勝浦町にある熊野那智大社の例大祭で、「扇神輿《おうぎみこし》」と呼ばれる独特な形の「みこし」が主役を演じることから「扇祭り」とも呼ばれる。

「火祭り」といっても、昼間の祭りである。那智の大滝に至る石段は巨木が覆いかぶさり、昼でも薄暗い。そこで滝口から上る大松明《おおたいまつ》と、下ってくる「扇神輿」が出会う。これも勇壮な祭典だ。

数年前に友人たちと熊野旅行をした。その折、那智の案内をお願いした「熊野那智ガイドの会」会長の池本泰三氏に「七月十四日の火祭りにも、いらっしゃい」と勧められていた。

和歌山県新宮市にある神倉神社の「御燈祭《おとうまつり》」と同じく晴雨にかかわらず、決められた日に行う。好天が多いということだったが、私が出向いた二〇〇七年は台風4号が関西地方を直撃した大変な日だった。

扇の霊力を信仰する扇神輿

早朝、風雨の中を奈良県明日香村から車を飛ばし、午後一時過ぎに現地にたどり着いた。熊野那

【紀行メモ】

◉熊野那智大社

所在地：和歌山県東牟婁郡那智勝浦町那智山

交通：JR紀伊勝浦駅からバス、神社お寺前駐車場下車徒歩10分

那智の火祭り：例年7月14日

問い合わせ：0735（55）0321

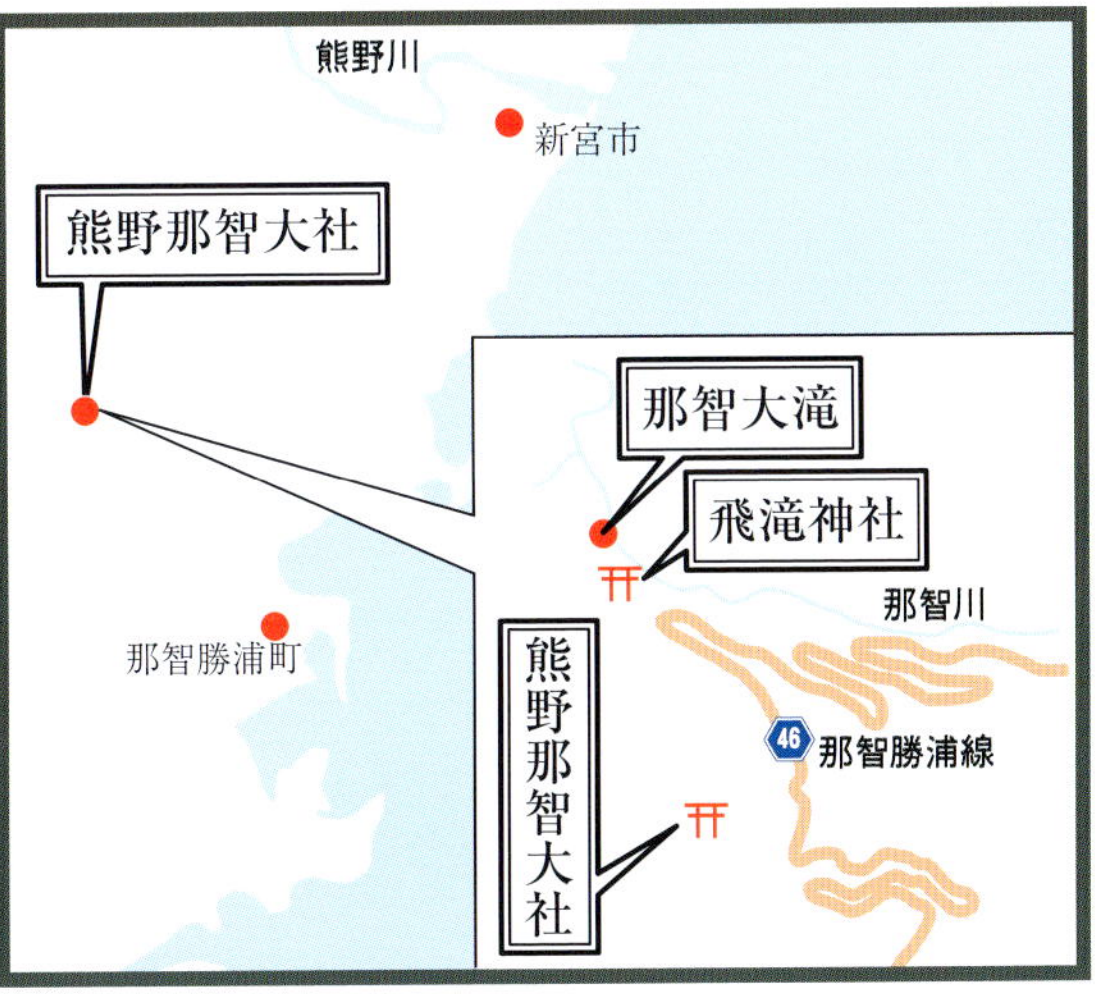

第七扇

和歌山県那智勝浦町の飛瀧神社。しぶきと雨に煙る那智の滝の前に勢ぞろいした12基の「扇神輿

扇神輿を迎えた松明は飛滝神社に下ってゆく。担ぐ人は熱さと重さに耐える

智大社での神事はすでに始まっていた。池本氏から「お滝に下りる石段の下あたりの場所がいい」と聞いていたので、急いでそこに向かった。

　大滝は岩盤も崩れんばかりにあふれ落ち、しぶきは滝下に鎮座する飛滝《ひろう》神社の建物を越えて私が立つ石段下まで飛んできた。

　上空からは大杉の枝葉を貫いて大粒の雨が降り注ぐ。どちらのものか区別がつかない水滴にぬれながら見学した火祭りは、壮絶ですらあった。

　那智大社から神事を終えた十二基の「扇神輿」がゆっくりと石段を下りてくる。長さ六㍍、幅一㍍の細長い枠に赤い緞子《どんす》を張り、そこに金地に朱色の日の丸を描いた計三十二本の扇を飾りつける。最上段の扇からは金色の飾り板が周囲に張り出している。

　一方、大滝を見上げる飛滝神社からは十二本の大松明が「扇神輿」を迎えに出発する。割り板を桶《おけ》のように輪締めにしたもので、重さは五十キロもあるそうだ。男たちは柄《おけ》の先端を腰帯で支えるようにして持ち、階段を上る。近づくと熱いから、持ち手は重さと熱さでさぞ大変だろう。

　石段の途中で「扇神輿」と出会った大松明は円を描くようにして神輿を迎え、滝本《たきもと》に誘導する。松明の火で神輿を清める意味もあるという。

興味深いのは「扇ほめ」の儀式だ。烏帽《からすぼう》をかぶった神官が、檜《ひのき》でつくった「打松《うちまつ》」で呪文を空《くう》に描く所作をしたあと、神輿についている鏡を打つ。一基ずつ、これを十二回繰り返す。一連の神事を終えた「扇神輿」は大滝の前に整列する。田刈りの舞いなどが奉納されたあと、祭りは終わる。

「扇神輿」には扇の持つ霊力への信仰がある。扇の起こす風は相手に吹くと害毒、災難、害虫を吹き飛ばし、自分のほうに吹かせると福や力を呼び寄せるそうだ。そこで農家は稲作の害虫を祓《はら》い、商家は商売の繁盛を祈った。祭りの季節はちょうど稲が育つ時期でもある。農民たちは、それ自体を神とあがめた大滝の前で繰り広げられる祭事に、秋の豊作を祈念したのだろう。

火祭りの意味

大松明と大滝、つまり火と水という二大元素の「まぐわい」だとの説。そこに諸悪の消滅と諸善の創造を込めているという考え。火祭りの意味合いについては、いろいろな説がいわれてきた。それぞれ根拠があるのだろうし、長い間にいろいろな要素が重なって今の祭りになったということもあろう。

諸説の中で私は「神日本磐余彦《かむやまといわれびこ》（神武天皇）の熊野上陸の故事を儀礼化したもの」という伝承に惹《ひか》れる。

日の丸を描いた扇を貼《は》り合わせた「扇神輿」の先端部の金色の張り出しは「光《ひかり》」と呼ぶ。まさに輝く太陽である。「扇神輿」の列は「天つ神」の隊列を表わしたものに映る。石段の上から降りてくる東征軍を、松明をかざした地元の民が迎えるという構図である。

『記・紀』伝説によれば、熊野の山中で難儀した神武軍に八《や》咫《た》烏《がらす》が舞い降り、道案内をした。烏帽をかぶった神官が「扇ほめ」の神事を行うあたりも、神武伝説を思い起こさせる。

私は、八咫烏は物部一族（高倉下《たかくらじ》）に関係のある地元の豪族ではないかと考えている。「扇神輿」と大松明の出会いと融合は、海から上がってきた神武一行に高倉下が「パワー」を付与する儀式だったのかもしれない。神武伝承に由来した祭りが、時代を経るにつれて農耕祭の色合いを強めていった、と解釈できないだろうか。

天地開闢を思い浮かべる

祭の終わりに、轟々《ごうごう》と響く大滝に向かって十二基の「太陽」が整列した。私の脳裏にふっと「万物の生成」とい

神事の後は、五穀豊穣を願う田刈りの舞などが奉納されて祭りは終わる

う一語が浮かんだ。それは『日本書紀』がその冒頭で語る天地開闢《かいびゃく》の光景を思わせた。

昔、天と地がまだ分かれず、陰陽《いんよう》の別もまだ生じなかったとき、鶏の卵の中身のように固まっていなかった中に、ほの暗くぼんやりと何かが芽生えを含んでいた。やがてその澄んで明らかなものは、のぼりたなびいて天となり、重く濁《にご》ったものは、下を覆《おお》い滞《とどこお》って大地となった。澄んで明らかなものは、一つにまとまりやすかったが、重く濁ったものが固まるのには時間がかかった。だから天がまずでき上がって、大地はその後でできた。そして後から、その中に神がお生まれになった。

（宇治谷孟《つとむ》著『全現代語訳　日本書紀』講談社学術文庫）

こぼれ話

◉10個の太陽

古代中国の神話、伝説書『山海経《せんがいきょう》』などによると、宇宙を支配した神（天帝《てんてい》）である帝・俊《しゅん》の妻が10個の太陽を生んだ。普段は毎日、扶桑という東方の神木の上部の枝から一つずつ順次昇り、西に隠れる。ある時それらが一斉に出て万物が焼けた。困窮した人びとのため九つの太陽を弓で射落として救った堯《ぎょう》が、推されて英雄的な天子になった、という。太陽に烏（カラス）が載るとか、射落としたのは部下などとする説もある。後世に伝わった複数の神話が、この壮大な物語を混乱させたらしい。その舞台が東方との記述も興味深い。この太陽神話が、熊野と関連する可能性もありそうだ。

布留遺跡

モノノフ軍団　足跡今も

古代豪族・物部一族の高倉下《たかくらじ》が天から降った刀剣・韴霊《ふつのみたま》で神日本磐余彦《かむやまといわれびこ》（神武天皇）一行の危機を救ったという逸話は、物部氏の帰順を表す出来事だと思う。『古事記』は「この刀は石上《いそのかみ》神宮（奈良県天理市）に坐《いま》す」と付記しているから、物部氏が祀《まつ》ったのだろう。

王権勢力拡大の先兵に

物部氏は帰順の恩賞としてヤマト王権の軍事と祭祀《さいし》をつかさどる有力氏族になった。武士《ぶし》は「モノノフ」とも読む。「モノノフ」は物部から由来する言葉である。ヤマト王権の軍事部門を担当した物部氏は、王権の勢力拡大の先兵として各地へ派遣された。

神話学者の松前健氏は著書『大和国家と神話伝承』（雄山閣）で、物部氏などが五、六世紀ごろ「大和朝廷」の代官として霊剣・韴霊を奉じ、鉄器製造に携わる鍛冶部《かぬちべ》や司祭者集団の若宮部《わかみやべ》を伴い、各地を征討・鎮定したらしい証拠がある、と説いている。

奈良県天理市の石上神宮の西側は布留遺跡の地。夕暮れの畑のビニールが街灯に染まり、遠くに天理教の建物が並ぶ

若宮部の奉斎神が経津主《ふつぬし》（韴霊の神霊）であった。『日本書紀』には経津主が天下を巡って平定したという話や、出雲の国譲りで経津主が大己貴《おおなむち》（大国主の別名）を帰順させる話が出ている。また『肥前国風土記』の三根《みね》郡物部郷のくだりにも物部若宮部が社を建てて物部経津主神を祀ったという話がある。松前氏は、これらの話が「史実を反映している」というのだ。

物部氏は、ヤマト王権の代理として、自分たちにつながる高倉下が神武に行ったと同じような帰順儀式を各地で実行してまわった。平定された豪族や部族の長たちは、物部と同様に服従の証《あかし》として刀剣などを献上した。そしてそれらはヤマト王権の武器庫に収納された。

ヤマト王権の武器庫

その武器庫は最初、初期のヤマト王権の勢力地だった磐余《いわれ》（三輪山の麓《ふもと》）に近い今の奈良県桜井市忍坂《おっさか》にあったようだ。古代史学者の和田萃《あつむ》氏は、雄略天皇の没後に王権の武器庫が忍坂から同県天理市・石上の地に移され、それを契機に物部氏による祭祀が開始された、と推測している（『大神《おおみわ》と石上《いそのかみ》』筑摩書房）。

『日本書紀』によれば、天武天皇は在位三年目の八月に忍壁皇子《おさかべのみこ》を石上神宮に遣わして、膏油《こうゆ》で神宝の武器を磨かせた。同じ日に「そこに納められている以前からの諸家の宝物はみんな、それらの子孫に返せ」と命じているのである。

これは何を意味するのだろうか。

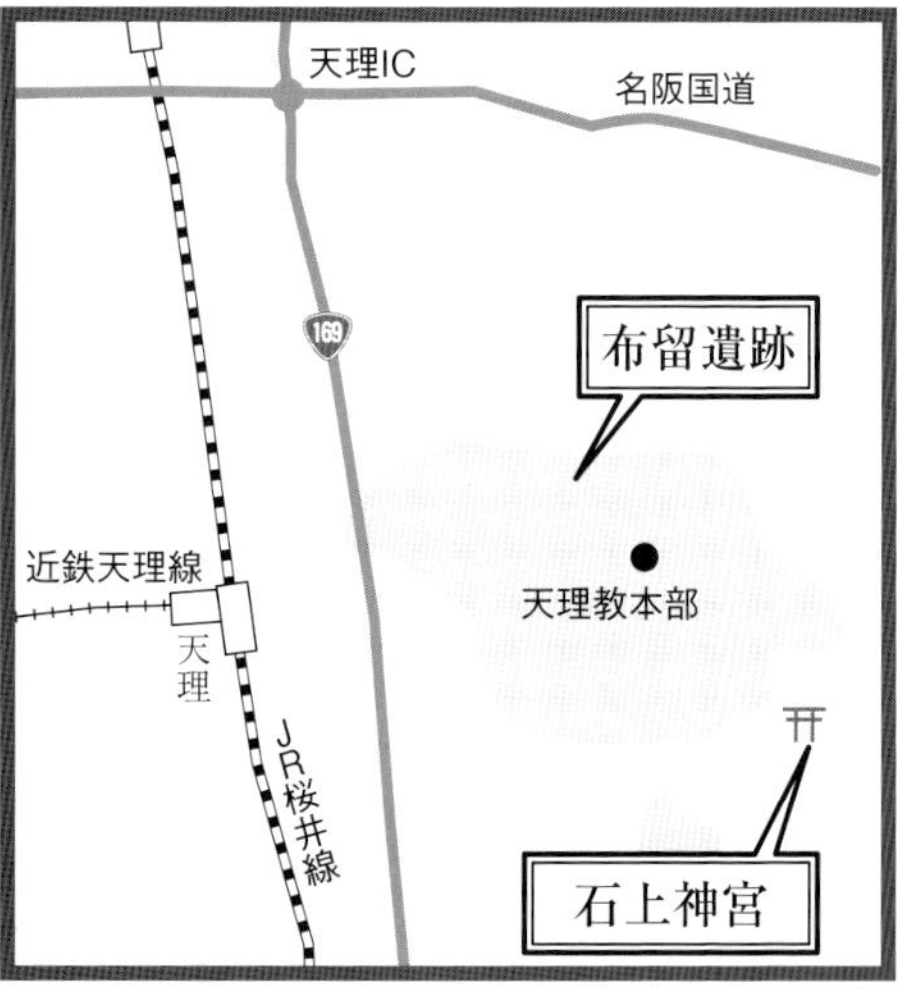

【紀行メモ】

◉布留遺跡

住所：奈良県天理市布留町（布留町付近約2キロ四方）

交通：JR・近鉄天理駅から徒歩20分

問い合わせ：0743（63）8414（天理参考館）
0743（67）1626（埋蔵文化財天理教調査団）

私は物部氏がヤマト王権のために各地の帰順者からかき集めた刀剣類を、

所有者に戻したのだと思う。天武朝になって王権の力がゆるぎないものになり、「服従の証」を返還しても反抗などはないと判断したからであろう。
松前氏は講演でその間の事情を次のように語った。
「地方の神聖土侯の持っていた呪宝《じゅほう》、レガリア（王権の象徴）を大和朝廷が取り上げることは、彼らの呪力、土地人民を治める霊的な力、一種のカリスマを取り上げて中央集権の実をあげようとする、いわば地方豪族制圧策だった」「天武三年といえば、もう律令制が始まってきたから、地方豪族の呪力の根源であったレガリアを、中央に置いておく必要もなくなった」（朝日ゼミナール『古代日本の権力者』）
「物部神社」が各地にあるのは、広い物部氏の分布に加えて、モノノフ軍団の活躍の結果であろう。高倉下の帰順儀式が行われたと私が推測する熊野川の中洲「大斎原《おおゆのはら》」に後代、本宮大社が建てられたように、全国各地の帰順のゆかりの地に物部神社とか「フツ」を頭に冠した神社ができたのではないだろうか。師霊も一本ではなく、全国平定の先頭に立った物部の武将たちが携えた神剣の一般名詞だったのかもしれない。

鍛冶遺跡と伝承の刀剣

それにしても、高倉下が神武に献上したという師霊はどんな刀剣で、どこでつくられたものだろうか。

明治新政府のもと、官幣大社になった石上神宮に中央から大宮司として派遣された菅政友《かんまさとも》は、本殿を建設する調査のため明治七年（一八七四）に拝殿奥の「禁足地」を発掘した。そこから出土した刀剣を「師霊」として新築し

こぼれ話 ◉七支刀《しちしとう》

石上神宮を代表する文化遺産のなかに、神宝・七支刀がある。長さ約75センチで鉄製、ヤリ先の下、両脇の交互に3本ずつの枝刃がついた形をしている。『日本書紀』の神功皇后時代の部分に記す七支刀のことだとされ、これは「ななつさやのたち」と読む。372年に朝鮮半島の百済からもたらされたとの見方が有力だ。かつては『日本書紀』通りに、献上説が有力だった。しかし近年、金線で刃に象眼された60余文字の銘文の研究などが進展。中国・前燕《ぜんえん》の進出に伴う高句麗の南下に備えた百済が、日本の王権との同盟を固めた際の「記念品」との見方が強まってきた。石上神宮には多くの歴史ドラマが秘められている。

石上神宮の夜明け。境内のニワトリの一鳴きで一日が始まる

た本殿に祀ってある。片方に刃がついた長刀だという話はあるが、だれも見ることができないため、それが伝承の刀剣であるかどうか確かめるすべはない。

想像をたくましくすれば、師霊は石上神宮近くの「布留《ふる》遺跡」でつくられたのではないか。布留遺跡は現在の天理教本部を中心に広がる、縄文・弥生・古墳時代にわたる一大遺跡である。

この遺跡からは鍛冶《かじ》がらみの遺物がたくさん出土している。残った鉄かすは鉄を溶かした炉がそこにあったことを物語る。また、鉄のはさみが出ているから、金属工房があったことも確実だ。

さらに、刀剣も製作された模様だ。水分のおかげで保存がよかった木製品の刀の把《つか》や鞘《さや》が多数発見されたからである。

長年、布留遺跡の発掘に携わってきた天理参考館学芸員の山内紀嗣氏は「五世紀の初めに、この地で刀剣などの武器をつくっていたことは間違いありません。鉄の素材は中国や朝鮮から運ばれてきた。製作には大陸の技術や渡来人の関与があったでしょう」と語る。

布留遺跡は石上神宮が創建される以前から物部氏の勢力地であったのだろう。となれば物部氏のレガリアがそこでつくられた、と考えたくなる。

鍛冶遺跡などから判断して、布留が一番活況だったのは五、六世紀のことだったという。一方、石上神宮の禁足地から出土したとされる刀剣の製作年代など詳細は明らかでない。だから、師霊がそこでつくられたというのは、いまのところ私の推測の域を出ない。

石上神宮

闇の中 ふるい立て 魂

奈良県天理市。縄文時代からの遺物が出土する布留《ふる》遺跡の中心に位置する天理教本部から山手に少し行くと、物部一族の総氏神という石上神宮《いそのかみ》がある。

この物語を書くにあたって見ておきたい神事があった。毎年十一月二十二日の晩に催される「鎮魂祭《みたまふりのまつり》」である。

物部氏に伝わる『先代旧事本紀《せんだいくじほんぎ》』などによれば、物部一族の高倉下《たかくらじ》が熊野山中で神日本磐余彦《かむやまといわれびこ》（神武天皇）に献上した刀剣・韴霊《ふつのみたま》は、神武天皇の即位後、高倉下の異母弟にあたる宇摩志麻《うましま》治命《ぢのみこと》の手で宮中に奉祀《ほうし》された。

この際、宇摩志麻治が父の饒速日《にぎはやひの》尊《みこと》から継承した十種瑞宝《とくさのみずのたから》も一緒に祀られた。その後、第十代崇神《すじん》天皇の時代に韴霊と十種瑞宝を石上布留高庭《いそのかみふるのたかにわ》にうつしたのが石上神宮の創祀《そうし》といわれる。

十種瑞宝には死人をも生き返らせる呪力《じゅりょく》があるとされてきた。鎮魂祭はその宝物の不思議な力を感得し、参列者も魂を「ふるい起こす」パワーをもらうという行事だ。神武天皇と皇后の長寿を祈ったという伝承に基づく儀式が、歴史を生き抜いて綿々と続いてきた。大和は格別の時間軸をもったところである。

【紀行メモ】

◉石上神宮

所在地：奈良県天理市布留町
交通：JR・近鉄天理駅からバス、石上神宮前下車すぐ
鎮魂祭：例年11月22日
問い合わせ：0743（62）0900

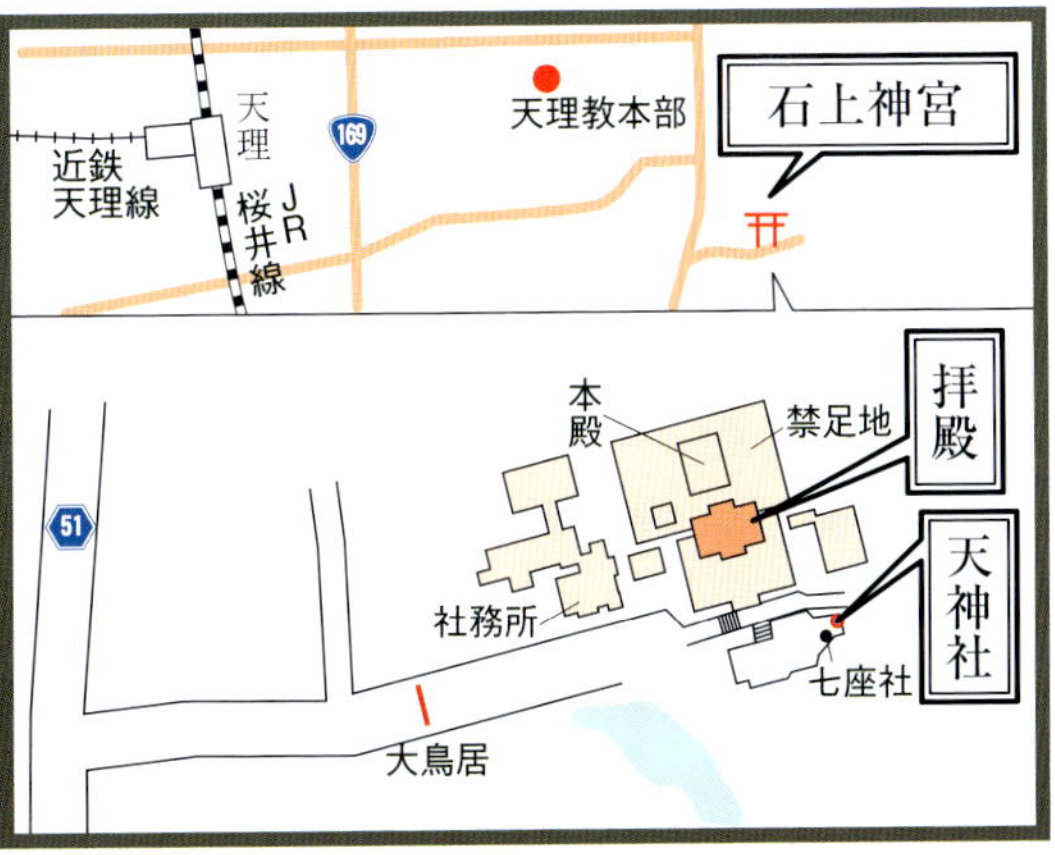

石上神宮の鎮魂祭

陽《ひ》が落ちると社の森は寒気に包まれる。夕刻五時、神事は摂社である天神《てんじん》社《じゃ》・七座社《ななざしゃ》の前での例祭から始まった。天神社は高皇産霊神《たかみむすひのかみ》と神皇産霊神《かむみむすひのかみ》を祀る小さな社だ。石上神宮に高皇産霊が祀られていること、鎮魂祭に先立って宮司らがそこに参拝することに興味をひかれた。しかも、天神社は参道を挟んで拝殿の南側、拝殿より高い場所にある。

私は物部一族の大本《おおもと》の祖先神は高皇産霊ではなかったか、と考えている。だからその神を祀る場所を一段高くして敬意を表し、鎮魂祭に先立って「ごあいさつ」をするのではなかろうか。

そのことに確証はない。石上神宮は明治初年に官幣《かんぺい》大社になった。国家管理が強まる中で、儀式のやりかたなどがいろいろ変わったそうだ。天神社・七座社の計九座の神々のうち、高皇産霊を含む八座は宮中に祀られている八神でもある。鎮魂祭前にこれら摂社に参拝する手順は「皇室重視」として明治期に付け加えられたのかもしれない。

石上神宮は傾斜地に社殿が点在している。天神社が拝殿より高所にあるのも単に地形上の配置という可能性もある。私はそれでもなお、高皇産霊を祀る社が物部一族の総氏神で大事にされてきた事実にこだわりたい。

奈良県天理市・石上神宮の「鎮魂祭」。拝殿の外にいた参列者もお祓いを受ける

魂をふるい起こす祭り

さて、鎮魂祭である。鎮魂《ちんこん》というと荒ぶる魂、祟《たた》る魂、中空をさまよう魂を「しずめる」といった解釈が通例だが、この神事は魂を「ふるい起こす」ところに特徴がある。

沈滞する魂を元気づけるという行為は、太陽の力が衰える時期にそれを活性化させようという太陽信仰に源流がある、という。

ふと、伊良湖水道に浮かぶ三重県鳥羽市の神島に伝わるゲーター祭りを思い浮かべた。元旦の夜明け、グミの枝を束ねて太陽をかたどった輪（アワ）を、男たちが手にした竹で突き上げる奇祭だ。

私は、三島由紀夫の小説『潮騒《しおさい》』の舞台となったこの島に一泊し、寒風吹きすさぶ浜辺でゲーター祭りを見学したことがある。それは、弱った太陽を再生させる儀式のように見えた。

石上神宮の鎮魂祭は「新嘗祭《にいなめさい》の前日」と決まっている。新たな収穫、つまり「再生」を神に感謝する祭りとセットになっているのだろう。

鎮魂祭の舞台になる国宝の拝殿にはたくさんの参拝者が座り、そのときを待つ。拝殿下の中庭に大きなテントがふたつ張られ、そこも参拝者でいっぱいだ。夜の帳《とばり》とともに訪れる冷え込みは、拝殿の空気をより厳粛なものにする。

森正光《まさてる》宮司が祝詞《のりと》を奏上、この祭礼の由来を述べた。その後、宮司と禰宜《ねぎ》が拝殿奥の御簾《みす》の中に入った。周囲の電気が消された。いよいよ本番だ。

二本のろうそくの灯が御簾をぼ

三重県鳥羽市、神島のゲーター祭り。グミの木で作った輪は太陽。島民は竹竿で高く持ち上げ競り合い日の出前に地上に降ろす

んやり浮き出させるだけで、その中は見えない。そこから低くゆったりした宮司の声が聞こえてきた。

一《ひと》、二《ふた》、三《み》、四《よ》、五《いつ》、六《む》、七《なな》、八《や》、九《ここの》、十《たり》

次に鈴の音とともに禰宜の、これも低くゆったりした声。

ふるべ　ゆらゆれと　ふるべ

これが闇のなかで何度も何度も繰り返される。鈴と、十種瑞宝をかたどった紙を入れた袋をぶら下げた一メートルほどの榊《さかき》を、ゆらゆらと振っているらしい。

饒速日が降臨の際に持っていた十種瑞宝は鏡、刀、玉、比礼《ひれ》（スカーフのような布）だったという。宮司と禰宜が繰り返した呪言《じゅごん》とともに、それらの品々を振り動かせば「痛みは癒《い》え死人も蘇生する」呪力を発揮するという言い伝えに基づく所作である。

大神様のパワーを感じて

古代の神殿にいるような不思議な時間がすぎて、拝殿に電気がついた。神威が宿った榊で参列者たちがお祓《はら》いをしてもらい、この石上神宮でも最も古い神事は終わった。

続いて神楽の奉納。舞ったのは女性ではなく、大刀を腰に差した男性だった。物部氏がヤマト王権の軍事をつかさどったモノノフ（武人）だったからだろうか。

鎮魂祭の最後に森宮司が「タマフルのフルはここの地名、布留にも由来します。みなさまも大神様のお力をいただかれて体の隅々まで蘇らせ、新しい年をお迎えください」とあいさつした。

私も体内に何かパワーをもらったような気がした。

こぼれ話 ◉石上神宮禁足地

本殿周辺の「聖地」。相当古くからこう呼ばれている。これまでに少なくとも3回、工事などもあって多くの遺物が見つかっている。

1874年の菅政友・大宮司の調査では石室状の施設が判明。中から見つかった大量の碧玉《へきぎょく》製管玉や勾玉《まがたま》、石製品、大刀の柄頭《つかがしら》、銅鏃《どうぞく》などが伝えられ、他に剣なども出土したとされている。その多くは４～５世紀（古墳時代前～中期）の古墳への副葬品と共通している。かなり古い時代の祭祀の遺品だという見解が有力だ。しかし、後世の鏡が交じっていることなどから、古墳時代の祭祀遺跡説を疑問視する研究者もいる。

八咫烏神社

道案内担った聖なる使者

奈良県宇陀市の八咫烏神社

紀伊半島の熊野で神日本磐余彦《かむやまといわれびこ》（神武天皇）に加勢したという刀剣・韴霊《ふつのみたま》の霊威に引っ張られて、奈良県天理市にある石上神宮まで行ってしまった。話を熊野山中に戻したい。

『記・紀』では、高倉下が神武軍を救う話のすぐあとに、道案内役として、八咫烏《やたがらす》が登場する。それは吉野・熊野の山道を知り尽くした地元の豪族の長《おさ》だろう。彼らも物部一族で、高倉下の指揮のもと神武支援に動員されたのではなかろうか。

『記・紀』にみる八咫烏

八咫烏が登場する場面を『古事記』に見てみよう。いまの言葉にすると、あらまし次のようだ。

高木大神《たかぎのおおかみ》（＝高皇産霊尊《たかみむすひのみこと》）が「ここから先には、荒ぶる神がたくさんいるから、天つ神の御子《みこ》をどんどん奥の方へ行かせてはならない。天上から八咫烏を派遣するから、それについて進みなさい」といわれた。そこで、いわれた通りにして、吉野川の川べりにお着きになった。

『日本書紀』の同じ場面は、こうなる。

　神武一行は、さらに内陸部に進もうとした。しかし、険しい山岳に阻《はば》まれ、立ち往生した。そのとき神武がみた夢に天照大神《あまてらすおおみかみ》が現れ「頭八《やた》咫烏《のからす》を遣わし、それに案内させる」という。その通り飛んできた烏を見て、神武は「これは良い夢の通り、大したことだ。祖先の天照大神がわれわれを助けてくださる」と大喜びした。一行は烏を見上げながら追いかけ、宇陀の地にいたった。

『書紀』は「頭八咫烏」と上に「頭」を付けている。岩波文庫の注釈は「頭の大きかったことを示すものか」としているが、それだけ大きな烏ということだろう。

　天上から高倉下に韴霊を落とさせたのは、『古事記』では天照と高皇産霊の二神だが、『日本書紀』は天照の単独指示としている。一方、八咫烏を派遣したのは『古事記』では高皇産霊、『日本書紀』では天照、と異なっている。

高皇産霊・物部氏・八咫烏の接点

　私は、高皇産霊は物部一族の大本の神ではないかと考えている。その神が神武を助けるよう高倉下と八咫烏に相次いで指令を出すのだから、八咫烏も高倉下と同じ一族と考えるのが自然だ。

　「高皇産霊」「物部氏」「八咫烏」を結ぶ糸は、もう一本ある。

　「熊野権現の使者」として熊野三山でもよくお目にかかる八咫烏は三本足の烏のことだ。それは「太陽神の使い」

【紀行メモ】

◉八咫烏神社

所在地：奈良県宇陀市榛原区高塚

交通：近鉄榛原駅南口改札からバス約10分、高塚下車すぐ

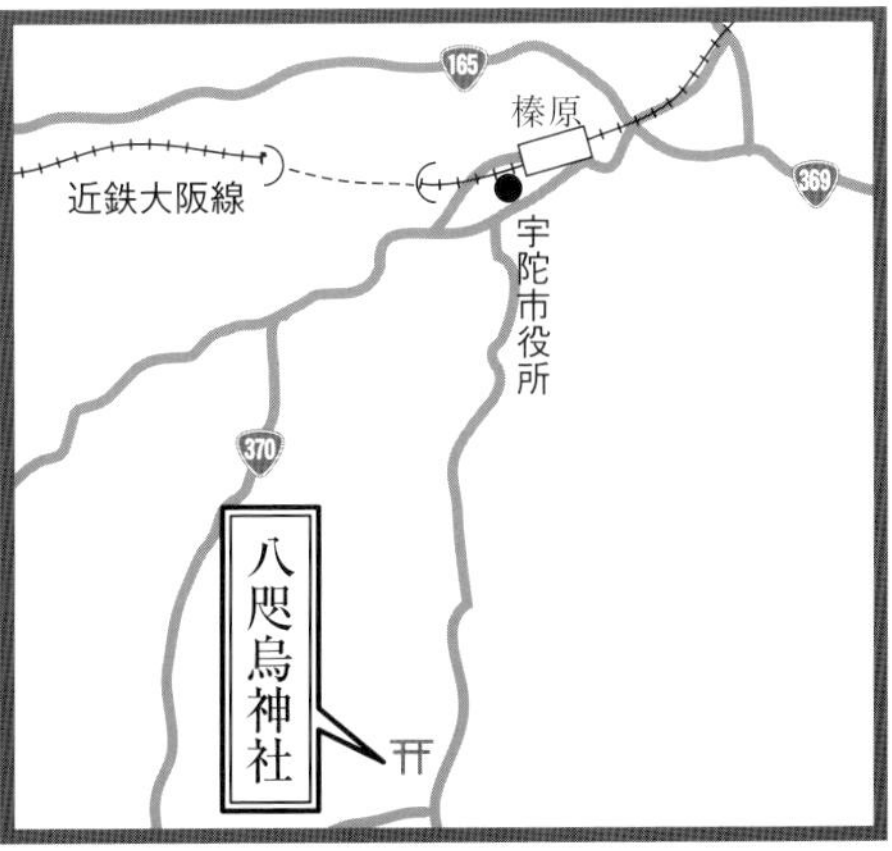

でもあった。

中国・前漢時代の思想書『淮南子《えなんじ》』の中に「日の中に踆烏《そんう》がいる」という記述があった。後漢時代の学者がそれを、「3本足の烏のことだ」と解説した。

古代中国は異形の動物を神聖視した。それが太陽に棲《す》んでいるとなれば、なおさら聖なる使者として尊敬される。その思想は朝鮮に伝わり、六世紀の高句麗の古墳壁画には、天孫の象徴として三本足の烏が描かれているという。

八咫烏は高句麗、新羅のルートをたどって日本に伝わった可能性がある。そうした地域の民族は、祖先神が天上から降臨したという垂直的な世界観を持っていた。八咫烏にはユーラシアの平原を馬で駆け巡った騎馬民族の香りがただよう。それは高皇産霊が発するのと同じ香りだ。八咫烏が物部一族ではないか、と私が推測する所以《ゆえん》である。


神武東征伝説の残る奈良県の菟田野《うたの》から榛原《はいばら》に向かう道沿いに、その名もずばり八咫烏神社がある。玉砂利が敷かれた境内に建つ案内板には「『続日《しょくに》本紀《ほんぎ》』に慶雲二年（七〇五）九月、八咫烏の社を大倭《やまと》国宇太《うだ》郡に置いて祭らせたことがみえ、これが当社の創祀《そうし》」と書いてあった。

拝殿の脇に、サッカーボールを頭の上に乗せたユーモラスな表情の八咫烏の石像が鎮座している。何の説明もないので神社入り口のお宅で訪ねたら、宮司のお母さんが「二〇〇二年のワールドカップ日韓戦を記念して地元の人が建ててくれました」と教えてくれた。そういえば、八咫烏は日本サッカー協会のシンボルマークである。

葛城の鴨氏との関連

平安時代に編さんされた氏族名鑑で

こぼれ話

◉鴨都波の遺跡群

奈良県御所市の葛城山麓にあり、弥生～古墳時代の多くの重要な遺跡が分布している。その一角で2000年に見つかった鴨都波1号墳は4世紀（古墳時代前期）の小規模な方墳（20×16メートル）だったが、学界に衝撃を与えた。それは邪馬台国との関係が指摘されている4枚の三角縁神獣鏡。大型の前方後円墳などへの複数副葬が「学界の常識」なのである。「三角縁神獣鏡の重要性」に疑問を唱えてきた学者らも勢いづいた。ほかに朝鮮半島との縁があるヨロイや剣、矢を入れる容器、玉類なども出土した。被葬者は顔に魔よけ用らしい水銀朱を塗られた男性で、葛城氏と呼ばれる有力豪族の一員だった可能性もある。

ある『新撰姓氏録《しんせんしょうじろく》』によれば、八咫烏は鴨県主《かものあがたぬし》の祖とされている。

奈良県の葛城地方に勢力を張った鴨（賀茂）氏や、下鴨、上賀茂神社で知られる山城（京都府南部）の鴨氏と、どう関係するのだろう。

古代の葛城に詳しい平林章仁・龍谷大教授に聞くと、鴨県主は山城の鴨氏の祖先で、大和（葛城）の鴨氏には八咫烏伝説は継承されていないという。

「奈良県御所市の鴨都波《かもつば》神社の一帯に広がる鴨都波遺跡から、弥生時代前期までさかのぼる遺物が出土しました。大和の鴨族は山城の鴨族より古い歴史を持つ氏族ではないかと考えています」と平林氏は語る。

『山城国風土記』には、山城の鴨の祖先神がまず葛城の峰に宿り、そこから山城にいたった、と記されている。

平林氏の言うとおり、鴨氏は葛城地方に定着した古い氏族で、そこから山城地方へ分派した。その分派一族が、自分たちの家系の「格」を上げるために、神武を助けた八咫烏を祖先神にしたのではなかろうか。

本家筋である大和の鴨氏に八咫烏伝説が伝わっていない理由も、それで説明できる。

宇陀市榛原区高塚にある八咫烏神社の石像は、ワールドカップ記念のサッカーボールを頭に乗せていた

コラム　日本書紀は語る3——《国栖の民》

熊野山中の難路を頭八咫烏《やたのからす》（八咫烏）の道案内で進んだ神武軍は、宇陀《うだ》の豪族兄弟である兄猾《えうかし》・弟《おとう》猾《かし》を陣営に呼んだ。

弟はやってきて帰順したが、兄は従わない。弟によれば、兄猾はもてなすように見せかけて襲いかかる計画を立てているという。それを聞いた神武は道臣命《みちのおみのみこと》を遣《つか》わして兄を追い詰め、殺した。戦勝の宴で神武は、こんな歌をうたって兵士たちをねぎらった。これを来目歌《くめうた》という。

宇陀で鳥わなを張ったら、たくさん捕れた。古女房が獲物をほしがったら身のないところをやれ。若い女房がねだったら、身の詰まったところをうんとやれ。

一行が吉野に着いたとき、井戸の中から体が光って尻尾のある者が出てきた。「何者だ」と問いただすと、「ここの国つ神で、イヒカ（井光）といいます」と答えた。彼らは吉野の首《おびと》の先祖である。

さらに進むと、尾のある人物が岩を押し分けて出てきた。神武が「何者だ」と聞いたら、「イワオシワクの子です」と答えた。彼らは国栖《くず》の先祖である。

また川に沿って行くと、ヤナを作って漁をしている者がいた。「ニエモツの子です」といった彼らは阿太に住む鵜飼《うかい》の先祖だ。

解説

神武一行は吉野でさまざまな地元民に出会う。海の民にとって、ほら穴や岩の陰に住んでいた人は珍しく映り、井戸や岩から出てきたと思ったのではないか。井光《いかり》は奈良県川上村、国栖は奈良県吉野町、阿太（阿田）も奈良県五條市の地名として残っている。

吉野町南国栖にある浄見原《きよみはら》神社は「国栖奏《くずそう》」を今に伝えている。吉野川の斜面にへばりつくような小社で毎年旧正月に演じられる翁舞《おきなまい》である。私も、小雪がぱらつくなかで、ゆったりと優雅な舞、口を軽くたたいて笑う所作を見学した。

神前には吉野川のウグイや、生きたアカガエルなどが供えられていた。アカガエルは昔の山人にとってごちそうだったそうだ。

国栖奏は、吉野を訪れた応神天皇に一夜酒をふるまった地元の民が舞ったのが始まりといわれるが、天武伝説と深く結び付いている。兄の天智天皇から逃れた大海人《おおあま》皇子（後の天武天皇）は、壬申《じんしん》の乱までの八カ月ほど吉野に潜伏した。その間、国栖の村人の支援を受けたことを天武は忘れず、宮中でも舞われるようになったそうだ。

海神社

海の民　山中に足跡刻む

東《ひむがし》の　野にかぎろひの　立つ見えて　かへり見すれば　月かたぶきぬ

万葉歌人・柿本人麻呂のこの歌は、いまから千三百年前に阿騎野《あきの》（現在の奈良県宇陀《うだ》市大宇陀区）で詠まれた。阿騎野は朝廷の狩りの場だった。

冬の早朝、しんしんと冷え込む高原で東の空に「かぎろひ」（日の出前の陽光）が立った。深紅の光が山々のシルエットを浮き立たせ、振り返ると月が西の山あいに沈んでゆく。雄渾《ゆうこん》な歌である。

地元では旧暦の十一月十七日に「かぎろひを観《み》る会」を催している。もとが旧暦だから毎年、日にちが変わる。私も厚着をして出かけるが、その日にきれいな「かぎろひ」を見るのは難しい。気温が高かったり、雲があったりしたら見られないからだ。それでも全国から万葉ファンがやってくる。大和はそんなところだ。

二つの海神社

「かぎろひ」の地からさして遠くない宇陀市室生《むろう》区に、海神《かい》社が二社ある。海岸から遠く離れた山中に「海」神社とは。奇異に思えるが、考えてみれば不思議ではない。

【紀行メモ】

◉海神社①
所在地：奈良県宇陀市室生区大野
交通：近鉄室生口大野駅から南へ徒歩約3分

◉海神社②
所在地：奈良県宇陀市室生区三本松
交通：近鉄三本松駅から徒歩約10分

神話で、熊野に上陸し、大和をめざした神日本《かむやまと》磐余《いわれ》彦《びこ》（神武天皇）は、彼

宇陀市の近鉄室生口大野駅前にある海神社参道から見下ろすと、一帯は桜が満開だった

らより一足先に熊野や吉野にきていた海人《あま》たちの支援を頼りにしたことだろう。東征伝承が残る道筋に海のにおいがするのは当然といえる。ヤマト王権の創始者たちは海人系だったからだ。

海神社のひとつは、近鉄大阪線の室生口大野駅から磨崖仏《まがいぶつ》で有名な大野寺へ向かう道筋、旧室生村役場の裏手にある。

主祭神は豊玉姫命《とよたまびめのみこと》（豊玉毘売）だ。神武の母方のおばで父方の祖母にあたり、彼の母と同じ海神《わたつみ》の娘である。趣《おもむき》のある本殿は奈良県の指定文化財になっている。

神社の由来を知りたくて、宮司のお宅を訪ねた。先代宮司の勝田勲氏が、こんな話をしてくれた。

「祝詞《のりと》などでは、この神社を『わたつみのかむやしろ』と読んできました。古代、海人族がこのあたりに移り住んだといわれています。私もその子孫ではないかと思います」

もうひとつの海神社は、隣駅である三本松駅の近く、国道165号に沿って流れる宇陀川を渡ったところにある。

入口に立てられた石板によると、昔は善女竜王《ぜんにょりゅうおう》社とよばれていたが、明治時代になって海神社と改称したそうだ。祭神はこちらも豊玉姫命である。

名前も祭神も同じ神社が近接して鎮座しているのは珍しい。ふたつの海神社はヤマト王権の創始者の足跡をしのばせる。「海」の名をつけたり、海神の娘を祭神にしたりするのは、その地に古くから海神信仰があったからではないだろうか。それは、海から入り込み、定住した人びとが語り継いできたものに違いない。

谷川健一編『日本の神々4　大和』（白水社）によると、奈良県下には、下市町立石と西吉野村（現五條市）夜中にも海神社があるという。いずれも海人系の内陸への進出と関係があるはずだ。移動や定住がいつごろ行われたかはわからない。だが、歴史時代のはるか以前から黒潮に乗ってやってきた人びとが、海岸地帯から紀伊半島の山《やま》懐《ふところ》に入り込んでいったことは想像に難くない。

東征の水先案内人

「椎根津彦後裔氏族《しいねつひここうえいうじぞく》の関係地名分布図」。そんな説明のついた一枚の地図が目をひいた。

歴史学者・黛弘道氏の論文「海人族のウヂを探り東漸《とうぜん》を追う」の中で出会った地図だ。『日本の古代8　海人の伝統』（中央公論社）に収められている。

地図によれば、「和田」「和田山」「大和田」「和田峠」といった地名が、熊

こぼれ話

◉宇陀の方形台状墓

京都・丹後半島など日本海側で弥生時代初め、長方形か方形の台のような特異な「方形台状墓」が登場。２世紀ほど遅れて同タイプの西峠・キトラ山墳墓群などが奈良県宇陀市の近鉄榛原駅一帯にも出現した。大型の前方後円墳が同県桜井市・纒向《まきむく》に現れ始めた弥生末～古墳時代初期にあたり、宇陀は「独自路線」だったらしい。５世紀、宇陀地域でもようやく前方後円墳が築造されるが、大半は全長20～30メートルの小型墓にとどまる。前方後円墳がヤマト王権との政治的関係のシンボルとする「前方後円墳体制論」からすると、宇陀に異なる勢力があったと想定される由縁のひとつだ。

宇陀川沿いにある海神社

野から吉野、宇陀に集中している。そしてそれは、神武東征伝承の残る地域とほぼ重なっているのだ。

　椎根津彦（これは『日本書紀』の表記で、『古事記』では槁《さお》根津日子）とはいったい何者か。

　神話によると、九州から大和をめざして船出した神武軍は、速吸之門《はやすいのと》（豊予海峡、明石海峡など諸説がある）で小舟に乗ってきた漁師に会う。「お前はだれか」と尋ねると「国つ神です」と答える。「海路を知っている」というので、従者にしたという。椎根津彦の名前は椎の棹《さお》を差し出して乗船させたことに由来する。

　『日本書紀』によれば、椎根津彦は神武の側近として大和入りし、神武即位後の論功行賞で倭国造《やまとのくにのみやつこ》に任命された。

　黛氏は平安時代に編さんされた氏族名鑑である『新撰姓氏録《しんせんしょうじろく》』に「倭太《わた》、神知津彦命《かんしりつひこのみこと》の後《すえ》なり」とあるのに注目した。そして神知津彦は椎根津彦のことで、後世の和田は倭太の書き換えだとしたうえ、「和田は海洋民の名に由来する」と結論づけている。そういわれれば「倭太」「和田」は海の「わた」に通じる。

「倭太氏が神武東征の水先案内人椎根津彦命の後であることからすれば、同じく椎根津彦命の裔《すえ》とされる諸氏（大和・青海《あおみ》・倭太・物忌《ものいみ》・等禰《とね》）の分布と神武東征のコースにはなんらかの関連があってしかるべきである」。

　黛氏はそんなふうにも語っている。

地名に残る海人の歴史

　山中の「海の民」は、ヤマト王権の創始者たちより早くやってきた人たちだけとはかぎらない。王権の創始者が大和の地を制圧した後に、集団で移り住んだ人たちもいたことだろう。

　地名は歴史の証人だ。風景や住民は時代とともに変わっても、地名は長く残ることが多い。「和田」「和田山」「和田峠」といった地名の連なりは、海人族のたどった古代の道を今に伝える証拠といえるのではなかろうか。

コラム　日本書紀は語る④——《二人のハツクニシラス天皇》

神武元年の一月一日、天皇は橿《かし》原宮《はらのみや》で即位した。五十鈴媛《いすずひめ》（『古事記』では伊須気余理比売《いすけよりひめ》）を皇后に選んだ。二人の皇子が生まれた。神武天皇は「畝傍《うねび》の橿原に、柱を大地にしっかりと立て、屋根の千木《ちぎ》を上空に高々と掲げる立派な宮で、この国を初めて治められた天皇（始馭天下之天皇《はつくにしらすすめらみこと》）」として、神日本磐余彦火火出見天皇《かむやまといわれびこほほでみのすめらみこと》と名付けられた。

翌年春、神武天皇は東征の論功行賞をおこなった。道臣命《みちのおみのみこと》には宅地を賜り、築坂邑《つきさかのむら》に住まわせた。大来目は畝傍山の西の川べりに住まわせた。来目邑《くめのむら》というところだ。（東征で水先案内をした）珍彦《うづひこ》（椎根津彦《しいねつひこ》）は倭国造《やまとのくにのみやつこ》に任命された。また（反抗した兄とは反対に神武軍についた宇陀《うだ》の）弟猾《おとうかし》は猛田県主《たけだのあがたぬし》になった。彼は菟田《うだ》の主水《もひとり》の先祖だ。さらに弟磯《おとし》城《き》を磯城の県主にし、（高天原の命令で熊野の道を案内した）頭八咫烏《やたのからす》も論功行賞の対象になった。

神武四年春、天皇は「皇祖が私を助けてくださった。いま敵はもういない。そこで天つ神を祀《まつ》ってその恩に報いたい」と述べ、鳥見《とみの》山《やま》に拝所を設けて皇祖天神（高皇《たかみ》産霊尊《むすひのみこと》のことか）をまつった。

即位から三十一年の夏、神武は腋上《わきがみ》の嗛間《ほほま》の丘にのぼり国見をした。そのとき「なんと素晴らしい国を得たことか。狭い国ではあるが蜻蛉《あきづ》（とんぼ）が、となめ（交尾）しているように山々が連なり囲んでいる国だなあ」と語った。そこで、この国を「秋津洲《あきづしま》」と呼ぶようになった。

解説

「柱を大地に立て、千木を高く」という表現は、『古事記』の天孫降臨の場面や、出雲の大国主が国譲りの条件として自分の神殿を建ててほしいと要求する場面などにも出てくる。立派な建物を表す言い方なのだろう。

論功行賞に「来目邑」が出てくる。現在、奈良県橿原市にある橿原神宮の南側が久米町で、「久米の仙人」ゆかりの久米寺がある。奈良県御所《ごせ》市には掖上《わきがみ》という地名が残っている。近くに本馬の丘や神武社があり、「葛城王朝論」を唱えた鳥越憲三郎は、神武が即位した橿原宮はそのあたりにあった、と主張した。

『日本書紀』で神武は「ハツクニシラススメラミコト」と名付けられたが、古代には同じ名前の人物がもうひとりいる。第十代の崇神《すじん》天皇だ。

『日本書紀』は、天下に平穏をもたらした崇神天皇をたたえて「御肇国天皇《はつくにしらすすめらみこと》」と呼んだ。崇神はその実在が確実とされているから、ヤマト王権の初代天皇は崇神で九代の開化天皇までは後の創作、と考える史家も少なくない。

大汝参り

聖なる石　黒潮への記憶

「大汝《おなんじ》参り」も大和の山中に「海」を連想させる。

談山《たんざん》神社のある奈良県桜井市の多武《とうの》峯《みね》のふもとに伝わる秋祭りだ。

同県吉野町にある大名持《おおなもち》神社下の吉野川の河原で拾ってきた石を、祭礼の神事宿である当屋《とうや》の家に祀《まつ》り、地元の氏神の祭礼日まで預かる行事である。その河原は「潮生淵《しおがぶち》」といわれ、毎年六月末日に熊野灘の水がわき出るという言い伝えがある。

大名持神社は格式の高い古社。古く「大汝宮《おなんじのみや》」と呼ばれていた。大汝参りはその名に由来すると思われる。

『古事記』によると、黄泉《よみ》の国で変わり果てた妻に会い、逃げ帰った伊邪那岐命《いざなきのみこと》は日向《ひむか》の阿波岐原《あはきはら》で「穢《きたな》き国」に行ったわが身を清める禊《みそぎ》をする。それは塩水と真水が混じる河口付近ではなかろうか。この禊から天照大御神《あまてらすおおみかみ》や須《す》佐之男命《さのをのみこと》が誕生する。

ポイントは塩水であり、熊野である。遠い熊野の海水が湧くという場所で石を拾うしきたりは、神日本磐余彦《かむやまといわれびこ》（神武天皇）もそのひとりで

【紀行メモ】

◉**大名持神社**
住所：奈良県吉野郡吉野町河原屋
交通：近鉄大和上市駅から169号線を吉野川上流に向かって2㎞
問い合わせ：0746（32）2717

◉**下居神社**
住所：奈良県桜井市大字下
交通：JR・近鉄桜井駅からバス聖林寺下車、徒歩5分
問い合わせ：0744（42）9111（桜井市観光課）

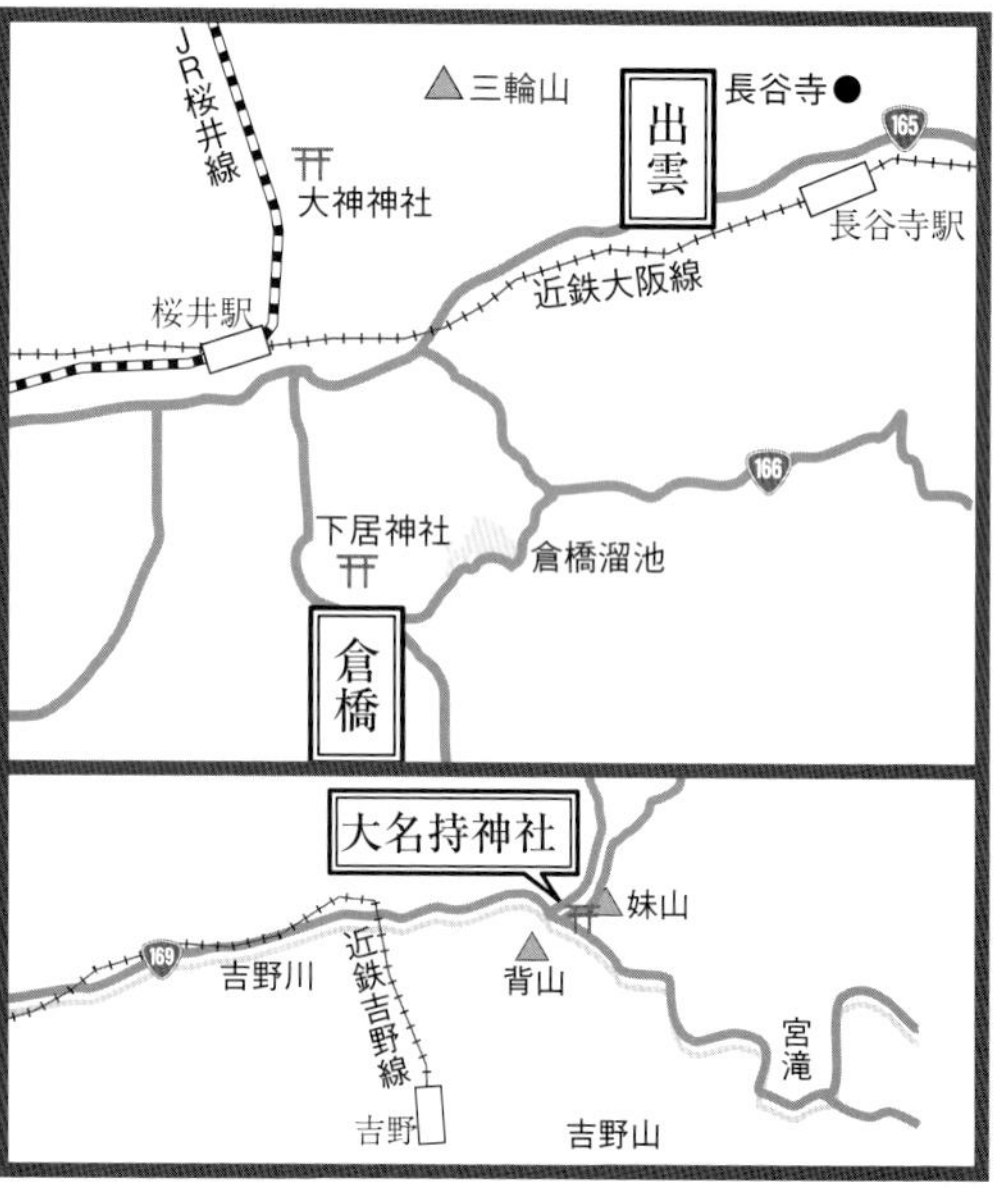

奈良県桜井市倉橋の東浦氏の庭。御仮屋を作って神を迎え、神送りの日まで神を預かる

あったろう海人《あま》の足跡をしのばせる。

　吉野川の水は古来「聖なる水」といわれた。熊野灘とつながりがあることも理由のひとつだろう。持統天皇は大名持神社の上流にあった吉野離宮に在位中三十一回も通った。そこは壬申《じんしん》の乱（六七二年）が起こる前の八カ月、大海人《おおあま》皇子（後の天武天皇）と逃避した場所だった。亡き夫との思い出に加えて、「吉野川の水」への深い信仰があったに違いない。

庭先に神を迎える

二〇〇七年十月一日、私は大汝参りの伝統を今に伝える桜井市倉橋地区の祭事を見学した。六世紀末、蘇我馬子に殺された崇峻《すしゅん》天皇の陵墓があるところだ。戦時中に出版された『和州祭禮《さいれい》記』に特記され、現在は桜井市の無形民俗文化財に指定されている。

　桜井の市街地から多武峯にのぼる街道沿いに暮らす東浦秀夫氏が、その年の当屋だった。庭先に御仮屋《おかりや》ができており、その中に子どもの頭大の平らな石が祀られている。

　御仮屋は割竹で二段重ねの円筒形の「聖なる場所」をつくり、中央に垂れ飾りの垂幣《しで》と収穫したばかりの稲穂をくくりつけた栗の木を立てたものだ。その栗の木が、迎えた神様の宿る場・神籬《ひもろぎ》になる。

　吉野川の石は九月の連休に子どもたちが拾ってきたという。昔は村の代表が「潮生淵」で禊をした。持ち帰った

下居神社。神送りの日は講の人たちによって御幣、神籬が奉納される

石を祀ることで村人全員が禊をしたことになるのだろう。

東浦家には近くの等彌《とみ》神社の宮司が招かれ、神迎え式が行われた。地元の下居《おりい》神社にお送りするまで二週間、当屋が神様をお預かりする。この神は、等彌神社の宮司によれば産土《うぶすな》の神だそうだ。

十月十四日の神送りの日にも、東浦家におじゃました。当屋の主人が白装束、講中の人たちは素袍《すおう》に烏帽子《えぼし》という姿で、円形に並べた日の丸扇を上部につけた御幣《ごへい》と神籬を先頭に、下居神社に向かう。御幣の形は那智の火祭りの扇神輿《おうぎみこし》に似ている。

下居神社に神籬を奉納するのは倉橋、浅古《あさご》、下《しも》の三地区である。倉橋の大汝参りの祭り講は十三軒で構成されていたが、いまは六軒に減ってしまった。六年に一度、当屋番が回ってくるから結構大変だ。

倉橋は参拝グループ・講中で一反（約千平方メートル）ほどの田地を所有している。江戸時代は、年貢を免除されたその田の米の代金で祭りの費用を賄ったという。いまでは「固定資産税を払う分だけお荷物」という声も聞かれる。

聖なる石を祀る風習

河原で石を拾う風習は、桜井市の三輪山のふもとの集落にもあった。その風習について、桜井の中心部から長谷寺に向かう国道沿いの出雲地区で興味ある話を耳にした。

出雲に生まれ育ち、郷土史を研究してきた榮長《えいなが》増文氏によると、出雲の下之郷集落では明治の頃まで熊野川へ川石を拾いに行き、それを「ミタマ石」として一年間「ヤカタ」という名の小さな祠《ほこら》に祀っていたそうだ。

ヤカタは竹で骨組みを作り、中に杉の葉を敷いて、その上にミタマ石を置いた。石を拾う場所は時代とともに熊野川から吉野川、さらに集落に近い初瀬川へと変わった。

聖なる石を祀るという形式が大汝参りとよく似ている。私は大汝参りの石拾いも当初は熊野川まで出かけたのではないか、と考えている。

郷土吉野に暮らし、二〇〇八年に亡くなった歌人、前登志夫《まえとしお》氏は著書『吉野紀行』（角川選書）の中で、大名持神社とその神社の森の妹山《いもやま》について次のように書いている。

「妹山が神霊のこもる畏怖《いふ》すべき山であったのも吉野川の水への信仰に発している。しかも熊野の黒潮への記憶が底流しているとも考えられるのだ」

妹山は太古の樹相を残し、神の居ます山という神奈備《かんなび》山だ。対岸の背山《せやま》と併せ、文楽や歌舞伎の出し物として名高い「妹背山婦女庭訓《いもせやまおんなていきん》」の舞台である。その地に「黒潮への記憶」を嗅ぎ取るあたり、この歌人の感性は鋭い。

大汝参りは、先に43頁で紹介した三重県大紀町の「ギッチョ」を思い起こさせる。真っ暗な海辺で神武天皇の神霊が宿るという小石を拾い、「オタカラ」として祀る正月の神事である。

海のかなたの異界である常世《とこよ》から善きものが渡来する。その霊が宿った小石を拾って祀る。海人たちがそんな信仰や風習を伝え、それが熊野の浜から大和まで引き継がれてきたのではなかろうか。

ギッチョや大汝参りを引き継いできた人びと、昔、熊野川まで出かけた出雲地区の人びと……。それらが赤い糸でつながっているように思えてきた。

こぼれ話

◉吉野離宮

656年に斉明天皇が造ったことが『日本書紀』に記され、万葉集にもうたわれている。奈良県吉野町宮滝（180頁の地図下参照）の国史跡・宮滝遺跡がその跡地とする見方が有力だ。戦前から発掘調査され、飛鳥時代の遺構も数多く確認されている。屋根の４面に庇をめぐらせ、太い柱で支えた大型の宮殿風の建物（東西13.5メートル以上）や、給排水装置を備えた瓢箪型の池（東西50メートル、南北20メートル以上）で構成された庭園などだ。この一体では縄文時代以来の土器なども見つかり、古くからの要地だったらしい。こうした文化遺産や宮の想定復元模型、史料などは近くの吉野歴史資料館で展示されている。

コラム　日本書紀は語る5――《吉野への逃避行》

　天智天皇十年（六七一）の秋、大海人皇子《おおあまのみこ》（後の天武天皇）は、重い病の床にあった兄・天智に呼ばれた。大海人は天智の娘・菟野《うのの》皇女《ひめみこ》（後の持統天皇）を娶《めと》り、皇太子になっていた。

　天智は寝所で弟に「皇位を譲りたい」ともらす。だが兄の性格を知る大海人は、それを真に受けなかった。そこに謀《はかりごと》のにおいをかいだ大海人は「私は病多い身で、とても国を治められません。どうか天下のことは皇后に託したうえ、兄上の嫡子・大友皇子を皇太子にしてください。私は出家して、陛下のために修行します」と述べ、許された。大海人はその日のうちに法衣に着替え、自家の武器を朝廷に納めた。

　一行は、嶋宮《しまのみや》を経て吉野宮《よしののみや》に入った。この様子を見たある人は「虎に翼を付けて放つようなものだ」と言った。

　吉野宮で、大海人は同行した従者たちに「私はこれから仏道修行をする。一緒に修行したいものは、とどまるがよい。また、近江の朝廷で名を得ようと考えているものは、そうしてくれ」と語った。しかし、だれも戻ろうとしない。もう一度、同じ言葉を繰り返したら、半分残り、半分は戻った。

　それから二カ月ほどたった暮れに、天智天皇は亡くなった。

解説

　古代最大の内乱・壬申《じんしん》の乱（六七二年）が起こる八カ月ほど前の、緊迫した場面である。天智は皇太子・中大兄皇子《なかのおおえのみこ》の時代に、有《あり》間《ま》皇子や蘇我倉山田石川麻呂《そがのくらやまだのいしかわまろ》に謀反の疑いをかけ死に追いやるなど、猜疑《さいぎ》心が強かった。息子の大友皇子に皇位をつがせたいというのが本音だったろう。大海人はそれがわかっていたので、誘いに乗らず、妻やわずかな従者を連れて吉野に逃れた。

　「虎に翼を付けて」の感想通り、大海人は朝廷に反旗をひるがえし、大友を追い詰め自害させる。

　吉野宮は、奈良県吉野町の吉野川沿いにある宮滝遺跡がそれというのが通説。そこには天智・天武の母である斉明天皇の宮があったという。大海人はそこに逃避して満を持した。

　途中に通った嶋宮は奈良県明日香村の石舞台古墳のあたりにあったといわれる。もともと蘇我馬子の邸宅だったが、馬子の孫の入鹿《いるか》が中大兄に殺された後、朝廷のものになっていた。

　そこから明日香村と吉野町の境である芋峠への古道が地元の人たちの手で整備された。明日香村の栢森《かやのもり》集落から芋峠まで二千三百メートル。私も古道を歩き、大海人と菟野が急いだであろう古《いにしえ》に想いをはせた。

周老王古墳

その名の先、大陸のかおり

熊野から大和へ。神武東征伝説が残る場所の近辺には海《かい》神社や大汝《おなんじ》参りなど「海《あま》」の香りのする信仰や風習が残る。では「天《あま》」を感じさせるものはないだろうか。

「奈良県宇陀《うだ》市の山中に『周老王《しゅうろうおう》古墳』という風変わりな名前の古墳がありますよ」と教えてくれたのは、奈良県立橿原考古学研究所の今尾文昭氏だ。近くの古墳を発掘した時から気になっていたという。

「周の国の王」という意味だろうか。だとしたらなぜ、中国の王様の墓がそんなところにあるのか。「周老王」は、その発音から「首露王《しゅろおう》」を想起させる。

首露王は古代、朝鮮半島の南部にあった金官加羅国《きんかんからこく》の始祖と伝えられる王である。亀旨峰《クジボン》という山に六つの金の卵が降りてきた。最初の卵から生まれたのが首露王だ。朝鮮の建国神話の主人公のひとりで、そのストーリーは日本の天孫降臨神話に似ている。

周老王古墳は奈良県宇陀市莵《う》田野《たの》区稲戸《いなど》というところにある。旧宇賀志村である。村名は、神日本磐余彦《かむやまといわれびこ》（神武天皇）に兄が抵抗、弟は帰順した兄弟（兄猾《えうかし》、弟《おと》猾《うかし》）の物語に由来しており、「東征ルート」の上にある。もし首露王が周老王になったのだとしたら……。

【紀行メモ】

◉周老王古墳
所在地：奈良県宇陀市莵田野区稲戸
交通：榛原駅からバス古市場地蔵の辻下車、徒歩約10分

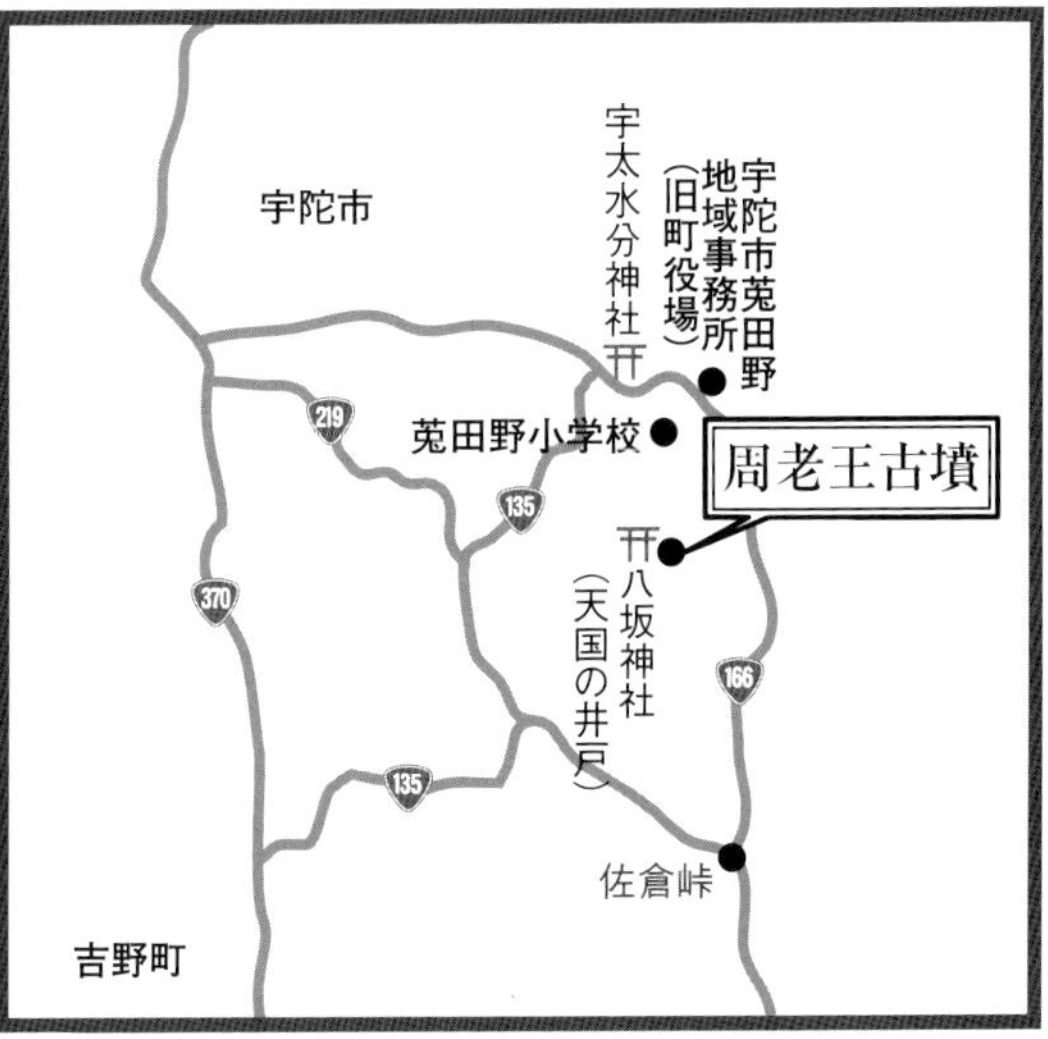

大陸系の名にひかれて

『菟田野町史』をひもといた。「伝説」編の「周老王の塚」という項目に、次のような内容の説明がある。

大字《おおあざ》稲戸《いなと》にシウロオツカという小字名がある。江戸時代の元禄の水《みず》帳《ちょう》(検地帳)にも字《あざ》周老王とある。伝説では修羅王《シウラオウ》の塚だという。『郡史料』には周老王と書かれている。神武天皇がこの修羅王(周老王)を征伐されたというので、この土地の王様であったと思われる。周老王とは周の国の王様が亡命して来たのか、または兄猾、弟猾を周老王(修羅王)といったか、その辺のことは伝えられていない。

もう少し調べたいと、奈良県立図書情報館で、明治時代の奈良県の行政文書『名所旧蹟《きゅうせき》古墳墓』の原本をみせてもらった。

明治三十二年(一八九九)に宇陀郡役所が県に提出した周老王古墳の「取調書」には、筆書きのスケッチとともに「その由来ははっきりしないが、元禄時代の検地台帳には『周老王』と書かれており、地元の古老たちもそう呼んでいる」と書いてあった。

今尾氏と一緒に現地を訪ねた。橿原考古学研究所が七〇年代に県内各地の古墳の所在を一斉調査し、古墳を「点」で示した地図が頼りだ。

奈良県桜井市から同県東吉野村に向かう国道166号沿いに「宇賀志」というバス停がある。そこを右折し稲戸地区に入ると、水田になっている谷の向こうに百メートル足らずの小山がある。地図ではその頂上部に古墳があることになっている。

山頂への道はない。イノシシ対策だろうか、電線が山を囲むように張り巡らされている。登れそうな場所を探し、電線に触れないように潜り抜けて、ヒノキの林の中をよじ登った。

橿原考古学研究所の地図には付近に五つの「点」が記されている。頂上部

奈良県宇陀市菟田野区稲戸の静かな山間地。水田の向こうの小山の上に、周老王の墓といわれる古墳がある

に直径二十メートルほどの円墳があったが、周老王古墳はそこから少し下がったところにある盗掘された円墳のようだ。一帯は一族の古墳群だろうか。

宇陀市教育委員会の文化財担当、柳沢一宏氏は、未調査だが五世紀以降の古墳である可能性が高いと見る。宇陀には前期古墳もあるからもう少しさかのぼれるかもしれない、ともいう。

結局、周老王を首露王に結びつける手がかりはなかった。でも、神武伝説の残る道筋に大陸的な名前をもった古墳が存在していることに、私の空想は膨らむ。

物部一族との出会いから「祖先神の降臨」という発想を得たヤマト王権の創始者が、打ち破った地元の部族を異国の王に見立て、自分たちの士気を鼓舞した。その後、そこに天からの降臨伝説のある王の名が付けられ、さらに周老王として後世に伝わったのではなかろうか。

刀工・天国の井戸

ところで、大正時代に刊行された『奈良県宇陀郡史料』に興味をひかれる記述があった。同じ旧宇賀志村に「天国《あまくに》の宅址《たくあと》」があるというのだ。

「天国」は伝説上の刀工だ。刀工の祖で「大和の人」といわれているが、時代も実在の有無もはっきりしない。

『宇陀郡史料』は文武天皇（天武天皇の孫）の時代に天国が宇陀の霊水で刀剣をつくった、という伝承を紹介している。

周老王古墳の前の道で会った農家の人に「近くに天国が霊水で刀剣を作ったという井戸が残っている」と聞いて、八坂神社を訪れた。入り口に「刀工天国之井戸」という石柱が建っている。木の棒をつないだ蓋《ふた》をあけてのぞき込んだら、きれいな水がたまっていた。

ここが「宅址」だろうか。

『日本書紀』には高天原《たかまがはら》を「天国《あまつくに》」と称した個所がある。根の国に向かう素戔嗚尊《すさのをのみこと》が、いとまごいに姉の天照大《あまてらすおお》神《みかみ》を訪ねる場面だ。そのすぐあとに出雲での八岐大蛇《やまたのおろち》退治の話が出てくる。

素戔嗚は別れにあたって「お姉さんが天国を治められ平安であられるよう」と殊勝なあいさつをする。「天国」が高天原を指していることは明らかである。

熊野山中で垂直的世界観のヒントを得た神武一行は、海から遠く離れた宇陀の地で「天」のイメージを育て始めた。その地に異国風の名を持つ墓や「天国《あまくに》伝承」が残った。それは「海」から「天」への転換という出来事の痕《こん》跡《せき》といえないだろうか。

周老王古墳を見ながら、そんな幻想にかられた。

こぼれ話

◉金官加羅国

韓国・釜山北西の金海《キムヘ》付近にあって、4～6世紀の活躍が知られる小国家。朝鮮半島南部の小国家群（加羅、加耶《かや》）は統合が進まず、新羅や百済に分割された。その小国家群を代表する有力な存在だった。『日本書紀』の任那《みまな》にあたる。鉄素材や先進文化の導入先として、倭《わ》（日本）はこれらの小国家群と早くから交流を展開したらしい。継体天皇の23年（529）、金官（任那）救援のため派遣していた近江毛《け》野臣《ぬのおみ》軍は失敗し、新羅に侵攻されたことも記されている。いわゆる「任那日本府」は近年、そうした活動のために駐在した機関だったとの見方が強くなっている。

三輪山

神降りし祈りのゆりかご

伝説が彩《いろど》る神日本磐余彦《かむやまといわれびこ》（神武天皇）と一緒に、いよいよ奈良盆地に入ろう。

『日本書紀』はこの呼称に加えて、狭野尊《さののみこと》という幼少時の名を挙げている。『古事記』では神倭伊波禮毘古と記し、ほかに若御毛沼命《わかみけぬのみこと》、豊御毛沼命《とよみけぬのみこと》ともいう。

いくつもの名前を持っていることは、大和をめざした人物が複数いたことをほのめかす。

物部氏の支援もあって首尾よく奈良盆地までたどりつき、奈良県桜井市の三輪山の麓《ふもと》の「イワレ」と呼ばれていた場所で地歩を固めた武将が「いわれびこ」と呼ばれるようになったのではなかろうか。

ヤマト王権の重要地・イワレ

「イワレ」には磐余、伊波禮、石寸、石余、石根などの漢字があてられる。桜井市中南部から橿原《かしはら》市にいたる一帯をさす古い地名だ。

そのあたりにあった磐余池のそばに悲劇の主人公・大津皇子《おおつのみこ》が住んでいた。文武に優れ、人望も厚かった大津は、父天武天皇の死の直後、謀反のかどで死を賜《たまわ》る。わが子草壁《くさかべ》皇子かわいさのあまり、後の持統女帝によって排除された、との見方が有力だ。

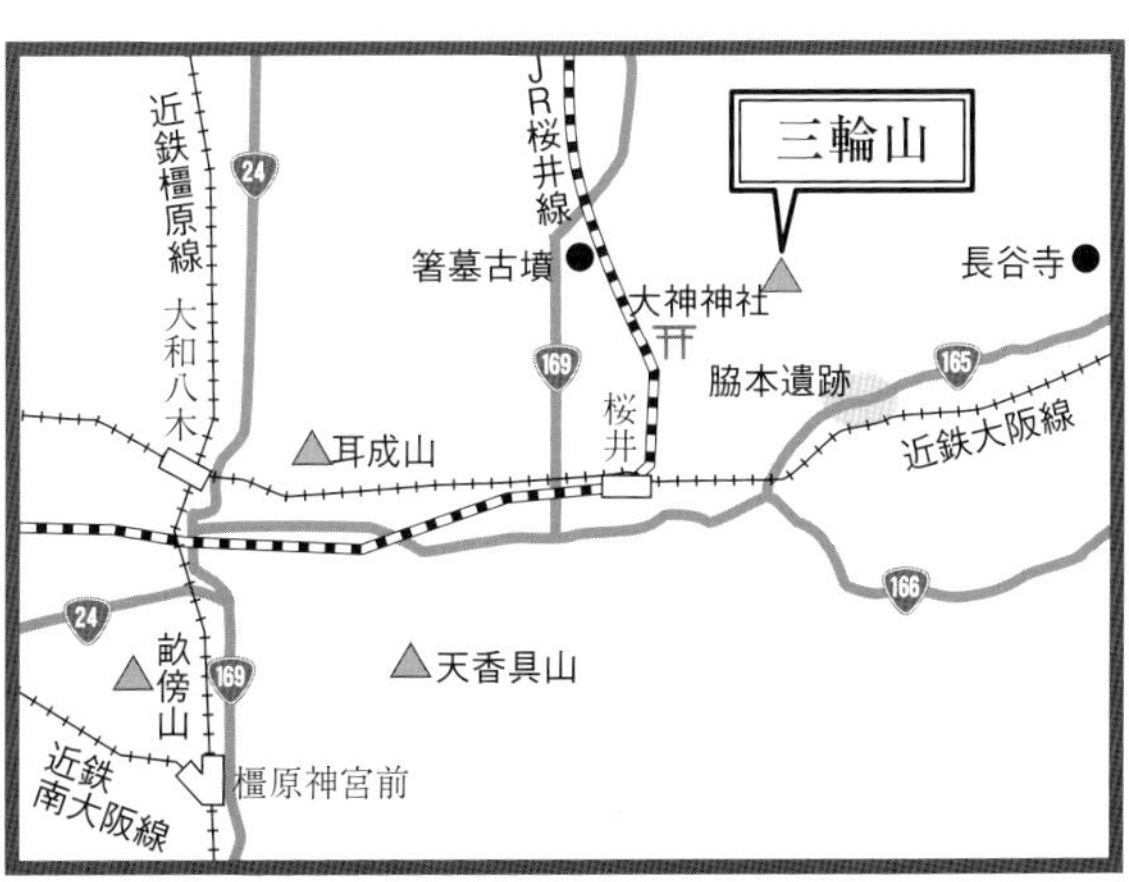

大津は『万葉集』にこんな辞世の歌を残した。

ももづたふ　磐余の池に　鳴く鴨《かも》を　今日《けふ》のみ見てや　雲隠《くもがく》りなむ

神の山。奈良県桜井市・大神神社の大鳥居の背後に、美しい山容をみせる三輪山の頂から太陽が昇り、ハトが上空を旋回した

磐余には履中《りちゅう》天皇、清寧《せいねい》天皇、継《けい》体《たい》天皇、用明天皇らの宮があった。その創成期以来、ヤマト王権の重要な場所とされてきた。越前から招かれたという継体帝があえてそこに宮を置いたのは、ヤマト王権を継ぐ正当性を示すためだったのだろう。

一方「ヤマト」（倭、大和、日本）も「イワレ」と重なる地域だった。

『桜井市史』は「初瀬川・寺川や纒《まき》向《むく》川の流域で、三輪山と天香久山を結んだ範囲がヤマトと推測される。この範囲内には、古代地名で纒向・磯城《しき》・磐余・十市《とおち》などが含まれる」としているから、「イワレ」よりやや広い地域といえる。このヤマトが大和国《やまとのくに》を指す地名となり、ついには日本全体を表す言葉になった。

世界観転換の「ゆりかご」に

『桜井市史』の著者はヤマトの「ヤマ」は三輪山のことだったと推測している。標高四百六十七メートルの円錐《えんすい》形の秀麗な三輪山は、大和の地に入った外来者にとって印象的だったろう。山すそには箸墓《はしはか》古墳がある。初期の大型前方後円墳で邪馬台国《やまたいこく》の女王・卑《ひ》弥《み》呼《こ》の墓という説も根強い。

二〇〇九年五月、国立歴史民俗博物館が「箸墓の築造年代は西暦二四〇〜二六〇年ごろ」とする研究成果を発表して話題を呼んだ。放射性炭素による年代測定で、その通りなら中国の史書の記述から二五〇年ごろとされる卑弥呼の死の時期と合致する。

三輪山の周辺にはメスリ山古墳、桜井茶臼山古墳など大王級の古墳もある。神武の名前にイワレとヤマトの地名が入っていること、たびたび天皇の宮が設けられたことと合わせて、ヤマト王権がこの山を神聖視してきたことは間違いない。

熊野山中で物部一族の高倉下《たかくらじ》と出会い、垂直的世界観に宗旨替えするヒントを得たヤマト王権の創始者たちは、磐余の地で「神が降臨する」という観念を具現化していった。だとすると、その対象は三輪山をおいてほかにあるまい。三輪山は王権が垂直的世界観を

わがものにする「ゆりかご」の役割を果たした。私はそう考えている。

奈良盆地で育った古代史学者の和田萃《あつむ》氏は、三輪山の祭祀《さいし》の歴史にはふたつの段階があるとして、次のように述べている。

「古代の大和王権の大王が自らまつる、そういう山であった段階と、六世紀後半に大物主神《おおものぬしのかみ》の後裔《こうえい》である三輪《みわ》君《きみ》がまつるようになった、二つの段階があるのではないか。そしてそれぞれの祀《まつ》り手が変化するとともに、三輪山の神の性格も変わったのではなかろうか」(『三輪山の神々』学生社)

神秘の巨石が点在

ヤマト王権初期の三輪山祭祀がどのような形であったかは、よくわからない。ただ山中のあちこちにあり、いま

堀に姿を映す箸墓古墳(右)は三輪山(左)に寄り添うようにある

なお祈りの対象として祀《まつ》られている磐《いわ》座《くら》が、古代の祭祀で重要な役割を演じたであろうことは想像できる。

三輪山には「はんれい岩」が露頭している場所が多い。自然のままの巨石や巨石の周りに石を置くなどした場所が磐座として祀られた。

磐座の周りでは、いくつかの祭祀遺跡が発見され、鏡や玉、子持勾玉《こもちまがたま》などが出土している。五世紀の品々が中心という。三輪山は大神《おおみわ》神社のご神体なので、祭祀遺跡の調査も一部でしか行われていない。今後もっと古い祭祀跡が見つかる可能性もあろう。

古代人は神が大岩や大木に降りてくると考えていた。磐座は神が降臨する舞台であり、神社の社殿ができる前からの祈りの対象だった。ヤマト王権の創始者たちが三輪山のふもとで垂直的世界観を育んだと考えている私が、そこに点在する磐座に注目する所以《ゆえん》である。

三輪山には、大神神社とその摂社・末社が並ぶふもとから頂上に向けて「辺津《へつ》磐座」「中津《なかつ》磐座」「奥津《おきつ》磐座」がある。辺津磐座、中津磐座は、それぞれふもとと中腹に点在する磐座の総称だとされている。

一方「辺津磐座は拝殿奥の禁足地にある」という話もあって、どうもはっきりしない。聖なる山は、あいまいな部分を残すほうがかえってありがたみが増すのかもしれない。

辺津磐座には少彦名神《すくなびこなのかみ》、中津磐座には大己貴神《おおなむちのかみ》（大穴牟遅、大穴持）、奥津磐座には大物主神がそれぞれ鎮まっている、ともいわれる。だがそれは後代の考えで、初期の王権は三輪山そのものを神が降臨する山として崇《あが》めていたのだろう。

こぼれ話

◉脇本遺跡

5～7世紀の大型建物群などが見つかっている桜井市の重要な遺跡。三輪山の南のふもとにあたり、近くの忍阪遺跡とともに、伝承の雄略天皇の泊瀬《はつせ》朝倉宮《あさくらのみや》、武烈天皇の泊瀬列城《なみき》宮跡などとの関連が注目される。また7世紀後半の大型建物跡は、天武天皇の子・大来《おおくの》皇女《ひめみこ》が滞在したという泊瀬斎宮《はつせいつきのみや》跡の可能性が指摘されている。2007年12月には3世紀初め（弥生時代末～古墳時代前期）の青銅器工房跡が判明。弥生の祭祀に用いられた銅鐸の破片や、別の青銅器のものとみられる鋳型も確認された。銅鐸片は青銅製品の原料（地金）に再利用したらしい。古くからの「先進地」説が明確になってきた。

三輪山に登る

夢に見た頂　巨木は眠る

　小春日和の一日、磐座《いわくら》をこの目で確認するため奈良県桜井市の三輪山に登った。ふもとの大神《おおみわ》神社から「山の辺の道」に入って間もなく、国づくりを担った神話で知られる少彦名神《すくなびこなのかみ》を祀《まつ》る磐座神社がある。社殿はなく、鳥居の向こうにこぢんまりした岩が鎮座していた。

狭井神社から登拝

　三輪山の「登拝口」となっている狭《さ》井《い》神社はそこからすぐだ。大神神社の摂社である。社務所に名前を登録、初穂料を払って鈴の付いたタスキをもらう。「登拝口」には「入山は午前九時から午後二時まで。写真撮影禁止。正月三日間と例祭日は入山できない」と書いてある。

　広葉樹の山道は気持ちがいい。木々の間からヒヨドリ、キジバト、メジロなどの鳴き声が聞こえる。小さな流れを渡ると、注連縄《しめなわ》を張った磐座に出会った。ふもとに点在する辺津《へつ》磐座のひとつだろうか。

　青銅製の竜の口から滝が落ちる仕掛けの行場を経てさら

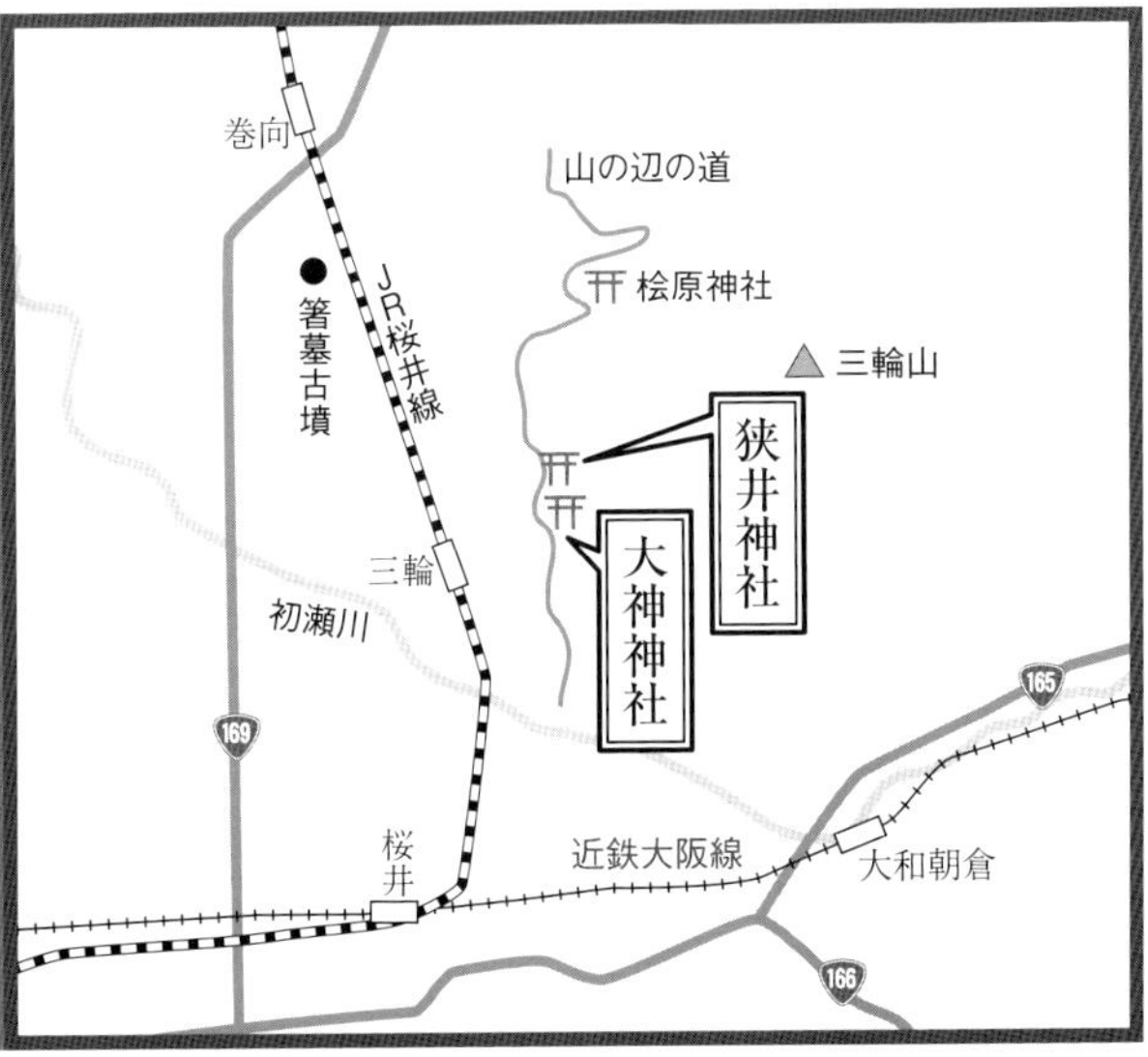

【紀行メモ】

●三輪山
所在地：奈良県桜井市三輪
交通：JR三輪駅から徒歩約15分
入山料：300円（狭井神社に納める）
問い合わせ：0744（42）6633（大神神社）

に登ると、巨石群からなる磐座がある。中津《なかつ》磐座でも大きなものだろう。木のくいに渡した縄で囲んだ中に、大岩が重なり、そのいくつかに注連縄が張られている。老夫婦が一心に祈っていた。

登山道から外れているため見ることができないが、より頂上に近いところには大神神社の神職たちが「龍神《りゅうじん》の磐座」と呼んでいる中津磐座があるそうだ。傾斜地に岩が波打つように並んでいることから、そんな名がつけられたという。

山頂に近づくと、杉の大木があちこちに倒れている。土のついた根をさらけ出している巨木もあった。たくさんの切り株は途中で折れた木を処理したものだろうか。これらは一九九八年九月に奈良県を襲った台風7号の爪痕《つめあと》である。三輪山の木々はこの台風で甚大な被害を受けた。猛烈な西風が吹き荒れ、南に向けて枝を張っていた大木はねじれるようにして倒れたそうだ。それまで山頂には杉の大木が林立し、昼なお暗かったというが、いまは青空が広がる明るい場所になってしまった。

いつも強風にさらされる土地の木々は踏ん張れるように深く根を張る。横倒しの巨木を見ると、三輪山の木々は根の張りが浅い。自然災害が少ない盆地ゆえの弱さだろうか。台風の翌日、神職たちは難儀の末、頂上に達した。なぎ倒された木々の間から遠くにきらりと光るものが見えた。明石海峡大橋だった、という。

奥津磐座から山頂へ

山頂の奥まったところに奥津《おきつ》磐座がある。大きな岩が固まっている場所で、ひときわ目立つ真ん中の岩には口をあけたような裂け目がある。三輪の神は

天上から奥津磐座に天降《あまくだ》り、中津、辺津と順番に下ってこられたのであろうか。

山頂には大神神社に縁の深い摂社、高宮《こうのみや》神社があり、日向御子神《ひむかいのみこ》が祀られている。そこにはもともと神坐《みわにいます》日《ひ》向《むかい》神社が鎮座していたという。寛政年間につくられた『大和名所図会《ずえ》』には「日向社　三輪山の嶺《みね》にあり。今高《たか》宮《みや》と称す」とあるから、江戸期にはすでに現在の名前になっていたようだ。

「日向」はその名の通り太陽信仰の社である。そこは、ヤマト王権の創始者が磐余《いわれ》に入る以前からの太陽祭祀の場所だったのかもしれない。

奈良県桜井市の桧原《ひばら》神社付近から三輪山を仰いだ。そのとき山頂を覆っていた雲が巨木の林立する斜面をはうように、突然動きだした

神話伝承の二つの系統

三輪山は神婚譚《しんこんたん》でも名高い。これには二種類ある。いずれも第十代崇神《すじん》天皇のときの話とされている。

『古事記』によれば、美和山（三輪山）のふもとに住む活玉依毘売《いくたまよりびめ》のところに夜ごと男が通い、彼女はみごもった。両親は男の正体を知ろうと、娘に「糸巻きに巻いた麻糸を彼の着物の裾《すそ》に針で刺しなさい」といった。翌朝見ると麻糸は戸の鍵穴を抜けて、三輪山の神の社に続いていた。糸巻きに残っていた麻糸は「三勾《みわ》（三巻き）」だけだった。三輪の地名起源説話でもある。

もうひとつは『日本書紀』が伝える倭迹迹日百襲姫《やまとととびももそひめ》の話だ。

三輪山の神、大物主《おおものぬし》の妻となったが、夫は夜だけ通って顔を見せない。「お姿を見たい」という姫に大物主は「あす朝、あなたの櫛箱《くしばこ》に入っている」という。箱をのぞくと小さな蛇が入っていた。驚き叫んだ姫に神は「恥をかかせたな」という言葉を残して三輪山に去る。

後悔して座り込んだ姫は、そこにあった箸《はし》で陰部を突いて死んでしまった。それで姫の墓を箸墓という。これは邪馬台国《やまたいこく》の女王・卑弥呼《ひみこ》の墓ともいわれる箸墓古墳の名前の由来譚《ゆらいたん》だ。

歴史学者の上田正昭氏は「三輪山の神婚伝承には、活玉依毘売のような憑《ひょう》霊《れい》（霊がシャーマンによりつく）型と、倭迹迹日百襲姫のような脱魂《だっこん》（シャーマンの魂が、神や精霊・死霊のもとへ行って帰ってくる）型の二つの要素が混在している。前者は南方系、後者は北方系の神話と言える」と語る。

三輪山に南方系と北方系の神話が混在していることは、ヤマト王権が「海《あま》」から「天《あま》」へ世界観を変えてい

こぼれ話 ◉天照のふるさと

さまざまな神話に彩られた三輪山のふもとは、「皇室の祖先神」とされる天照大神の伝承にも縁が深い。『日本書紀』によると天照は元々、宮中で祀られていた。ところが崇神天皇の時、疫病の流行などが原因で、「倭《やまと》の笠縫《かさぬひの》邑《むら》」に遷座、祀られた。

後の垂仁天皇の時代にさらに、近江や美濃などを経て今の伊勢神宮の地に鎮座することになった、と記す。その「笠縫」は奈良県内に複数の候補地があり、桜井市・桧原神社あたりも有力だ。その境内からは滑石製の臼玉《うすだま》などの祭祀遺物が出土している。この『書紀』伝承には疑問も出ているが、各地に不明確ながらも「神の跡」は想定できる。

く過程を示しているのではなかろうか。

夢に委ねた皇位継承

崇神天皇の後継者選びの話も興味深い。『日本書紀』によれば、天皇はふたりの息子、兄の豊城命《とよきのみこと》と弟の活目《いくめの》尊《みこと》のどちらに皇位を譲るか迷い、それぞれが見た夢で決めることにした。

豊城命は「御諸山《みもろのやま》（三輪山）山頂で東に向かって槍を突き出し刀を振る夢を見ました」と父に告げる。一方、活目尊は「私は御諸山頂で縄を四方に張って、粟を食べるスズメを追い払う夢を見ました」と答えた。

双方を聴いた崇神は兄に「東に向かって武器を向けたので東国を治めよ」、弟には「四方に気を配って収穫のことを考えたお前に位を譲る」と語った、という話である。

皇位継承という神意を三輪山の頂上での夢で占った。実在が確実だといわれている崇神天皇の時代に、高低のある「縦のイメージ」が神意に込められた。そこに、ヤマト王権の創始者がもっていた「水平的」世界観から、「垂直的」世界観への進展を感じる。

麓の狭井神社で手続きを終えると注連縄の入口をくぐって三輪山山頂を目指す

コラム 古事記は語る5——《神武の皇后選び》

大和に入った神武天皇は、皇后選びをした。

側近の大久米命が言うには「伊《い》須《す》気《け》余《よ》理《り》比《ひ》売《め》という名の美しい娘がおります。この娘は神の御子《みこ》です。というのは、三輪山の神・大物主がその母親を見そめて、彼女が厠《かわや》に入っているときに、赤く塗った矢に変身して陰部を突いたのです。驚いた母親がその矢を部屋に持ち帰ると、たちまち立派な男になりました。その二人が結ばれて生まれた子だからです」。

伊須気余理比売ら七人の娘が野遊びをしている様子を見た神武は、一目で彼女がわかった。そして「一番前に立っている、あの少女を妻にしたい」という歌をよんだ。大久米命からそれを聞いた姫は「お仕えします」と承諾した。

伊須気余理比売の家は狭井河《さいかわ》の上《へ》（ほとり）にあった。このあたりにはヤマユリがたくさん咲いていて、ヤマユリを「さい」といったので、それが川の名になった。

神武は彼女の家に一晩泊まった。その時、天皇がよんだ歌は

葦原《あしはら》の　しけしき小屋に
菅畳《すがたたみ》　いや清《さや》敷きて　我が二人寝し

（一面にアシが茂ったところにある質素な家に、スガで編んだ敷物をきれいに敷いて、ふたりして寝たものだなあ）

そうして、二人の間には三人の子が生まれた。

解説

「矢」は男性のシンボルである。女性が赤く塗った矢を持ち帰って身ごもる、という説話は『山城国風土記』にも出てくるから、あちこちにあったのだろう。『古事記』の話は、三輪山の神とつながっているということで、神武の正統性と神聖性を示そうとしたのではなかろうか。

奈良県桜井市の大神《おおみわ》神社から天理市の方向に「山の辺の道」を少し歩くと、狭井川を渡る。標識がなければ見過ごすほどの小川である。その近くに「神武天皇聖蹟《せいせき》狭井河之上顕彰碑」と彫った石碑がある。「紀元二千六百年」を記念して昭和十五年（一九四〇）に建てられた。

「聖蹟」はあるが、伊須気余理比売の「陵墓」はない。歴代天皇や皇后の陵墓の多くは江戸から明治時代にかけた時期に「ここだ」と決められた。それぞれの真偽はともかく、なぜ初代天皇の皇后の墓を作らなかったのだろう、という疑問が残る。「作りたかったが、どこにしたらいいか手がかりがなさすぎて、作れなかった」のではなかろうか

リョウサンの池

シャーマンたちの瞳に

奈良県桜井市の市街地から国道165号を長谷寺の方へ向かってしばらく行くと「出雲」という地区がある。

三輪山のふもとに出雲。そこを通るたびに、大和と島根県の出雲の関係を考えさせられる。

実際、「奈良の地名が先にあり、ここから人びとが山陰に行った」「いや逆だ」という本家論争があるようだ。その正否はともかく、『日本書紀』に載っている雄略天皇の朝倉宮《あさくらのみや》の候補地が近くにあるなど、古くからひらけた土地であることは間違いない。

出雲地区に生まれ育った郷土史家の榮長《えいなが》増文氏は、三輪山の東方に連なる巻向《まきむく》山、初瀬（泊瀬）山などの山域に古代文化が栄えたという考えをもっている。「泊瀬」の枕詞《まくらことば》は「隠国《こもりく》」だ。榮長氏はそれを「こもりく文化圏」と名付けた。

山ふところのこのあたりは、大和の国中《くんなか》（奈良盆地）からみるとエキゾチックな感じがする場所だったのかもしれない。

肩書き社会にあって、榮長氏のようにこつこつ研究して自説を世に問う人が、私は好きだ。三輪山の背後の山中の池のほとりに、物部氏が祖神とする饒速日尊《にぎはやひのみこと》を祀《まつ》っていた小社があると聞いて、案内してもらった。

【紀行メモ】

◉リョウサンの池（高山神社）

所在地：奈良県桜井市白河

交通：近鉄長谷寺駅から初瀬小学校の裏手の道を、白河川上流に向かって徒歩約50分

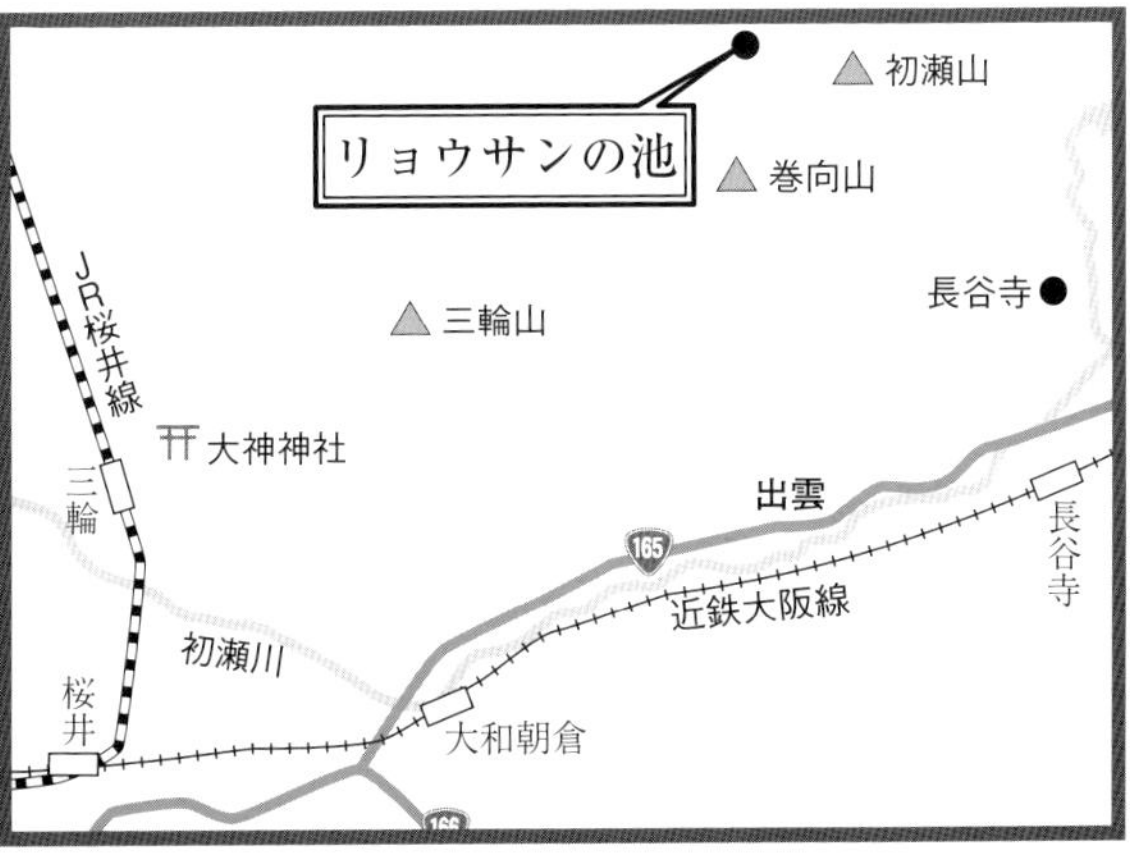

常に雲が立ちのぼる地

巻向山と初瀬山の鞍部を登る車の中で彼から面白い話を聞いた。明治の初めごろまで、五百メートルほどの高さの稜線でウナギが採れたというのだ。山頂付近でウナギとは……。

「奈良県の大和高原に降った雨は、この近辺の山塊に伏流水になってたまる。水量の多かった当時、山肌はしみ出た水でいつも湿気を帯びていた。落ち葉と湿気の間をウナギが登っていったのでしょう」

湿気は雲をつくる。いつも雲が立ちのぼっているから「出雲」という地名になった、というのが榮長説である。

途中の白河《しらが》地区の民家で見せてもらった土人形が面白かった。江戸時代の作という高さ三十センチほどの瓦ふうの焼き物だが、大きな角を持ち、南方の水牛にそっくりの風貌《ふうぼう》である。

持ち主は「牛頭天王《ごずてんのう》神像と言い伝えられてきた」という。牛頭天王はもともとインドの神様で、日本では素戔嗚尊《すさのをのみこと》と習合（折衷）したといわれる。山間の村と水牛という奇妙な組み合わせは、古代に海から進出し、定住していった海人《あま》たちの影響だろうか。

祭神が四度も変わった神社

杉の葉が覆った狭い道を脱輪しないよう慎重に登る。榮長氏によれば、標高五百四十五メートルの初瀬山の周囲、四百八十五メートルの高さに水脈があり、あちこちにわき水や沼地をつくっているそうだ。

そのひとつ、青々とした水をたたえた「リョウサンの池」の脇に高山《こうさん》神社があった。石垣の上に小さな社殿をもつだけの小社だが、これまでたびたび祭神が変わったという話に興味をひかれた。

現在の祭神は『日本書紀』の伝承記録に出てくる高龗《たかおかみ》神だという。愛す

緑に囲まれたリョウサンの池は桜井市白河の山中にある。池のほとりに小さな高山神社が祀られている

る妻・伊奘冉尊《いざなみのみこと》と一緒に「国生み」をした伊奘諾尊《いざなきのみこと》は、妻が火の神、軻《か》遇《ぐ》突《つ》智《ち》を産んだときのやけどで死んだのに怒り、わが子を三つに斬り捨てる。高龗神はそのときに生じた水神、雨乞いの神である。

昭和の初めまで、出雲村の人びとは旱《ひでり》になると初瀬川の禊《みそぎ》場に出向き、水中で般若心経《はんにゃしんぎょう》を百回唱えた。そして、水中に浸した村の半鐘を担いで高山神社まで登り、高龗神に降雨を祈ったという。

高山神社の祭神は過去に四度も変ったそうだ。最初の祭神は饒速日尊。それが素戔嗚尊、牛頭天王、善女龍王《ぜんにょりゅうおう》になり、明治に入って高龗神になった。善女龍王はインドの女神で、弘法大師空海が唐からもたらしたといわれる。日本では水神としてあがめられてきた。

古代史のミステリーを感じる場

二〇〇七年秋にこんなことがあった。

関西各地に住む霊感の強い人たち六人が榮長氏を訪ねてきた。案内した高山神社で一心に祈るうち、ひとりの女性に善女龍王が取り憑《つ》いたという。

「なんでも聞きなさい」と問われた榮長氏は思わず、「天武天皇が宴《とよのあかり》をした迹驚淵《とどろきのふち》の場所を知りたい」と言った。

『日本書紀』天武天皇八年に「泊瀬に幸《いでま》して、迹驚淵の上に宴したまふ」というくだりがある。榮長氏はそこがどこか長年捜し求めていた。

「私についてきなさい」と語った女性は神社の裏手の道を登り始め、しばらく行った場所で「滝音が聞える」とつぶやいた。

そのあたりはリョウサンの池の水源地で、江戸時代に池が改修される以前は岩場だった。「善女龍王」が憑いた女性は、今はなくなった光景を幻視し、淵にそそぐ水音を聴いたのだろうか。

「古代には卑弥呼をはじめ、神の意

を伝える数多くのシャーマン（霊能者）が出てくる。三輪神話にも倭迹迹日百《やまとととびもも》襲姫《そひめ》や大田田根子《おおたたねこ》などが登場します。古代史には科学だけでは解けない何かがあるような気がしてきました」と榮長氏は語った。

　リョウサンの池の近くに、白い石を二重の円形に敷き詰めた不思議な場所があった。周りはきれいに整地され、注連縄《しめなわ》が張られている。毎年、注連縄が張り直されてきたが、だれがしているのか地元の人たちにもわからないそうだ。

　そこは「熊野久須比命《くすびのみこと》」の塚と言い伝えられてきた。熊野那智大社の主神である熊野夫須美《ふすみ》神のことだとすれば、なぜ熊野の神がそこに祀られ、あるいは葬られているのだろう。

　ヤマト王権がその麓《ふもと》で基礎固めをした三輪山の周辺は、いまなお歴史のミステリーゾーンである。

「熊野久須比命」の塚と伝えられる場所には白い石が敷かれていた

纒向

聖なる山仰ぐ絶好の地

「神の居ます山」として各地で崇拝されてきた神奈備山《かんなびやま》はどんな形の山か?

神社研究者の池邊彌《わたる》氏によれば、人里のある平野に近く、笠を伏せたか少し角度のある傾斜をもち、樹木に覆われ、山中に磐座《いわくら》（神が降りてくる岩）などがある、低い山を指すという（『古代神社史論攷《ろんこう》』吉川弘文館）。

真っ先に思いつくのが奈良県桜井市の三輪山だ。条件にぴったり、まさに神奈備中の神奈備である。

熊野・吉野山中から奈良盆地に進出した神日本《かむやまと》磐余《いわれ》彦《びこ》（神武天皇）の一行は、三輪山の秀麗な姿に魅せられたことだろう。そして、九州の日《ひ》向《むか》を出発するときに誓ったと『日本書紀』が語る都づくりの地を、そのふもとに選んだ。

そこは古代から「磐余」と呼ばれてきた。神武は「数ある挑戦者のうちで磐余まで到達した勇猛な武人」として後に記憶され、その名に地名が入れられた。私はそんなふうに考えている。

聖山を間近に拝める場所

ヤマト王権の最初の「王城」

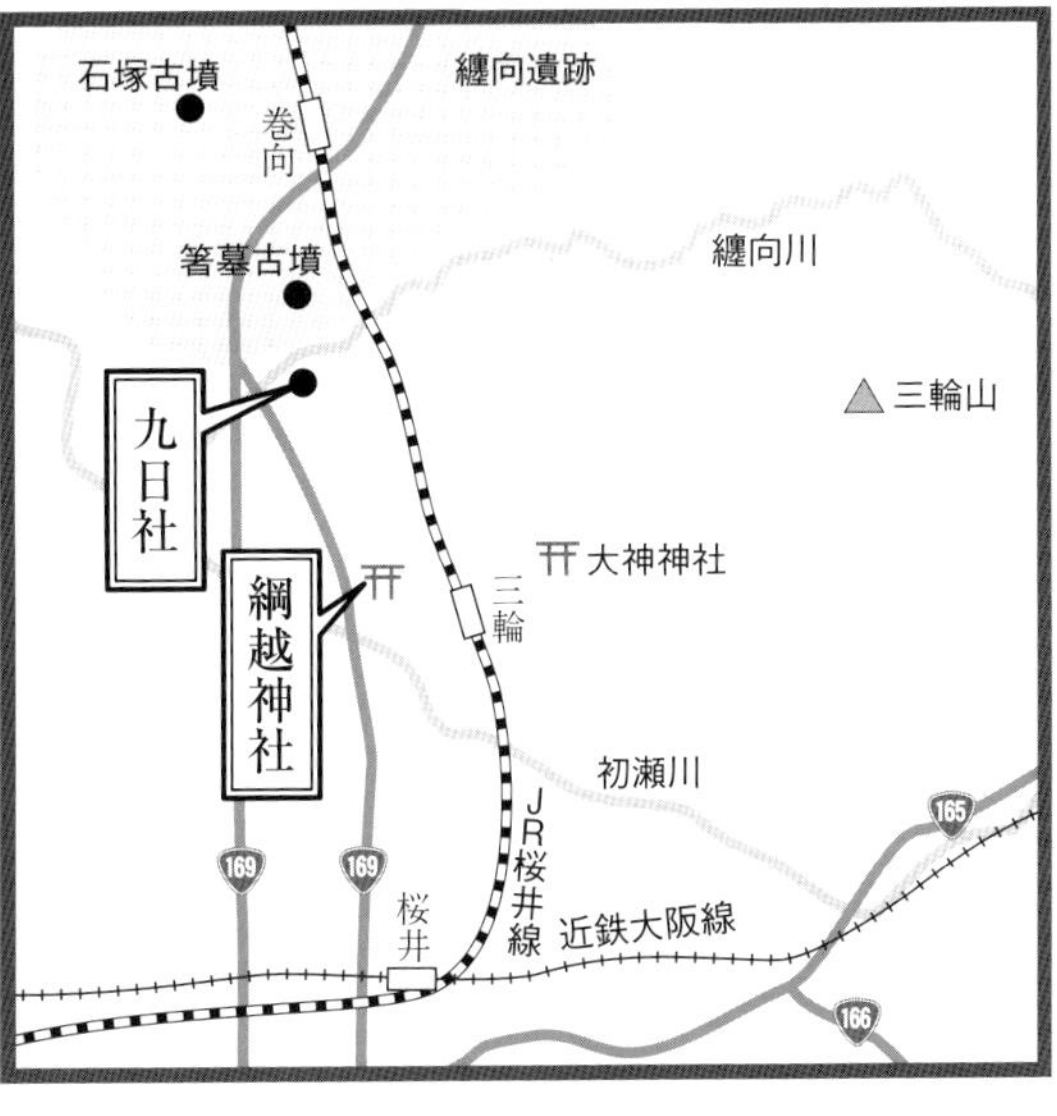

【紀行メモ】

◉**綱越神社**
所在地：奈良県桜井市三輪
交通：JR三輪駅から徒歩約10分
問い合わせ：0744（42）6633（大神神社社務所）

◉**九日社**
所在地：奈良県桜井市芝
交通：JR巻向駅から徒歩20分
問い合わせ：0744（42）9111（桜井市観光課）

は今にいう纏向《まきむく》遺跡だった、と思う。二世紀末から四世紀前半までの集落遺構や初期の前方後円墳が集中する遺跡である。神武の後継者たちは、三輪山から昇る朝日を仰いで、神が天上から降臨するという観念を膨らませたことだろう。

　三輪山は、海人《あま》族だった祖先から引き継いだ水平的な世界観を垂直的な世界観へ変えてゆく触媒役を果たしたのである。一方、纏向は東海地域を中心に、東は関東、西は大分まで各地の土器が見つかっている「古代の都市」でもあった。

　纏向遺跡で不思議なのは、遺構が纏向川の北側にとどまっていることだ。邪馬台国《やまたいこく》の女王・卑弥呼の墓という説のある箸墓《はしはか》古墳も、川の北側に築かれている。

　初期の古墳や遺跡が見当たらないという事情は初瀬川（大和川）北側の区域も同じ。つまり三輪山・纏向川・初瀬川に囲まれた三角形の台地は人びとの立ち入りが禁止された「聖地」「禁足地」だったと考えられる。

　なぜ、そうなったのか。

　私は聖なる三輪山を遥拝《ようはい》し、山頂から台地へと降《くだ》ってくる神の道を清めるためだったのではないかと思う。三輪山を神聖視するには、その全容が見えるところから拝むのが一番いい。纏向遺跡はそんな場所にある。

　考古学者の石野博信氏は、纏向の中でも古く、三世紀初めに造られた石塚古墳に注目した。この古墳は三輪山頂に向けて築かれているのだ。石野氏は「纏向石塚に葬られた人、あるいは葬られた人の後を継いだ人は、亡くなった人と三輪山の神をじゅうぶん意識して、この古墳を造っている」と述べている（『三輪山の考古学』学生社）。

　纏向遺跡のほかの古墳の向きはバラバラだから、石塚古墳だけで初期王権の三輪山崇拝を語るのは材料不足だ。だが実際に石塚古墳の墳丘に立つと、正面いっぱい、優雅に広がる三輪山を、古代人があがめたことは容易に予想できる。

二カ所の磐座を訪ねて

　三輪山にはいくつもの磐座《いわくら》があり、それぞれ神が天降《あまくだ》り、居られる場所と

奈良県桜井市の大神神社大鳥居の脇にある綱越神社。その片隅にも注連縄のついた「磐座」があった。祭礼の日、茅の輪くぐりの行列が通り過ぎた

して祀《まつ》られてきた。私が注目するのは、三角形の「禁足地」の端にも磐座が残っていることだ。長年、纒向遺跡を掘ってきた桜井市教育委員会文化財課の橋本輝彦氏と一緒に二カ所を訪れた。

ひとつは九《ここの》日社《かしゃ》という小さな社の横にある。纒向川をはさんで箸墓と向き合う場所だ。一メートル足らずのふたつの石が仲良く並び、注連縄《しめなわ》で結ばれている。左は「マラ石」と呼ばれてきたように陽石。右は上部に溝の入った陰石である。注連縄の延長線上に三輪山があった。

纒向川の川筋は時代によって変わってきたが、この磐座は古くから自然堤防の上にあった、と橋本氏はいう。三輪山頂から磐座を順番に降ってきた神は、最後に「禁足地」の端にあるこの男女石に依《よ》り付く。纒向の人たちは、その神に豊穣《ほうじょう》を祈ったことだろう。

もうひとつの磐座は国道169号沿い、大神《おおみわ》神社の大鳥居の足もと近くにある。境内に磐座を抱える綱越《つなこし》神社は大神神社の摂社。毎年七月三十一日に、茅《かや》で作った茅《ち》の輪をくぐって身を祓《はら》い清める「夏越祓《なごしのはらえ》（おんぱら祭）」が盛大に行われる。

ここの磐座は高さ一メートル、底辺

こぼれ話 ◉纏向の「国家」

紀元前3世紀末（弥生時代）、「国家」と呼べるものがまず北部九州で生まれた。ずば抜けて多い青銅器を副葬した墓は、被葬者が「王」だった証拠だ。400年余り後、近畿から吉備、出雲、九州に及ぶ広域連合の新しい倭国《わこく》が「談合」の末、卑弥呼を擁して平和的にできた。その最初の首都の跡が纏向遺跡だった——。これが奈良県立橿原考古学研究所の寺沢薫氏が提唱している国家論の概要だ。纏向一帯の発掘調査に基づいて、新学説を展開。これらの業績が認められ、7年前に学術文化賞の濱田青陵賞を受けた。研究者からも独特な国家形成論と注目されている。

が二メートルほどある三角型の石だ。三輪山中と同じ「はんれい岩」である。現在は初瀬川からやや離れているが、橋本氏は「道の向こうは一段低くなっており、古代はこの磐座が台地（禁足地）の端だった」という。

邪馬台国論争と纏向

「古代の都市」纏向は四世紀の前半に消滅する。ヤマト王権の中心地が盆地の北方に移ったためではないか、と見られているが、はっきりしたことはわからない。

　外来者が築き、彼らが去ってなくなる。長い歴史から見れば一時の夢のような街ではある。人びとが去った後に残り、三輪山祭祀《さいし》をゆだねられたのが豪族の三輪氏だったのではなかろうか。纏向とともに「禁足地」もなくなり、三角地の中に古墳や住居がつくられるようになる。

　悩ましいのは纏向遺跡と邪馬台国の関係だ。

「邪馬台国は九州か畿内か」の論争はなお決着していない。「畿内説」の論者には纏向が邪馬台国の中心地と考える人も少なくない。二〇〇九年十一月、桜井市教委は纏向遺跡で三世紀前半の大型建物跡が見つかった、と発表した。卑弥呼が君臨した時期にあたることから「女王の宮殿か」などと話題になった。

　邪馬台国論争は私の手に余る。もし纏向が邪馬台国の中心だったのなら、卑弥呼の国と初期ヤマト王権は時代的に直結する。だが、これまでの発掘材料だけでは「邪馬台国＝纏向」と断定することはできないと思う。また、ヤマト王権の男王と祭祀をつかさどる卑弥呼が「共存」していたということだって考えうる。そんな気もしている。

天香具山

選ばれた「地上の高天原」

春過ぎて　夏来るらし　白たへの
衣干したり　天《あめ》の香具山《かぐやま》
（持統天皇）

ひさかたの　天の香具山　この夕《ゆふへ》
霞《かすみ》たなびく　春立つらしも
（柿本人麻呂歌集）

奈良県橿原市にある天香具山（天香久山）は不思議な山だ。『万葉集』に歌われた大和三山の中で、ただひとつ「天」の字を冠され、一段上に格付けされている。

でも、畝傍《うねび》山や耳成《みみなし》山のような形のいい独立山ではなく、ちょっと見た目にはさえない。飛鳥を訪れた友人を甘樫丘《あまかしのおか》に案内して大和三山を説明すると、畝傍と耳成には納得するが、「あれが香具山ですか」とがっかりした顔をされることがある。なんとなくすっきりしないのだろう。

今の三重県松阪市に住んでいた江戸時代中期の国文学者、本居宣長《もとおりのりなが》は飛鳥・吉野の旅行記『菅笠《すががさの》日記《にき》』（和泉書院）に、「此山《このやま》いとちひさくひきゝ山なれど。古《いにしへ》より名はいみしう高く聞《きこ》えて。天《あめ》の下

【紀行メモ】

◎天香山神社
所在地：奈良県橿原市南浦町
交通：JR香久山駅から徒歩20分

◎天岩戸神社
所在地：奈良県橿原市南浦町
交通：近鉄耳成駅から徒歩約30分
問い合わせ：0744（22）4001（橿原市役所観光課）

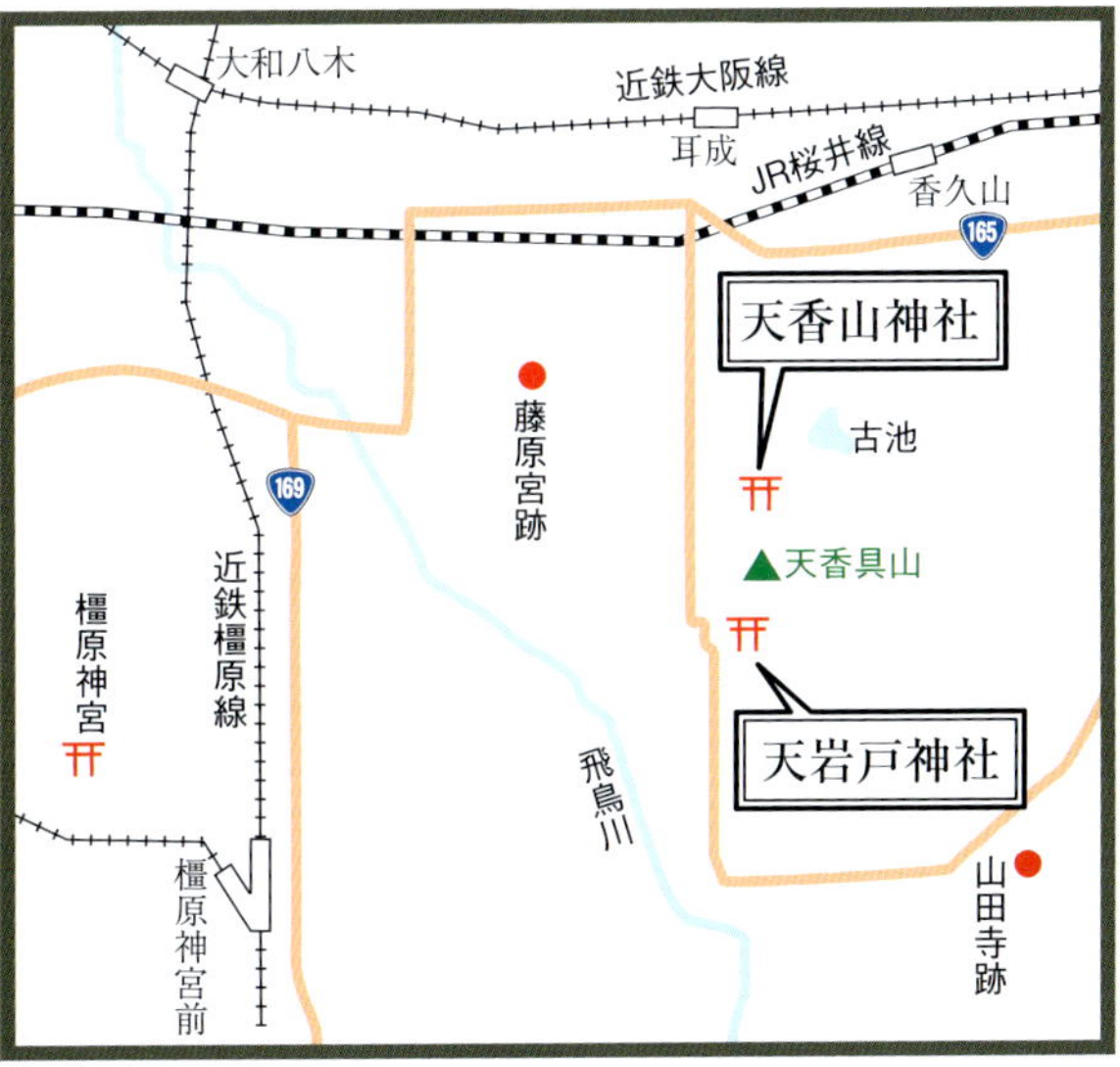

天香山神社

にしらぬものなく。まして古をしのぶともがらは。書《ふみ》見るたびにも。思ひおこせつゝ。年ごろゆかしう思ひわたりし所なりければ。此度はいかでとくののぼりてみんと」と、のぼった時の様子を書いている。

　そして、近所の者らしい五、六人が芝の上に車座になって酒を飲んでいたとか、ワラビ採りの娘らが二、三人いたなどと、のんびりした情景を記している。

　長年の飛鳥への夢をかなえて、よほどうれしかったのだろう。宣長は「いつしかと思ひかけしも久かたの天のかぐ山けふぞわけいる」と歌も詠んだ。

天上とつながる山

　私がこの山に関心をもったのは、「天」がついていることのほかに、天上の高天原《たかまがはら》を地上に下ろしたのが香具山だ、という話を聞いたからだ。

　その一部だけ伝えられている『伊予国（愛媛県）風土記』の記述には、地元の「天山《あめやま》」の由来がこう紹介されている。

　伊与の郡《こほり》。郡家《こほりのみやけ》より東北《うしとら》のかたに天山あり。天山と名づくる由《ゆゑ》は、倭《やまと》に天加具山《あめのかぐやま》あり。天《あめ》より天降《あも》りし時、二つに分《わか》れて、片端は倭の国に天降《あまくだ》り、片端は此の土《くに》に天降りき。因《よ》りて天山と謂《い》ふ。本《ことのもと》なり。（『日本古典文学大系　風土記』岩波書店）

　これは自分たちの国の「天山」が由緒ある山だといいたいために書かれたのだろう。香具山の由来の説明としては不十分だが、風土記が編さんされた奈良時代にはすでに天上と直結する格上の山と思われていたことがわかる。

　『日本書紀』には、奈良県・宇陀《うだ》の

天岩戸神社

山中で行く手を敵に阻まれた神日本磐余彦《かむやまといわれびこ》（神武天皇）の夢に天神が現れ、香具山の土で平たい土器や神酒を入れる容器をつくり天神地祇《てんじんちぎ》を祀《まつ》れ、と告げた。そこで神武軍に加わった椎根津彦《しいねつひこ》と弟猾《おとうかし》に、老父《おきな》と老女の格好をさせて、香具山の土を取りに行かせた。そしてお告げ通りにして勝利した、という話が出てくる。

「香具山の土」は第十代の崇神《すじん》天皇の記述にも登場する。

武埴安彦《たけはにやすびこ》という皇族の妻が香具山の土をこっそり取ってきて、「これは倭の国の代わりの土」とまじないをした。武埴安彦は謀反を企てたとして殺された。

香具山の土を我が物にすることは、とりもなおさず、倭の支配権・祭祀《さいし》権を得ることとされた。これらは、香具山を神聖視、別格視するために『日本書紀』の編者が挿入した話だろう。

天上の物語の完成と演出

なぜ香具山を神聖、別格な山にしなければならなかったのか。

私は、ヤマト王権の創始者が当初は持っていなかった「天上の世界」、つまり高天原にまつわる物語を完成させるためだったと思う。高天原を自分たちが認識し、また人びとに認識させるには、それを「地上の世界」に投影させた聖域をつくるのが手っ取り早い。そのために選ばれた場所が香具山だった、というわけだ。

実際、香具山には高天原を連想させる神社や、高天原を舞台にした神話にちなんだ話が多い。

まず、北側の麓《ふもと》に天香山《あまのかぐやま》神社が鎮座している。小さな社にもかかわらず式内大社と格が高い。本殿の背後には側面を人工的に切ったような大きな石が三つ見える。横穴式古墳の石室までの通路の石か、磐座《いわくら》の一種だろう。

境内には「ハハカ」（朱桜《かにわざくら》）の古木が、少しかしいで立っている。案内板には「古事記によれば、この木の皮で香久山の雄鹿の骨を焼いて吉凶を占った」と書いてある。

天照大神《あまてらすおおみかみ》が、高天原で大暴れした弟の素戔嗚尊《すさのをのみこと》に腹を立て岩屋にこもってしまい、世の中が真っ暗になった。あの神話を思い出してほしい。

女神の天宇受売命《あめのうずめのみこと》（天鈿女命）が「胸をあらわに、裳緒《もひも》を陰部まで下げて」踊った場面はよく知られている。そのとき天宇受売は香具山の日影（ヒカゲノカズラ）をたすきに掛け、香具山の笹《ささ》の葉の束を手に持って踊ったと『古事記』は伝える。

それだけではない。天照を岩屋から引っ張り出すため香具山のハハカで焼いた鹿の肩骨で占いをしたとか、香具山に生えているサカキを根ごと抜いたとか、香具山物産のオンパレードなのである。

山をひと回りして南側に行くと、そこにはごていねいに「天岩戸神社」まである。祭神はもちろん天照大神だ。真竹の林が風に音する拝殿の奥には大きな石が四つ。そこが「大神の幽居《ゆうきょ》した所と云える岩穴」と説明にある。

なぜそうまでして香具山と高天原を結び付けたいのか。なぜ高天原の地上の投影が香具山でなければならなかったのか。それが解ければ、この山にだけ「天」が冠された秘密もわかるだろう。

こぼれ話

◉天香具山の古墳

王権の神話に彩られた天香具山の東南部には5基の円墳から成る南山古墳群（5世紀）がある。そのうち4号墳から、倭との交流が知られる朝鮮半島南部・加耶系の陶質土器が発掘調査で見つかった。動物を台に乗せた高坏《たかつき》などだ。このほか、鉄製品をつくるための板状素材や矢じり、馬具の轡《くつわ》などが出土している。海外との交流で活躍した可能性がある人物の墓だが、中心部分は失われていた。また、同古墳群の北側には約100年後の横穴式石室を持つ古墳があった。一帯では、かなり古い時代に土地が削られ、わずかな数の古墳しか確認されていない。

奈良県明日香村奥山あたりから見た天香具山。朝もやにかすむ南のふもとに天岩戸神社があり、北に天香山神社がある

続・天香具山

特別な存在狙い「聖山」化

天香具山《あまのかぐやま》と神話の高天原《たかまがはら》を結ぶもの。その秘密のカギを握るのは、物部氏に代わって朝廷の祭祀《さいし》をつかさどる最有力氏族にのし上がった中臣《なかとみ》（藤原）氏だ。

『記・紀』編さんの背後に藤原不比《ふひ》等《と》の影を見る人は少なくない。中大兄《なかのおおえの》皇子《みこ》（天智天皇）を補佐し、蘇我入鹿《そがのいるか》を倒すクーデターを成功させた鎌足の子である。

香具山の西方、藤原京のあった一帯は中臣氏の勢力地だったという。そのためだろう、中臣氏は香具山のふもとの天香山《あまのかぐやま》神社の祭祀を担当した。自

【紀行メモ】

●御破裂山
所在地：奈良県桜井市
交通：談山神社から徒歩約35分

●高天彦神社
所在地：奈良県御所市北窪
交通：近鉄御所市からバス鳥井戸下車、徒歩45分

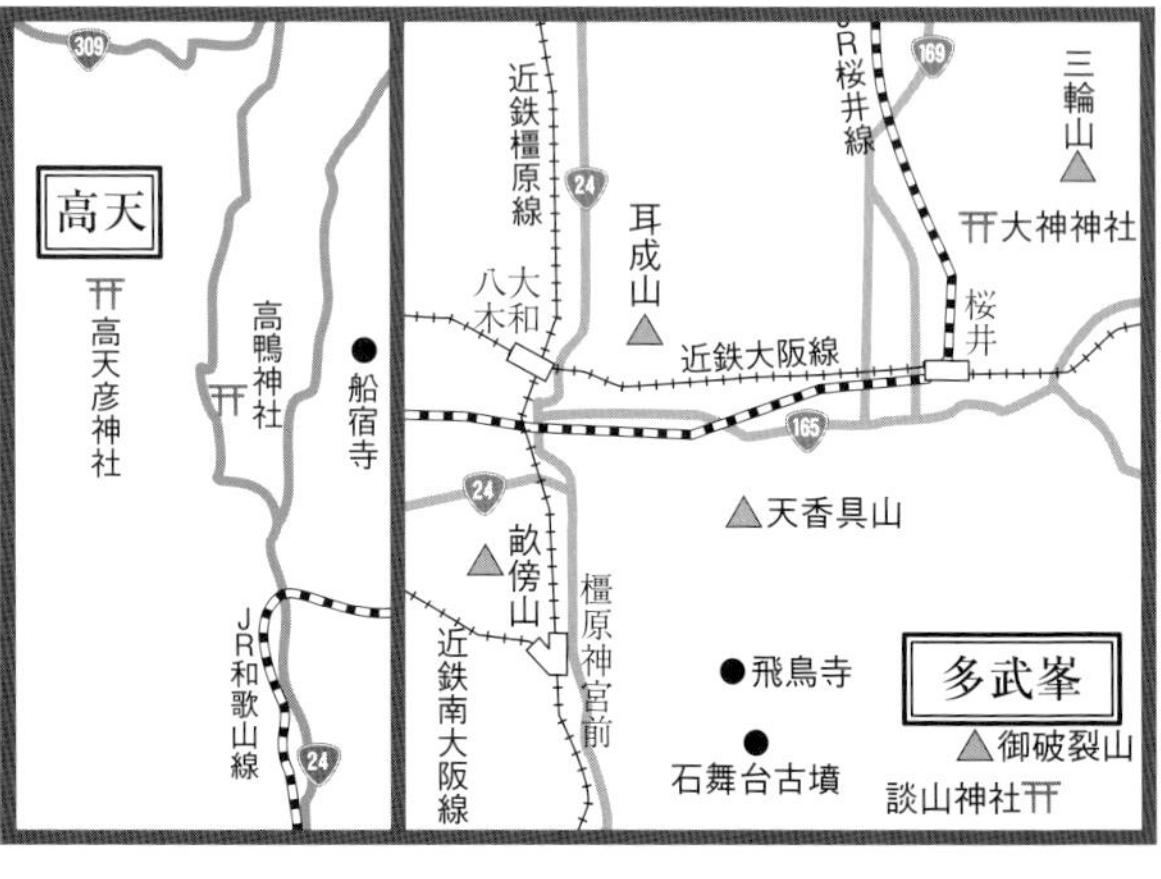

奈良県橿原市の藤原京跡から見た夜明けの天香具山。背後には多武峯の山々が連なる

分たちの一族がそのふもとで祭祀や占いを行う山を、ヤマト王権の聖山にすれば、自分たちも特別な存在になる。

権力と直結した聖地

天香山神社の祭神は櫛真命《くしまのみこと》である。この神の実体をめぐり、住吉大社宮司の真弓常忠氏が唱えた説が興味深い。

中臣氏の氏神の一つ、茨城県の鹿島神宮の祭神は武甕槌神《たけみかづちのかみ》だ。この神は伊奘諾尊《いざなきのみこと》が火の神、軻遇突智《かぐつち》（迦具土）を切り殺した時の血から生まれたとされる。軻遇突智は「香具土」と推定できるから、鹿島神宮の祭神のルーツは天香山ではないかという。

真弓氏は「武甕槌神、すなわちカシマの神が天香山に発祥したとするならば、クシマ（櫛真）の命はカシマの神にほかならず、鹿島の神を奉じた氏族は中臣氏であるから、天香山は中臣氏

御破裂山山頂からは大和三山の畝傍山（左端）、耳成山(右端)、手前のなだらかな天香具山が一望。遠方に二上山（左）など葛城山系が見える

鎌足の墓があるという御破裂山の山頂

と関係があったと推定してよいであろう」と書いている（『天香山と畝火山』学生社）。

　ヤマト王権の創始者たちは、海が見えなくなった熊野の山中で「天上の世界」や「祖先神の降臨」といった垂直的発想に転じるきっかけをつかんだ。そして、権力基盤を固めた磐余《いわれ》で三輪山を拝し、磐座に神が降臨するというイメージをつくった、と私は考える。

　それから幾世紀。飛鳥京、藤原京と都を移した天武・持統朝に王権の権力や権威はゆるぎないものになり、天皇は「現人神《あらひとがみ》」になった。天武は王朝の正当性を明確にするために歴史の見直しを命じたとみられる。その号令を引き継ぎ、七一二年と七二〇年にそれぞれできたのが『古事記』と『日本書紀』だった。

　舞台が磐余から飛鳥に移るにしたがって、朝廷にとっての「聖なる山」

が三輪山から香具山に変わっていったのは自然なことだろう。何の変哲もない小山が「天」香具山として特別視され、高天原で繰り広げられた物語に香具山の動植物が登場するのは、「垂直的世界観」を完成させたい天皇家と、自分たちの家系の地位を高めたい藤原氏の利害や思惑が一致したからだ、と私は思う。そうしたシナリオの背後にいたのが藤原不比等だったのではないだろうか。

奈良県御所市高天、杉の古木の参道の奥に高天彦神社がある

談山神社から天香具山へ

飛鳥周辺の地図をながめていると面白いことに気付く。談山《たんざん》神社のある多《と》武峯《うのみね》から、いくつかの尾根を経て盆地に下るところに香具山があるのだ。香具山は多武峯の続きの山なのである。

鎌足を祭神とする談山神社には「その昔、高貴な神が多武峯に天降《あまくだ》り、尾根筋をゆっくり下って天香具山に至った」という言い伝えが残る。談山神社の宮司代務者、長岡千尋氏は「天孫降臨の神話は、多武峯の神が里に下ってゆくイメージを物語にしたのではないか」とみる。鎌足、不比等親子という実力者の影響下で、香具山と多武峯は

こぼれ話

◉藤原氏

鎌足以来、戦時中の近衛文麿首相に至るまで、日本史の上で大きな役割を果たし続けた。その基礎は鎌足の子・不比等が築いたとされる。彼は古代政治の枠組みを決定づけたとされる大宝律令の制定（701 年）、平城遷都（710 年）などにも力を発揮した。皇族以外で初の皇后とされる聖武天皇の光明皇后は不比等の娘で、不比等の４人の男児は「藤原四家」になり、政権の中枢を支えた。その後、源氏物語の光源氏のモデルともされる道長、京都・冷泉家の祖先である歌人の俊成・定家父子らが登場。鎌倉時代以降は、近衛、九条、鷹司、一条、二条家が摂政につき、「五摂家」と呼ばれた。

セットで格式をあげていったともいえる。

　折口信夫《おりくちしのぶ》に師事した歌人の岡野弘彦氏は「古代の道」と題するエッセーにこんな描写をしている。御破裂山《ごはれつやま》はその頂上に鎌足の墓があると伝承されている。


　御破裂山から、尾根伝いの道を一気に眼下の明日香村へくだる。大和盆地の東をかぎる山の頂上から、香具山をめざして降りるこの道は、大和の村を年の始めにおとずれる『まれびと神』の空からの道であり、山宮から里宮へ降臨する道である。（神社シリーズ『談山神社』新人物往来社）

　中臣（藤原）氏は自分たちの神と香具山の神を結びつける一方、香具山をヤマト王権にとっても特別な山に仕立て上げるお膳《ぜん》だてをしたのだ。それが「天香具山＝高天原の地上への投影」という観念だった、と私は思う。

もう一つの高天原

　ところで、奈良盆地には「ここが高天原だ」と言い伝えられた場所がある。金剛山麓《さんろく》の高地集落、その名も奈良県御所《ごせ》市高天《たかま》にある高天彦《たかまひこ》神社だ。そこはヤマト王権と張り合った有力豪族・葛城氏の本拠地だから、「高天原」の名はそぐわない感じがする。

　私は、葛城氏か、同じような豪族・鴨氏の祖先神の降臨伝承が葛城氏の没落後に「天孫降臨伝説の舞台」に変わったのではないか、と考えている。

　高天集落から国道24号まで下ったところに船宿寺《せんしゅくじ》がある。寺には江戸時代初期のものという高天地区の地誌が残っている。そこに出てくる「大輪駄《おおわだの》原《はら》」という場所に「高天ノ神始メテ天降リタマフ古跡ナリ」という説明がある。

　高天出身の菅原正光住職が村の古老に聞いたところでは、大輪駄原は金剛山の東側に連なる白雲峯《しらくものみね》の下のあたりだ、とのこと。祖先神がそこに降りたというのだから、葛城一族の神奈備《かんなび》（神が居ます）山だったのだろう。

　祖先神の降臨伝説は物部氏の「専売特許」ではない。ヤマト王権の創始者とは別に、弥生文化を身につけた人びとが和歌山県の紀の川を遡《さかのぼ》って金剛山の麓《ふもと》に根をおろし、一族の聖なる山を崇拝したとしても不思議はない。

　ヤマト王権が他を寄せ付けない力を持つようになって以降、葛城地方を得た勢力が、自分たちと王権とのつながりを強調するために「高天原」や「高天彦」を掲げたのではなかろうか。

コラム　古事記は語る⑥——《葛城の神》

ある日、雄略天皇は葛城山に登った。そのとき大きなイノシシが出てきた。天皇が矢を射たら、イノシシは怒り、うなり声をあげて向かってきた。天皇は尻込みして、木によじのぼった。そして「手負いのシシのうなり声が怖くて、木の上に逃げたことだなあ」といった歌を詠んだ。

別のときに、また葛城山に登ったとき、供のものたちは赤いひもの付いた青い服を着ていた。するとどうだろう。向かいの尾根を天皇一行とそっくりの行列が登っているではないか。雄略は「この大和国では私以外に王はいないはずなのに、あれはだれだろう」といぶかった。と、向こうも同じことを言った。

天皇が腹を立て、弓を構えると、相手もそうした。そこで「名をなのれ」と叫ぶと、相手はこう語った。「問われたから先に答えよう。私は、悪いことも善いことも一言で言い放つ、葛城の一言主《ひとことぬし》大神である」

それを聞いた天皇はすっかり恐縮して「おそれ多くも大神とは知りませんでした」と述べ、自分の刀、弓矢、お供の衣服を献上した。一言主大神はそれを受け取り、天皇一行を見送った。

解説

葛城一言主神社は葛城山のふもと、奈良県御所《ごせ》市に今もある。地元では、一言だけ願いをかなえてくれる神様として「一言《いちごん》さん」と親しまれている。古代の一時、ヤマト王権と張り合うほどの勢力だった豪族・葛城氏の氏神だったと、私は思う。

その葛城氏の本家は、五世紀の中頃、リーダーだった葛城円大臣《つぶらのおおおみ》が雄略に滅ぼされて没落する。二〇〇五年に発掘された御所市の極楽寺ヒビキ遺跡は、円大臣がらみの建物跡だったとみられる。

一言主神と雄略の対話は、両者の力関係を反映しているようで興味深い。

『古事記』は雄略が下手に出ているから、まだ葛城氏が力を持っていた時代の雰囲気を反映しているのではないか。

一方、同じ逸話を伝える『日本書紀』は中身が微妙に違う。雄略が恐縮し大神に武器や衣服を献上するというくだりがない。そのうえ、葛城の神が雄略を見送る様を見たひとびとが「天皇は徳のあるお方だ」とほめたとある。『日本書紀』は、葛城氏の没落という経緯を映し出しているようだ。

高千穂

日向に漂う鬼の悲哀

皇室の祖先神とされる天照大神《あまてらすおおみかみ》が居る高天原《たかまがはら》を地上に下ろしたのが奈良県橿原市の天香具山《あまのかぐやま》だという。そう考えると、大和三山の中で香具山が別格視され、神話に香具山の木などが出てくることの理由がわかる。香具山は地上における高天原の「ショーケース」ともいえる。

ところがこの国には、天照の孫が降臨したという峰から、初代・神武天皇の誕生地、大和をめざした船出の場所まで何でもそろっている神話の「デパート」がある。古代から日向《ひむか》と呼ばれた宮崎県だ。

高千穂の夜神楽

冬場、山間の村々では夜神楽《よかぐら》が演じられる。天照を天の岩戸から誘い出す「岩戸開き」がハイライトだという。同県高千穂町の歴史民俗資料館学芸員、緒方俊輔氏に聞いて、二〇〇八年十二月十三日に高千穂町野方野地区で舞われた夜神楽を見学した。

神楽は高台にある公民館で宵の口から翌朝まで延々と続く。宿でひと眠りしたあと、午前四時半から九時まで観《み》た。

公民館の広間には注連縄《しめなわ》の下がった「神庭《こうにわ》」がつくられ、その中で「ほしゃどん（奉仕者）」と呼ばれる舞人が、勇壮に、またゆったりと舞う。「ほしゃどん」はすべて村民だ。八十五戸のこ

高千穂夜神楽のクライマックス。手力雄神は天照大神が隠れている岩戸をこじ開け放り投げた。宮崎県高千穂町野方野の空も白み始めていた

【紀行メモ】

◉高千穂町へは
所在地：宮崎県西臼杵郡高千穂町
交通：熊本空港から車で約1時間30分、JR熊本駅から車で約2時間30分
問い合わせ：0982（73）1213（高千穂町観光協会）

◉高原町へは
所在地：宮崎県西諸県郡高原町
交通：宮崎空港から車で約45分
問い合わせ：0984（42）1158（高原町商工会）

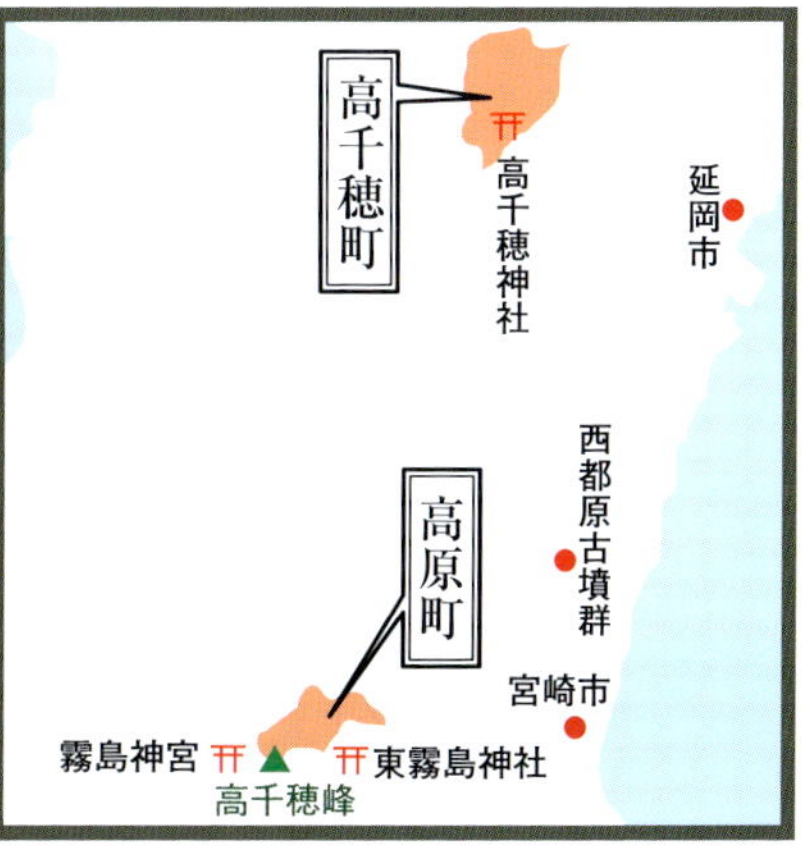

神武天皇生誕の地。宮崎県高原町の皇子原には「皇子原神社」がある

の村落で伝統を維持していくのは大変なことだろう。高千穂町では夜神楽を舞う集落が二十ほどもあるそうだ。

長丁場に疲れたのだろう、横になって寝ている人も結構いた。それが明け方の「岩戸五番」と称する一連の舞いになると、むっくり起きる。手力雄《たちからをの》神《かみ》が岩戸をこじ開け、放り投げるヤマ場をみんな知っているのだ。

床に転がされた張りぼての岩戸を大勢で持ち上げようとするが、重くて動かない。そんな所作に笑いが起きた。

鬼八の伝説を訪ねて

高千穂町の夜神楽で興味を覚えたのは、それが地元に伝わる「鬼八《きはち》」伝説に由来するという話だ。

鬼八という名の鬼を、神武の兄の三《み》毛入野命《けいりののみこと》が退治したが、早霜《はやじも》を降らせるなど祟《たた》りがひどい。そこで鬼八の好物、猪《いのしし》の肉を供えて魂を鎮《しず》める猪掛《ししかけ》祭《まつり》が高千穂神社で行われるようになった。

この祭りでは宮司が両手に持った笹《ささ》を左右に振る「笹振り神楽」が奉納される。それが夜神楽のルーツだという。

高千穂町の中にも鬼八を祀る塚がある

神武と一緒に日向をたった三毛入野命は熊野上陸を目前に嵐の海で遭難し、理想の地・常世《とこよ》に行った。『日本書紀』はそう伝える（本書14・15頁）。その兄が故郷に戻っていたとは……。

猪は「山の神」でもある。収穫を終

えたあと、猪を供えた鎮魂祭をするというところにもひかれた。

　高千穂神社の宮司で『山青き神のくに』（角川春樹事務所）など著書もある後藤俊彦氏はこう語った。

「二千年ほど前に阿蘇の大爆発があり、それが神武東征のきっかけになった、という興味深い説がある。そのすきに鬼八が反乱を起こした。そこで三毛入野命が急きょ戻った、というわけです。『日本書紀』の編者にとって、そんなことはどうでもよかったのではないか」

「鬼八は狩猟に生きた縄文人で、三毛入野命は稲作文化をもった弥生人の代表です。鬼八伝説には縄文から弥生への勢力転換が凝縮している。そうした歴史に自然や山の神への農民の畏敬《いけい》が重なって、猪掛祭になった」

　鬼八はヤマト王権に制圧された地元の豪族だったのではなかろうか。権力に「まつろわぬ者」、つまり言うことを聞かない者は、しばしば「鬼」にされる。鬼たちの物語は、いつもどこかもの悲しい。それが、恐れられながらも愛着をもって語り継がれ、鎮《しず》められてきた理由だと私は思う。

　鬼八伝説は熊本県阿蘇市の阿蘇神社にも伝わる。こちらの鬼八は、神社の祭神で神武天皇の孫といわれる健《たけ》磐龍命《いわたつのみこと》の従者だった。主人は阿蘇の外輪山の大石を的に弓の稽古《けいこ》をし、従者は矢を集めた。鬼八は九十九本まで拾ってきたが、百本目に面倒になり、主人に蹴り返した。怒った健磐龍命は鬼八の首を斬る。

　その恨みから早霜がおり、農民は苦しんだ。そこで、「斬《き》られた首が痛む、暖めてほしい」という鬼八の頼みを聞いて、毎年八月十九日から二カ月間、縁の深い摂社で「火焚《た》き神事」をする、

こぼれ話　◉神楽

　神が降臨する場所、つまり「神の座《くら》」の前で演じられる踊りと音楽の芸能が起源とされる。神話では「天鈿女命《あめのうずめのみこと》が天照大神を天の岩戸から外へ誘い出した時、神がかりして踊った」という。その歌舞は天鈿女の子孫が宮廷の鎮魂祭に伝えたとされる。宮廷の雅楽に組み込まれた古来の神楽は、儀式で制度化されて「御《み》神楽」と呼ばれた。宮廷での神楽に準じて、伊勢神宮でも神楽が奉納され、広く歓迎された。その後、次第に神楽が盛んになったのに伴い、宮廷外の著名な神社を中心に活発な民衆の支持もあって「里《さと》神楽」が演じられるようになった。日向各地のほか、出雲、岩見、備中の神楽などが知られる。

宮崎県都城市高崎町の東霧島神社の「鬼磐階段」

という話である。

百本目にちょっとさぼったら殺される。「首が痛む」と泣きつく。鬼に同情したくなる。

二つの天孫降臨地

ところで、宮崎県には「ここそ天孫降臨の地」と互いに張り合ってきた「高千穂」がふたつある。高千穂町と、鹿児島県にまたがる高千穂峰（霧島連山）一帯だ。

北の高千穂町には天岩戸神社や「天孫降臨」の地という槵触《くしふる》神社があり、南の高原町《たかはるちょう》には神武生誕地と伝える皇子原《おうじばる》、幼少のとき狭野尊《さののみこと》と呼ばれていたという神武を祭神とする狭野神社などがある。

霧島連山の東端に鎮座するからその名がついたという宮崎県都城市高崎町の東霧《つま》島神社の「鬼磐《おにいわ》階段」が面白い。

平らな大石を並べた急な石段が、本殿に向かって一直線に伸びており、下の鳥居脇には金棒を持った赤鬼がでんと腰かけている。稲丸利弘宮司によれば、こんな伝説が残っている。

その昔、村の美人を嫁にほしいなどと無理難題をふっかける鬼たちに、霧島の神が「お前たちが一晩で階段を築いたら望みをかなえてやる。できなければ、ここを去れ」と告げた。

鬼たちが怪力でどんどん積み上げるのを見てあわてた神は、長鳴鶏《ながなきどり》を集めて一斉に鳴かせた。夜明けと思った鬼たちは完成直前に退散したという。

神様が鬼をだますなんて、ちょっと罪つくりではある。

伊勢へ

潮の香り消えぬあこがれ

自分たちの神様はできるだけ身近で祀《まつ》る。普通、豪族たちはそう思うだろう。物部氏や藤原氏は各地に氏神を持つが、それは勢力の拡大を示すもので、氏神を遠ざけたわけではあるまい。

でもヤマト王権はちょっと違った。彼らが祖先神とする天照大神《あまてらすおおみかみ》を大和の王宮から離して、遠い伊勢の地へ持っていったのである。なぜそんな不自然なことをしたのか。それが前々から不思議だった。

打ち寄せる波を求めた天照

伊勢にはもともと、太陽をあがめていた里人たちの信仰があった。ヤマト王権はそんなローカルな神に着目し、皇祖神・天照にした。多くの歴史学者がそう考えている。

『アマテラスの誕生』（講談社学術文庫）の著者筑紫申真《つくしのぶざね》氏は「イセの大神アマテル」が、持統天皇の治世の晩年に、しかも持統をモデルにして天照になった、と主張した。

でも太陽信仰なら大和の三輪山にもあった。伊勢まで行かなくても何とかならなかったのか、と思う。それに対す

【紀行メモ】

◎崇神天皇陵
所在地：奈良県天理市柳本町
交通：JR柳本駅から徒歩7分

◎大和神社
所在地：奈良県天理市新泉町
交通：JR長柄駅から徒歩6分
問い合わせ：0743（66）0044

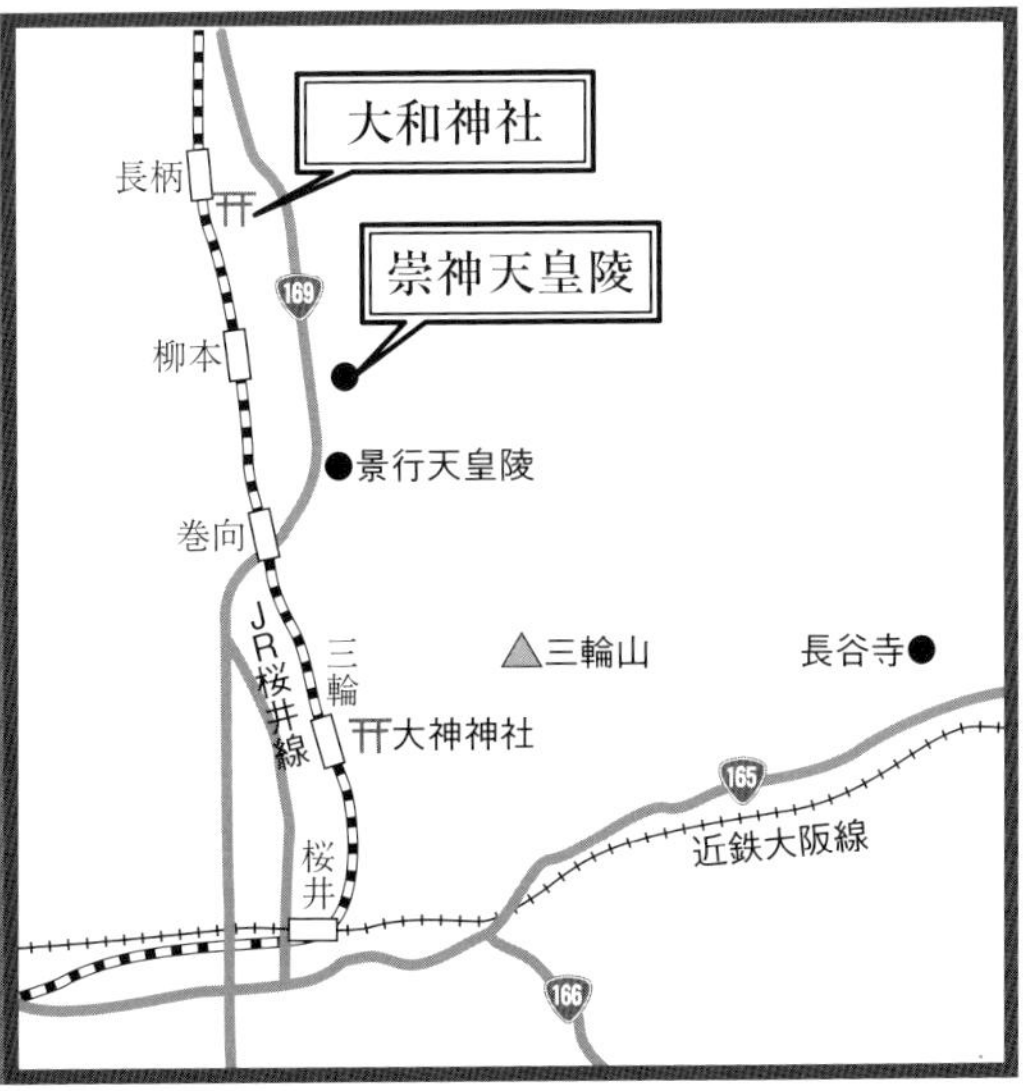

る『日本書紀』の答えは、いまの言葉にすると次のようだ。

（第十代の）崇神《すじん》天皇五年に疫病が流行し、たくさんの人が死んだ。翌年、農民たちの反乱や流離も起きた。そこで天神地祇《てんじんちぎ》に祈った。それまでは宮中で天照大神と倭大国魂神《やまとのおおくにたまのかみ》（日本大国魂神）を一緒に祀《まつ》っていたが、それぞれ勢いが強すぎて、共に住めない。それが災難の原因と考えて、二神を離し、天照大神を豊鍬入姫《とよすきいりびめ》に託して笠縫村《かさぬいのむら》に遷《うつ》した。倭大国魂神は渟名城入姫《ぬなきのいりびめ》に任せたが、彼女は髪が抜けやせ細ってしまった。

倭大国魂がどんな神かについては諸説あるが、地元の地主神か「国つ神」ではないだろうか。この神は、奈良県天理市の崇神天皇陵（行燈山《あんどんやま》古墳）に近い大和《おおやまと》神社の祭神になっている。また「笠縫邑」の場所についても諸説がある。

『日本書紀』のこの説明、ちょっとおかしくないか。天つ神と国つ神を一緒にされ、双方が不満というのはわかる。腑《ふ》に落ちないのは天照のほうを追い出してしまったことだ。地付きの神様にお引き取りいただき、別の場所で丁重に祀るというのが自然だろう。国つ神にそれほど気兼ねするなら、最初から別々に祀ればよかったのだ。

だから私は、天照大神の側に大和を離れる理由があったのではないか、という気がする。

これに関連して、崇神の次の垂仁《すいにん》天皇紀に出てくる場面を見よう。天照が垂仁天皇の皇女という倭姫命《やまとひめのみこと》に先導され、伊勢に向かうくだりである。

垂仁天皇二十五年の春、天照大神は豊鍬入姫（豊耜入姫）から離されて倭姫に託された。彼女は天照が鎮まるにふさわしい地を求めて、各地を巡った。奈良県の宇陀《うだ》、次いで近江、美濃などあちこちを経て、最後に伊勢の国に至った。

伊勢の海、東風の吹く朝、白波が重なり合って浜辺に寄せ来る

そこで天照が倭姫に語ったという言葉が、なかなかいい。

是《こ》の神風《かむかぜ》の伊勢国《いせのくに》は、常世《とこよ》の浪《なみ》の重浪帰《しきなみよ》する国なり。傍国《かたくに》の可怜《うま》し国なり。是の国に居《お》らむと欲《おも》ふ

（岩波文庫）

「ここは、ちょっと田舎だけど、常世から波がしきりに打ち寄せる美しいところだわ。私はここに居たい」。天照に言われたとおり、伊勢国にその祠《やしろ》をたてた、と『日本書紀』は語る。

天照は、はっきりと自分の意思表明をした。そこに居たい理由は常世から波が寄せてくる場所だからだという。

受け継いだ海人の血

ここで「常世」が登場することに私

天理市の崇神天皇陵（行燈山古墳）

は感慨を覚える。常世は、熊野灘の荒波にのまれた神武の兄たちや、大国主神《おおくにぬしのかみ》の国づくりを助けた少彦名命《すくなびこなのみこと》が戻っていった、「妣《はは》の国」だからである。

そうだ。ヤマト王権を築いた海人《あま》の民は、常世にあこがれ、海にあこがれていたのだ。

熊野で海に別れを告げ、周囲を「青垣」のような山々に囲まれた大和の地で垂直的な世界観を完成させ、天照大神と天つ神々の住む高天原も創《つく》った。でも何か満たされないものが残る。それは、記録はなくても「こころ」で受け継いだ海への想いだった。その想いは崇神、垂仁と政権の足元が固まるにつれて、逆に募っていった。そう思われてならない。

彼らは天照大神に託して「海から来て海に帰る」という自分たちの叙事詩を完成させたのである。

われらは内陸・大和の地で比類なき力を築いた。だから、祖先が理想郷としてきた常世や妣の国を望めるような海辺に「こころの宮」をつくりたい。天照大神の伊勢への旅を、古い物語として『日本書紀』に滑り込ませた背後に、そんな思いがあったような気がする。

海へ戻る天武の霊

『万葉集』巻二には、私の考えを裏

付けるような歌がある。天武天皇が亡くなって八年の供養があった夜、夢の中で持統女帝が詠《よ》んだとされる歌である。

明日香の　清御原《きよみはら》の宮に　天《あめ》の下
知らしめしし　やすみしし　我が
大君《おほきみ》　高照《たかて》らす　日の御子《みこ》　いかさ
まに　思ほしめせか　神風の　伊勢
の国は　沖つ藻《も》も　靡《な》みたる波に
潮気《しほけ》のみ　香れる国に　味凝《うまこ》り　あ
やにともしき　高照らす　日の御子
（伊藤博著『萬葉集釋注一』集英社）

万葉学者の伊藤博氏によると、次のような現代語訳になる。

「明日香の清御原の宮にあまねく天下を支配せられた我が大君、高く天上を照らし給う我が天皇よ、大君はどのように思し召されて、神風吹く伊勢の国は、沖の藻も靡《なび》いている波の上に潮の香ばかりがけぶっている国、そんな国においであそばすのか……。ただただお慕わしい高照らす我が日の御子よ」

持統にとって天武は愛する夫というだけでなく、手を取り合って吉野へ逃げ、壬申《じんしん》の乱（六七二年）に勝利した同士でもあった。

天武の霊は海藻がゆらぎ、潮の香が立ち込める伊勢の海をただよっている。やがて祖先がやってきた海に戻り、常世へと向かった――。彼女はそう信じたに違いない。

大国御魂を祭る天理市の大和神社

伊勢の海

太陽への慕情　天照に託し

昭和二十三年（一九四八）に発行された『日本古代史』（肥後和男著、目黒書店）という本が手元にある。敗戦後の用紙も不自由だったころだ。紙質は悪く、各頁はセピア色に変色している。

その序文には、あらましこう書いてある。「神話の雲におおわれ、宗教的権威によって保護されていた日本の古代の雲が一挙に取り除かれ、古代史を同じ人間の時代の延長として描ける」。歴史学者の喜びが、行間から伝わってくる。

その中で肥後氏は、天照大《あまてらすおお》神《みかみ》の安住の地をもとめて各地を巡った倭姫命《やまとひめのみこと》が、伊勢国に行き着いた理由を次のように述べる。

伊勢は大和の東方にあたり、大和人が旭日《きょくじつ》の昇天する

【紀行メモ】

◎伊勢へは

所在地：三重県伊勢市

交通：伊勢ICから車で約15分（季節によって規制あり）、JR名古屋駅から快速または、近鉄名古屋駅から特急で約1時間20分

問い合わせ：0596（21）5565（伊勢市観光企画課）

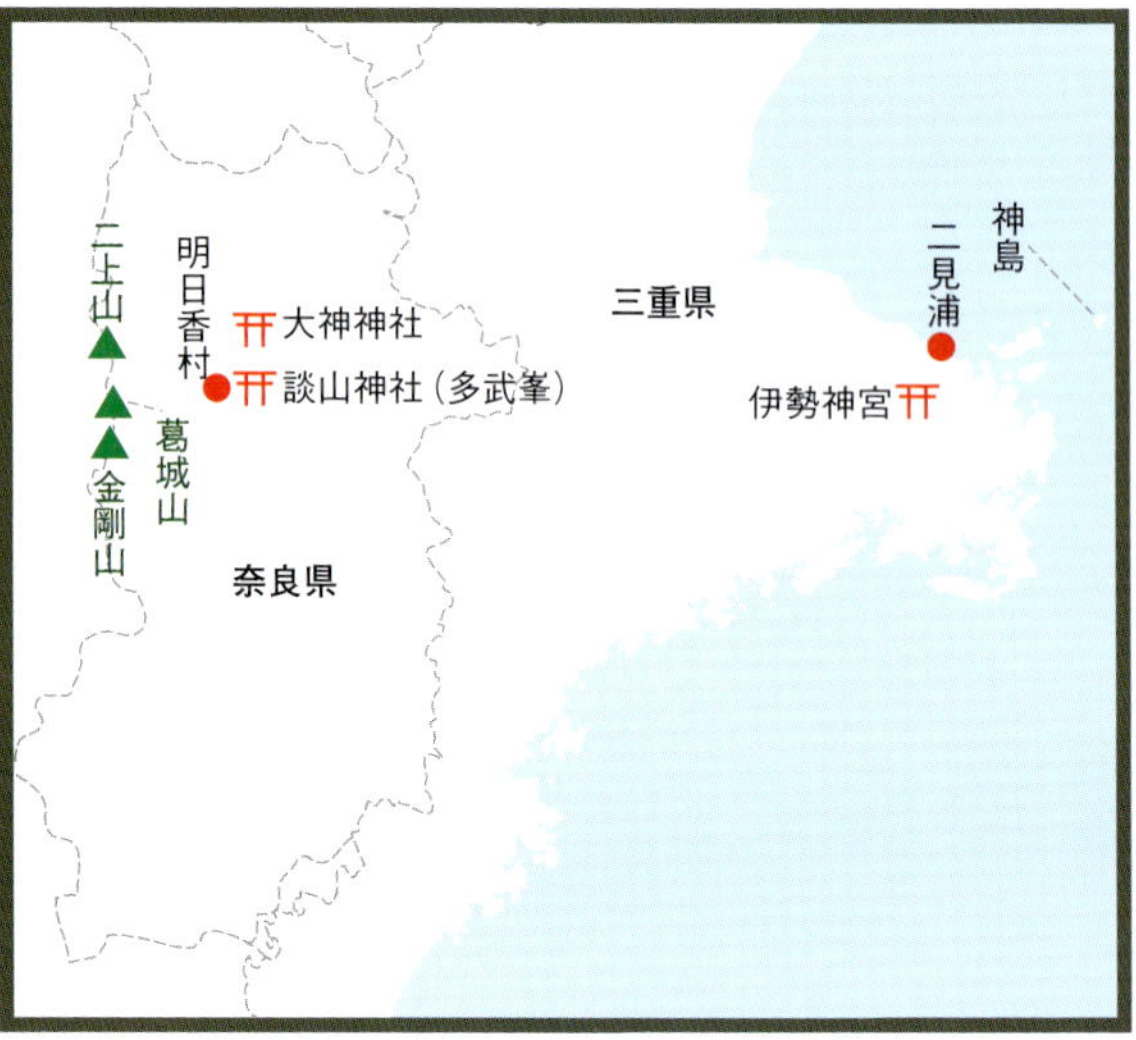

明日香の丘から望むと二上山、葛城・金剛山系を染めて夕日が沈む

のを見るに最も近い土地といふか、とにかく太陽が一望涯《はて》なき海上のかなたなる永遠の世界から上って来ることをはっきりと認識し得る最も好適の土地である。（中略）いつて見れば永遠なる神の国とうつろふ人の国との接触する境がこの伊勢の国であるということである。

著者は天照を宮中から離したのは「神の公共性を顕示して、皇室の政治的宗教的原理を明瞭《めいりょう》にせんとする」ため、つまり、大和地方の政権から全国統一をめざす政権へという発展の産物、というとらえ方をしている。

落日と朝日を慕う

私の仮説とは異なるものの、肥後氏が伊勢を「太陽が海上のかなたの永遠の世界から上って来ることを認識し得る好適地」といっているのは心強い指摘だ。

「永遠の世界」とは常世《とこよ》にほかならない。海人《あま》族は、海の彼方に常世を想い、水平線から昇り、そこに沈む太陽を慕い続けた。

『日本書紀』によれば、天照は倭姫に「伊勢国は、常世の浪《なみ》の重浪《しきなみ》帰《よ》する国なり。是の国に居《を》らむと欲《おも》ふ」と語った。「海のかなたの理想郷からの波が寄せるここに、私は居たい」とは、いかめしい神とは思えないほど率直な心情の吐露だ。それは最高神の口を借りた、ヤマト王権の支配者たちの願望だったと思う。

私はいま、奈良県明日香村の檜前《ひのくま》というところに居を構えている。「檜隈《ひのくま》」とも書いた古代からの地名で、周辺には天武・持統陵、高松塚古墳、キトラ古墳などが並ぶ飛鳥らしい地である。早朝、東の窓を開けると、談山《たんざん》神社のある多武峯《とうのみね》の方面から朝日が昇ってくる。夕日は二上山《ふたかみやま》、葛城山、金剛山と連なる盆地の西側の山々に落ちる。

大和人《やまとびと》たちはとりわけ二上山の落日に格別の思いを寄せてきた。二上山の雄岳《おだけ》には大津皇子《おおつのみこ》が眠っているといわれる。わが子・草壁のライバルを取り除こうと、後の持統女帝に殺されたとされる悲劇の皇子である。奈良盆地に暮らす人びとは、大津の無念を二上山の落日に重ね合わせてしのんできた。

ヤマト王権がその周辺で政権の基礎を固めた三輪山には、太古から太陽信仰があった。二上山の落日と双璧《そうへき》をなすのは、たおやかな形の三輪山に昇る朝日であろう。麓《ふもと》の大神《おおみわ》神社には本殿がない。山そのものがご神体だからだ。三輪山が朝日に浮かぶさまは、古代人ならずとも信仰心を揺さぶられる。

伊勢の天照は大和人の分身

しかし、である。

こういったら大和人や大和のファンにしかられるかもしれないが、海上の朝日や夕日のパノラマに比べると、盆地のそれはスケールが小さい。水平線を染めて昇ってくる太陽、大海原の果てに静かに沈む夕日。その荘厳さに言葉を失う経験を持つ人は少なくあるまい。

常世、ニライカナイ（琉球地方の思想）、補陀落《ふだらく》……。海に生きてきた民たちは波路の果ての朝日や夕日を見て死と再生、そして理想郷を想い、豊饒《ほうじょう》と祖先神の加護を祈ってきた。山間地や盆地はその広大さを提供することはできない。

「海《あま》」から「天《あま》」への世界観の転換は、黒潮を越えてやってきた神日本磐《かむやまといわ》余彦《れびこ》（神武天皇）たちにとって、やむを得ない選択だった。同時に、絶対神が居る天上があり、大王の下に人びとが暮らす地上があり、地下には死者たちの黄泉《よみ》の国があるとする垂直的世界観は統治にも都合のよい論理だった。彼らは熊野、磐余《いわれ》、飛鳥、藤原京と場所を変え、時代と経験を重ねながら自分たちの「信仰と支配の宇宙」を構築した。

だが「支配の論理」が整っても、「こころ」が継承した「海の光景」は払拭《ふっしょく》できない。海を見たい。海原の朝日や夕日を拝したい。そんな想いを天照大神に託したのが伊勢神宮だったのではなかろうか。天照は大和の支配者たちの「分身」でもあったのだ。

ただ海が恋しくて

伊勢の神はもともと、地元の漁民や農民が祀《まつ》っていたローカルな太陽神だったのだろう。それが「海」を求めるヤマト王権の郷愁、先祖回帰に合致して「皇祖神の神聖な社《やしろ》」に祭り上げられた。

倭姫が伊勢に到るまでにあちこち巡ったという話は、ヤマト王権の力を示すデモンストレーションとして、後から付け加えられたのではなかろうか。

天照が大和から伊勢に遷《うつ》ったことについては「伊勢が東国支配の拠点だったから」とか「東を聖なる地とする思想による」とかいろいろな説がある。

しかし従来の説は、理屈で説明しようとしすぎているような気がする。

「自分たちが渡ってきた海が恋しかった」。そんな「心情」に沿って歴史を眺めるのも悪くはあるまい。

こぼれ話

◉戦前の『記・紀』

『古事記』と『日本書紀』を正統神話とし、国教的に位置づけて天皇制を支えた戦前の国家神道は、「超宗教」とも呼ばれる。古代の神権的な天皇政治をたたえた江戸時代の国学の流れをくみ、明治の西欧化に反発する国粋主義などが背景にある。

大日本帝国憲法は祭祀《さいし》の権限を持つ天皇を「神聖にして侵すべからず」と法的に確定。教育勅語とともに、戦後の連合国軍最高司令官による廃止指令まで続いた。久米邦武・帝大教授が論文「神道は祭天の古俗」で、キリスト教徒の内村鑑三・第一高等中学校教員は教育勅語への最敬礼を怠ったとして、それぞれ職を追われるなど、大きな影響があった。

三重県伊勢市の東方、伊勢湾の入り口に浮かぶ神島。そのかなたから空海を染めて朝日が昇る

コラム　古事記は語る7——《ヤマトタケルの死》

九州や出雲を征討して都に戻ったばかりの倭建命《やまとたけるのみこと》（日本武尊）に父の景行天皇は東国征討を命じる。

尾張国で美夜受比売《みやずひめ》と契《ちぎ》りをかわし、相模国では国造《くにのみやつこ》の計略で野火に焼き殺されそうになった。さらに東に進もうと走水《はしりみず》の海（今の浦賀水道）を渡ったとき嵐に見舞われた。一緒の船に乗っていた妻の弟橘比売《おとたちばなひめ》が「私が身代わりになり海の神をなだめます。あなたはお役目を果たしてください」といって入水《じゅすい》した。

蝦夷《えみし》らを征伐し、帰途についた倭建は（箱根の）足柄山から海をながめて弟橘比売を思い出し「吾《あ》妻《づま》はや（わが妻よ）」と嘆いた。だからそれらの国を阿豆麻《あづま》（東国）というのだ。

信濃を回って尾張にもどった倭建は美夜受比売と再会した。そこまでは良かったが、（岐阜と滋賀県にまたがる）伊吹山の神を討とうと、素手で山に登ったのが災いした。山道で大きな白い猪《いのしし》に出会った。倭建は「山の神の家来だろう。帰りにやっつければいいだろう」と語った。実はそれが伊吹の神そのものだったのだ。みくびられ、怒った神は雹《ひょう》を降らせて苦しめた。すっかり弱った倭建はなんとか能煩野《のぼの》（今の三重県亀山市・鈴鹿市あたり）というところまでできたが、そこが最後の地だった。そこで倭建はかの望郷の歌をよむ。

倭は　国のまほろば　たたなづく　青垣　山隠《ごも》れる　倭しうるはし

（大和は素晴らしい国。青い垣根をめぐらしたような山々に囲まれた美しい大和がなつかしい）

解説

ヤマトタケルは悲劇の主人公として人間味豊かに描かれている。しかし『日本書紀』では景行天皇に忠実な武将として登場し、叔母の倭媛《やまとひめ》（倭比売）に愚痴る場面もない。有名な「倭は　国のまほろば」の歌も、景行天皇の九州征討の時の歌として語られている。この歌はもともと大和の国ほめの歌謡だったのだろうが、その使われ方に物語性の強い『古事記』と、ヤマト王権の正史でもある『日本書紀』の差異がみられ、興味深い。

『日本書紀』によれば、日本武尊は能褒野陵から白鳥になって飛び立ち、倭の琴弾原《ことひきのはら》にとどまったのでそこにも墓をつくった。さらに飛んで河内の旧市邑《ふるいちのむら》にとどまったのでそこにも墓をつくった、という。この記述にもとづいて、宮内庁の管理する陵墓が三カ所（亀山市、奈良県御《ご》所《せ》市、大阪市羽曳野《はびきの》市）にある。

エピローグ　二見浦

常世の波　神と人の境に

　長らくお付き合いをいただいた「幻視行」も終着駅にたどりついた。熊野灘に突き出た三重県志摩市の大王崎から始めたこの物語を、伊勢湾に面した同県伊勢市二見町で締めくくりたい。そこは、その海の光景がお気に召した天照大神《あまてらすおおみかみ》が「常世《とこよ》から波が打ち寄せるここに居たい」と選んだとされる土地だからである。

　伊勢の皇大《こうたい》神宮（内宮《ないくう》）に沿って流れる五十鈴《いすず》川は二見町の手前でふたつに分かれて伊勢湾にそそぐ。西側の本流は昔の支流、南を流れる五十鈴川派川《はせん》が元の本流だというからややこしい。

『倭姫命世記《やまとひめのみことせいき》』という鎌倉時代にできたといわれる文書によれば、天照大神の鎮座地を求めて巡った垂仁天皇の皇女・倭姫は船で二見の浜にやってきた。そのあたりは河口の湿地だったからだろうか、倭姫は五十鈴川を溯り、川上へと向かう。そんな土地らしく、二見町には倭姫がらみの伝承地や神社がたくさんある。

海に沈んだ興玉石

　古代のヒーロー倭建命《やまとたけるのみこと》（日本武尊）と倭比売《やまとひめ》（倭姫）は甥《おい》と叔母《おば》とされる。西国から戻ってすぐ父景行天皇に東征を命じられた倭建は「天皇は私など死んでしまえと思っておられるのか」と

【紀行メモ】
◎二見浦
所在地：三重県伊勢市二見町
交通：JR二見浦駅から徒歩5分
問い合わせ：0596（42）1111（二見総合支所地域振興課）

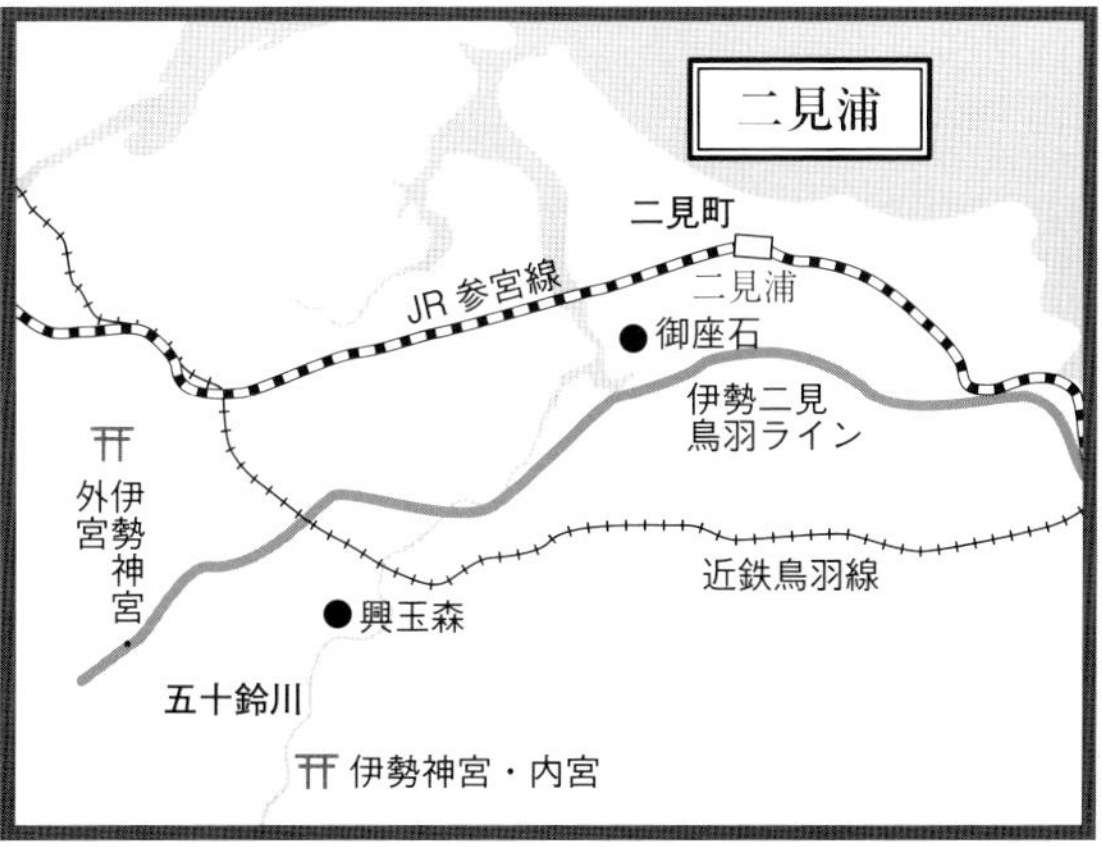

叔母に愚痴《ぐち》る。『古事記』の名場面だ。

ふたりの名前には共通点がある。西に東に大活躍した日本武尊伝説は、ヤマト王権の勢力拡大に携わった複数の武人たちをひとりにまとめた英雄譚《たん》であろう。一方、倭姫を「大和のお姫様」と解釈すれば、天照大神に仕えた巫女《みこ》の一般名詞かもしれない。

伊勢市への合併によって二見総合支所になった旧町役場で濱千代《はまちよ》日出雄氏に会った。元役場の職員で、地元の区長や夫婦《めおと》岩で名高い二見興玉《おきたま》神社の総代などを歴任した人だ。

濱千代氏は江戸時代の享保年間の作製という古地図の復刻版を机に広げた。「宮川以東神領之《の》図」とあるように、内宮と豊受《とようけ》大神宮（外宮《げくう》）周辺の地は当時伊勢神宮の領地で、二見の郷民は年貢を免除された代わりに神宮に奉仕した。

古地図は、二見町の観光名所である夫婦岩を「立石《たていし》」と記している。その少し沖合に「興玉石はここにある」と注記されているのが目を引く。興玉石は神話で天孫の降臨を出迎えたとされる猿田彦ゆかりの神石で、大小の岩に注連縄《しめなわ》を渡した夫婦岩はその神石の鳥居の役割をしているそうだ。

いまは興玉石を見ることができない。安政元年（一八五四）の大地震がもたらした津波で水面下に沈んでしまったからだ。毎年五月にその場所で神に供える海草を採る藻刈《もかり》神事がある。

古代を感じさせる場所

享保年間の古地図には「興玉之森」と書かれたところもある。内宮の手前の五十鈴川沿いの場所である。「海の興玉」と「森の興玉」はどんな関係にあるのだろう。興味を覚え、濱千代氏に案内してもらった。

そこに向かう川岸に、御座《ござ》石といわれる石がある。「お座り石」ともいう。倭姫が溯上《そじょう》の途中に腰を下ろして休ん

海中に興玉石がある三重県伊勢市二見町の海。夏至祭には、未明から海に入って祝詞を唱える禊が行われる

こぼれ話

◉渚の儀式

海岸での神事は太平洋岸にとどまらない。『古事記』が伝える国譲り神話では、出雲国に天下りした２神と大国主神の談判の場を「伊那佐《いなさ》の小浜」と記す。ここには、毎年旧暦10月の「神在月《かみありづき》」に海から訪れる「竜蛇神」を迎えるという伝承儀礼もある。一方、物部氏の祖・高倉下《たかくらじ》が越《こし》の国に上陸したのは今の新潟県長岡市の野積地区の日本海岸で、彌彦神社の神官による禊が春秋の鎮魂祭前、この浜で繰り広げられている（本書128頁）。海に囲まれた日本列島各地の海岸には古くから、大陸など各地から渡来・漂着する人びとがいた。彼らとの交流が数多くのドラマと「聖地」を生んだと考えられる。

だ石だそうだ。対岸にあり、水位が上がると隠れてしまうとあってよく見えなかった。

　護岸工事の堤防が、そのあたりで少し湾曲している。工事を始めてから『お座り石』が壊されてしまう」と騒ぎになり、設計変更したというから面白い。

「興玉之森」は、伊勢神宮の摂社である宇治山田《ようだ》神社の社叢《しゃそう》だった。小さいとはいえ造りは内宮と同じで、社の左は空地になっている。遷宮があるのだろう。十八世紀末に編さんされた『伊勢参宮名所図会』には「興玉森」の説明が出ている。神宮の地を譲った猿田彦神が退き、住んだところとある。猿田彦はこのあたりの地主だったのだろうか。

「興玉神」は内宮正殿内の一角でも祀《まつ》られている。十月の神嘗祭《かんなめさい》、六月と十二月の月次祭《つきなみさい》の開始にあたって、この神に祭事の無事を祈るそうだ。地主神だからか、それとも「興玉」は神霊を招く「招魂《おぐたま》」に通じるからだろうか。

　二見の浜に船でやってきた倭姫を迎えた佐見都日女命《さみつひめのみこと》は、「ここはどこか」という倭姫の質問に答えず、かたまった塩である堅塩《かたしお》を献上したという。無口な女性だったらしい。その佐見都日女を祭神とする堅田《かただ》神社は二見総合支所のすぐそばにあった。内宮の摂社で、やはり遷宮の空き地をもつ。

　佐見都日女の由来にそって、伊勢神宮で用いる塩はずっと二見の地で作られてきた。海水をくむ「御塩浜《みしおはま》」、それを荒塩にしてさらに堅塩に焼き固める「御塩殿《みしおどの》」。二見町を回っているとその浮世離れした様相に、古代をさまよっているような不思議な気分になる。

常世から俗世への旅

　二見浦といえば夫婦岩。夫婦岩といえば日の出。夏至にはふたつの岩の間から朝日が昇る。当日は、全国から集まった信者たちが白装束に身をかため、夫婦岩の前の海で禊《みそぎ》をして、日の出を仰ぐ行事がある。

　二見興玉神社の入り口に立てられた夫婦岩の案内板には、こんなふうに書いてあった。

「大注連縄《しめなわ》は結界《けっかい》の縄。その向こうは常世の神が寄りつく聖なる場所、手前は俗世という隔たりを持って張られている」

　黒潮に乗って熊野に上陸したヤマト王権の創始者たちは、「海《あま》」から「天《あま》」へと世界観を転換して大和に君臨した。それは常世から俗世への旅でもあった。

　心はその間を揺れ動きながらも、権《けん》謀術数《ぼうじゅっすう》と愛憎劇にまみれたヤマト王権は、私たち自身の姿ともいえる。


（完）

シンポジウム

古代人の世界観・宇宙観

――神話の原像を追い求めて

神話・伝説は何を語ろうとしているのか……。最後に、本書の内容に関連して開かれたシンポジウム「古代人の世界観・宇宙観」（朝日カルチャーセンター大阪教室主催）を収録する。神話にも詳しい上田正昭・京都大名誉教授（東アジア古代史）と千田稔・国際日本文化研究センター名誉教授（歴史地理学）、著者の桐村英一郎氏が討論をした。神話などを正面から受け止め、「古代人の思い」に迫る古代史研究の重要性が改めて印象づけられた。

（司会、構成は天野幸弘・朝日新聞記者）

――まず、研究者としてのご感想などをお聞かせ下さい。

上田　「幻視行」は幻だから批判しにくい（笑）。基本的な考え方には賛成で、各地での見聞を大事にした点を高く評価したい。日本神話は水平思考がベースになっているという側面はかつて、私も著書や論文で書いた。これは古代人だけではなく、われわれ現代人の問題にもつながる。人間関係も基本的には水平思考をめざしたい。

千田　海洋民族のなかでも、古代の安曇《あずみ》氏は九州から大阪、信州にも入り穂高岳を信仰する。海の民も山にあこがれ、桐村さんの言葉でいえば垂直的な世界に転換する。熊野に入って物部氏の垂直的な世界観に転換するのは特殊ではない。私は天皇家が海洋民族という説を早くから提唱してきた。騎馬民族説との対立を表明してから十数年、ずっと海を追いかけてきた。垂直的な世界観はよくわかるし、そこに目をつけた視点は非常に良い。

上田正昭氏

意見交換をする千田稔、上田正昭、桐村英一郎の各氏（右から）。

天孫降臨伝承の舞台は何処に

千田　ところで、九州高千穂への天孫降臨をどう理解するのか。これは重要な問題で、天皇家は天空から降りたのが原点になっている。

桐村　私は『原・先代旧事本紀《せんだいくじほんぎ》』のような物部氏の伝承を参考に天孫降臨の物語ができたと想定した。降臨の話はバイカル湖の近くなど騎馬系民族の伝承にそっくりだと考えた。

上田　高千穂の伝承地は四カ所あり、古くから論争がなされてきた。朝鮮の高句麗の神話では鄒牟《すうむ》王が天から降《くだ》ってくる前にいた松譲《しょうじょう》王を攻める。日本では神日本磐余彦《かむやまといわれびこ》（神武天皇）が先に天降っていたという饒速日命《にぎはやひのみこと》を降《くだ》す。

　問題は、天孫降臨の場所が、国譲りの終わった出雲ではなく、なぜ日向なのかだ。九州製の銅矛《どうほこ》が出土するように、私は出雲の背後に九州があると考えている。出雲を国譲りさせただけではおさまらなかった。また高千穂伝承も朝鮮半島との関係を抜きに論じているのではだめだ。

千田　高千穂は稲穂が高く積んだ風景だ。その場所がどこなのかをめぐっては、私は宮崎・鹿児島両県にまたがる霧島説の立場。ただ朝鮮半島、つまり韓国《からくに》との関係をどうみるかも難しい。さらに朝鮮の南と中国・長江と、九州を結ぶ三角形から形成される文化圏みたいなものを見ておかないと説明がつかない。九州南部と朝鮮とのつながりを考えてもいい。

――高千穂や日向の伝承をどうとらえるか。

上田　天孫降臨伝承の何を原点として考えるか。天降った場所は韓国に向かう良い所だったと『古事記』に記されている。だとすれば、北九州でないと筋が通らない。日向の原義は日に当たる、日に向かうという意味で、必ずしも宮崎県に限らない。ところで、高倉下を祀《まつ》っている神社数を明らかにしたのはおそらく桐村さんが初めて。新潟県まで行って取材をし、この連載を興味深い話に仕上げている。

桐村　やっぱり私は新聞記者のはしくれで、一つのことをたどってみたくなる。高倉下だけで何回も書き、最後は新潟県弥彦山頂のお墓まで行ってきたが、彼が熊野からよくここまで来たなという思いがした。対馬や出雲も実りがあった。

――出雲では楽しそうだったが。

桐村　出雲は水平から垂直へという世界観の転換で重要な役割を果たした、と考えた。垂直的な世界観、つまり天上に絶対神があって、その子孫が地上を治め地下に暗い根の国、黄泉《よみ》の国があるという世界観をつくるために利用されたのが出雲という設定だった。

上田　『古事記』『日本書紀』(『記・紀』)の出雲系神話はヤマト朝廷側が書いた神話。一方『出雲国風土記』の神話は出雲で伝えられた神話が基礎にある。風土記には八岐大蛇《やまたのおろち》は出てこないが、有名な国引き神話は『記・紀』にはない。出雲には猪目《いのめ》湾に黄泉の穴があって弥生・古墳時代の人骨が出土し、黄泉の国へつながる。地下ではなく、海上の黄泉の世界の信仰が反映されている。

「海から来て海に帰る」ヤマト王権

千田　熊野とは何か。それは「神々の土地」と考えるといい。桐村さんは理想郷としての「常世《とこよ》」をキーワードにした。『日本書紀』の垂仁天皇の記

千田稔氏

事に、橘《たちばな》の実を常世に取りに行く話が出てくる。これは仙人の秘密の場所だと注記している。中国的な神仙思想を一つの視点にしたい。熊野の修験道、山の宗教も大切だ。つまり熊野は海と山の常世が重複する場なのだろう。

上田　確かに、熊野には海のかなたの他界だけではなく、山上の他界もあって二重構造になっている。そこが大事なところだ。神だけでなく仏、たとえば阿弥陀《あみだ》如来も山上から来迎してくる。その来迎《らいごう》図の中には、山の上に海が描かれているものもある。「山越しの信仰」だ。こうした空間的な重層性も見極めたい。

　桐村さんが熊野に着眼したのはすばらしい。熊野には様々な問題を投げかけ続ける原風景がひそむ。生態学・民俗学の南方熊楠《みなかたくまぐす》も熊野をフィールドにしたから、偉大な業績をあげることができたともいえよう。

千田　持統天皇は夫の天武天皇が亡くなって伊勢へ行った、と歌った。東方にパラダイスがあるという神仙思想と関係があるようだ。常世に近い場所という考えが伊勢神宮の誕生では見逃せない。

上田　日本の歴史の上で、天武・持統両天皇の時期は特に重要だ。伊勢の式年遷宮や神々を祀る社を天《あま》つ社・国つ社と格づけをしたのも、律令制も、大嘗祭《だいじょうさい》や藤原京などもこの時代のことだ。天武天皇は注目すべき存在だが、伊勢神宮は天武朝だけで論じたら具合

筆者

が悪い。ずっと前の雄略天皇のころから、伊勢につかえる斎王伝承もある。これが第一段階。伊勢神宮も古くは「磯の宮」といったとする伝承もある。

桐村　伊勢で、常世の波が寄せるこの国に居たい、と天照大神《あまてらすおおみかみ》が言ったという伝承が好きだ。天照の言葉に郷愁を込め、「海から来て海に帰る」というヤマト王権の叙事詩を完成させたかったのだと思う。

熊野本宮大社の光射す参道

神話の原像を明らかに

――「天つ神」と「国つ神」の関係は。

上田　皇室ゆかりの神、伊勢の天照は確かに天つ神だが、よく言われるように、渡来系の征服王朝説のような支配・被支配の関係を中心に両者を論じるのは誤解だ。出雲の神々にも両方の要素があるし、天つ神から国つ神になった須佐之男《すさのお》のような例もある。

千田　庶民に語り継がれた記憶や物語の中から、たとえば神武について語る集団があった。こうした地域に伝えられてきた神話や物語は、これまでアカデミズムが避けてきた。それらを掘り起こすことが大切で、今度の桐村さんのような仕事も大変有意義だと思う。伝統的な歴史学とは違った欧米風の「仮説検証型」の取り組みだ。都合のいい資料に飛びつく危険性があるものの、新しい可能性を追求している点は、若手の研究者にも参考になる。

上田　神話は歴史ではない。当然のことだ。かつて私は神話研究をやめるようにと、学界の権威から注意されたことがある。一部の左翼からの形式的な批判も受けた。『記・紀』には確かに国家統治の正統化をはかる狙いがあっただろう。さらに言えば、語り継がれた神話と書かれた神話は異なる。神話を政治がたくみに利用した問題は昔もあった。今後も油断はできない。

それでも無から有は生じない。神話の本来の姿、「神話の原像」を明らかにしていくことも、歴史学者の責務のひとつだと確信している。

あとがき

自由の身になったら、関西に移り住み、古代史に挑戦しよう。そう思っていた。

生まれ育ち東京、新聞社の勤務も東京が多く、巨大都市には住み飽きた。現役時代は経済畑だった。次はがらりと違うことがしたい。歴史の厚さなら関西、それも人があまりいないところがいい。

あれこれ考えて、奈良県明日香村を選んだ。関義清村長の紹介で、妻と借家住まいを始めた。長年親しんだ会社を離れた二〇〇四年暮れのことである。

神戸大学で国際関係の授業を持ちながら、古代史の勉強を始めた。最初の連載は月刊誌『俳句朝日』で二十回続けた「もうひとつの明日香」。高松塚古墳やキトラ古墳は書き尽くされている。お隣の橿原《かしはら》市、桜井市、高取町を含め、あまり知られていない飛鳥を紹介したい。そんな企画だった。

そのうち、奈良盆地全体に興味が広がった。蘇我入鹿《そがのいるか》、大津皇子《おおつのみこ》、有間皇子《ありまのみこ》、長屋王《ながやおう》など歴史を彩る悲劇の主人公。大和周辺には、彼らの霊よ安らかなれ、と今も祈り、祀《まつ》っている人びとがそこここに居る。そんなありようを描きたくて、朝日新聞奈良版で一年間「大和の鎮魂歌」を書かせてもらった。

こうした取材を重ねるうち、気になる存在が私のなかで頭をもたげ、次第に大きくなっていった。「熊野」である。

熊野を感じた最初は、桜井市の三輪山をご神体とする大神《おおみわ》神社の繞道祭《にょうどうさい》だった。元旦に催される火の祭典だ。黒々とした木々を大松明《たいまつ》が照らし出すさまは、私の中の「縄文の血」を刺激したように思えた。

仏教が伝来する以前、さらにいえば古墳時代より古い様相を実感したい。そんな思いが私を熊野に導いた。足しげく紀伊半島に通った。まるで母親の体内に戻るかのように、熊野は私をやさしく包んでくれた。

熊野通いは、解剖学者、発生学者、そして思想家の三木成夫のいう「生命的な里帰り」だったのかもしれない。彼は「生命的な里帰り」を「おのれの生まれ落ちたその土地を足の裏で確かめようとする、生命に根ざした本能的な行為」とよんでいる（『胎児の世界』中公新書）。

とりわけ惹《ひ》かれたのは、熊野本宮大社の旧社地・大斎原《おおゆのはら》である。明治二十二年（一八八九）の大洪水で中洲にあった社殿が押し流され、いまは大木が茂るだけだが、そこである種の霊気を感じた。

調べてみると、そのあたりには物部《もののべ》一族の高倉下《たかくらじ》を祭神とした神社が多い。彼は大斎原の地主でもあったそうだ。

神武天皇の東征を描いた『古事記』『日本書紀』には、熊野上陸直後の不思議な逸話が出てくる。攻撃を受けてピンチに立たされた神武軍を、空から落ちてきた刀剣で高倉下が救う、という話だ。

熊野を舞台に、神武天皇と高倉下を主人公にした物語を書いてみよう。本宮あたりの景色と『記・紀』の逸話が混じり合って、私をそんな気にさせた。

古代史に挑戦するなら、大胆な仮説で臨みたい。神武を初代とするヤマト王権は、海の彼方に理想郷を想うような水平的世界観をもつ海の民。高倉下ら物部一族は、天上に至高神が居る大陸的で垂直的な世界観を受け継いできた。ふたりの熊野での出会いが、ヤマト王権創始者たちの世界観の転換をもたらした、という推論である。はやり言葉でいえば「パラダイム（思考の枠組み）転換」といえようか。

そんな仮説をひっさげて、熊野から大和、そして伊勢まで、ゆかりの場所を訪ね歩きたい。私の提案を朝日新聞大阪本社の編集局が受け入れてくれた。構想をお話しした上田正昭・京都大名誉教授からは「つまらない古代史マニアにならないように。新聞記者らしくルポを大事にしなさい」との助言をいただいた。

熊野をめぐって、私にはもうひとつの思いがあった。

稲作、金属技術、建築、言語、神話や伝承、そしてそれらを伝えた人びと……。この国は、黒潮に乗ってきた南方系と、ユーラシア大陸の奥地から朝鮮半島などを経由して渡来した北方系の二つの文化・文明に育まれた。

南方系と北方系の流れが重なった熊野は「日本と日本人の原点」ではないか。熊野が気になるのは、そこが私たちの血とこころの「古い古い交差点」だからではないだろうか。

それは私には大きすぎるテーマである。しかし、歴史の専門家たちの研究対象が細分化され、ときに重箱の隅を突っつくような事例も見られる現状で、「大きな構図を描く」新説・学説がもっとあってもいい。そんな気がする。

高度成長を担った団塊の世代がこの間、つぎつぎ定年を迎えた。私は少し上の世代だが、さしたる趣味もない会社人間であったことには違いない。

その定年後の「変身」に驚く友人は少なくないが、私自身は大決断をしたという意識はない。ただ、やりたいことに素直に飛びこめばいい、と思う。知識がないのは利点でもある。見るもの聞くものすべてが面白い、という新鮮さがあるからだ。このささやかな作品が、第二の人生に踏み出した人たちへの「エール」になれば、とてもうれしい。

本書は、朝日新聞大阪本社管内の夕刊に二〇〇八年三月末から翌年五月末まで毎週一回、五十回にわたって連載された「海《あま》から天《あま》へ　熊野・大和幻視行」に加筆したものだ。文中に出てくる万葉歌は、原則として小学館の『日本古典文学全集　萬葉集』によった。

当初からいろいろご教示いただいた上田先生、平林章仁・龍谷大教授、締めくくりのシンポジウムに出てくださった千田稔・国際日本文化研究センター名誉教授にお礼を申し上げたい。

塚原紘さんには、前作『大和の鎮魂歌』に続いて写真をお願いした。こちらはプロ中のプロ。素晴らしいカラー写真がなければ、読者はついてきてくれなかったろう。

古代史が専門の天野幸弘記者は、デスクワークに加えて、「こぼれ話」も書いてくれた。その専門知識に救われたことも少なくない。また、矢崎一郎さんのていねいな校閲もありがたかった。

出版に際しては、方丈堂出版の光本稔社長はじめ、友人の西田孝司さん、見聞社の渡辺慶子さんのお世話になった。みなさんに感謝している。

新聞連載中に、家族の一員だった雌猫「ナー」が十九歳と五カ月の生涯を終えた。この本を、最愛の娘猫に捧げたい。

二〇一〇年三月

桐村英一郎

113	和歌山県東牟婁郡那智勝浦町の妙法山。鉱山跡へは許可を得て管理事務所の案内で入る。廃墟跡から補陀落渡海の海が見えた。17 ～ 40 ミリ広角ズームレンズ、フィルム感度 100。
119	和歌山県東牟婁郡那智勝浦町の宮の浜。天気予報晴れ。夜明け前から方位磁石で日の出の方位を確かめながら待つ。岩礁が手前に入る位置へ移動しながらの撮影になった。デジタルカメラ、18 ～ 250 ミリズームレンズ、感度 400、1/125 秒、絞り 13。
123, 147	和歌山県新宮市熊野川町赤木地区と小口地区。４つの高倉神社を見た。いずれも川沿いの集落の近くにあった。赤木地区は田植え時期、神社の杜が水田に映えた。小口地区は赤木川の岸辺に社があった。デジタルカメラ、10 ～ 22 ミリ広角ズームレンズ、感度 1600、1/1250 秒、絞り 7.1。
127	奈良県十津川村玉置神社。男性が舞う神子神楽は短時間で終わる。後ろ姿がほとんど、こちら向きは一瞬のチャンスだった。デジタルカメラ、18 ～ 250 ミリズームレンズ、感度 800、1/320 秒、絞り 6.3。
130	新潟県長岡市寺泊の野積海岸。石碑を撮りたくて岬の岩を登ったが、足場が悪くあきらめた。デジタルカメラ、18 ～ 250 ミリズームレンズ、1/800 秒、絞り 14。
134	新潟県西蒲原郡弥彦村の弥彦神社。熟穂屋姫命の命日に祭礼。神楽を舞う舞台と見学の小学生の間の空間に長閑さがあった。デジタルカメラ、10 ～ 22 ミリ広角ズームレンズ、感度 400、1/20 秒、絞り 10。
139	新潟県柏崎市西山町二田の二田物部神社。震災復興の幕が印象的だった。新嘗祭で新米を奉納。参列者は神楽に見入った。デジタルカメラ、18 ～ 250 ミリズームレンズ、感度 1600、1/20 秒、絞り 4。
142	和歌山県田辺市本宮町。「大斎原」と熊野川が一望できる場所を探し回った。対岸の七越峯の麓から吹越峠への道を行くと眼下に本宮一帯が開けた。デジタルカメラ、18 ～ 250 ミリズームレンズ、感度 400、1/400 秒、絞り 18。
151	和歌山県新宮市神倉の神倉神社。デジタルカメラ、17 ～ 40 ミリズームレンズ感度 400、絞り 16、シャッター 3.2 秒。周りの人のフラッシュの光で手前の人の姿がくっきり映った。
156- 157	和歌山県東牟婁郡那智勝浦町、那智勝浦大社・飛滝神社。2007 年、台風４号が関西を直撃した日。雨対策が大変。傘、タオル、雨ガッパ、カメラ保護用ビニール。自分は濡れてもカメラとレンズは守る。撮影場所がよかったので 12 基の「扇神輿」が撮れた。デジタルカメラ、35 ～ 350 ミリズームレンズ、感度 1600、1/80 秒、絞り 4。
161	奈良県天理市布留町。石上神宮前付近から布留遺跡のあった天理教本部方向を遠望。遺跡には炉もあったという。夕暮れどき、街灯の灯りで畑のビニールが真っ赤に染まり鉄を溶かす熱気ように見えた。デジタルカメラ、10 ～ 22 広角ズームレンズ、感度 1600、２秒、絞り 4。
167	奈良県布留町、石上神宮。鎮魂祭は照明もなく暗い。デジタルカメラ、１8～ 250 ミリズームレンズ、感度 1600、0.6 秒、絞り 7.1、三脚使用。
173	奈良県宇陀榛原区高塚。デジタルカメラ、18 ～ 250 ミリズームレンズ、感度 800、1/250 秒、絞り 20、逆光のためストロボ発光。
176	奈良県宇陀市室生区大野。山間地の雰囲気を出すため、海神社から民家のある参道を見た。デジタルカメラ、18 ～ 250 ミリズームレンズ、感度 400、1/250 秒、絞り 14。
181	奈良県桜井市倉橋の東浦氏宅。庭の中の伝統的な御仮屋祭事の情景。デジタルカメラ、18 ～ 250 ミリズームレンズ、感度 1600、1/640 秒、絞り 5。
187	奈良県宇陀市菟田野区稲戸。山里の情感が出るような水田のころに撮影した。デジタルカメラ、10 ～ 22 ミリズームレンズ、感度 800、1/125 秒、絞り 20。
190- 191	奈良県桜井市新屋敷付近の県道 14 号沿いから、太陽が山頂に出る７月中ごろ何度も通って出会った風景。デジタルカメラ、18 ～ 250 ミリズームレンズ、感度 400、1/800 秒、絞り 9。
197	奈良県桜井市の桧原神社近くの井寺池畔から。雲や霧、霞みは時に神秘的な情景を作り出してくれる。デジタルカメラ、18 ～ 250 ミリズームレンズ、感度 100、1/125 秒、絞り 8。
202- 203	奈良県桜井市白河の山中。デジタルカメラ、１０～２２ﾐﾘ広角ズームレンズ、感度 400、1/125 秒、絞り 13。
207	奈良県桜井市三輪。杉と柵に囲まれて見えにくい場所にひっそりとある。デジタルカメラ、10 ～ 22 ミリ広角ズームレンズ、1/60 秒、絞り 6.3
213	奈良県高市郡明日香村奥山から。天香具山はなだらかで、表現しにくい形をしている。山の下の建物などが霧で隠れて山が浮かび上がるときを待った。デジタルカメラ、35 ～ 350 ミリズームレンズ、感度 1000、1/125 秒、絞り 14。
215	橿原市高殿町の藤原京跡から。天香具山と背後の多武峯の区別がしやすい霧の朝を選んだ。デジタルカメラ、35 ～ 350 ミリズームレンズ、感度 1250、1/1250 秒、絞り 14。
221	宮崎県西臼杵郡高千穂町野方の公民館で。夜神楽のクライマックス「岩戸５番」の手力雄神が岩戸を放り投げる一瞬を待った。デジタルカメラ。18 ～ 250 ミリズームレンズ、感度 1600、1/80 秒、絞り 5。
227	三重県伊勢市東大淀町の北浜海岸で。常世からの波がしきりに打ち寄せるイメージ。神島と伊良湖岬の見える風の強い日を選んで撮影。35 ～ 350 ミリズームレンズ感度 1600、1/5000 秒、絞り 11。
234- 235	三重県伊勢市東大淀町から。常世の彼方を想い、水平線から昇り沈む太陽への思慕。海人族・天照の心情を伊勢の海から神島に太陽で捉えてみた。デジタルカメラ、100 ～ 400 ミリズームレンズ、感度 5000、1/1000 秒、絞り 20。
239	三重県伊勢市二見町。二見浦の夏至祭。夫婦岩の間から昇る太陽を仰ぎ、禊をする。このときは曇りで残念ながら太陽は出なかった。デジタルカメラ、10 ～ 22 ミリ広角ズームレンズ、感度 1600、1/50 秒、絞り 4.5。

◆ 主な写真撮影データ一覧（作成：塚原紘）

頁	撮影場所、カメラ操作
6-7	和歌山県新宮市熊野川町、国道 168 号、道の駅「瀞峡街道　熊野川」のすぐ下の河原。フィルのム感度 100、20 ミリ広角レンズで絞り 5.6、真っ暗闇の午前一時ごろから、北極星をポイトに一時間露光。
13	三重県志摩市大王町の大王崎。逆光で海が光る午前中に撮影。デジタルカメラ、18 ～ 250 ミリズームレンズ、感度 200、1/125 秒、絞り 22。灯台から 200 ～ 300 メートル下った護岸堤防から。
18-19	三重県熊野市二木島町の二木島湾内。二隻の「関船」が競う様子を撮るために、随伴船の同乗させてもらう。陸上からではこの祭事の流れが見えないので船上から見るのが一番。デジタルカメラ、18 ～ 250 ミリズームレンズ、感度 800、1/250 秒、絞り 13 で撮影。揺れる船上では構図も決めにくい。
23	三重県熊野市有馬町「花窟神社」。伊奘冉尊の墓所の岩の上に氏子が「お綱」が掛けた後、斎場で祭事が続く。狭い場所で少女の巫女の舞いとご神体の岩と「お綱」を入れて撮るために最前列で地面に顔つけるようにして上を見上げた。フィルム感度 100、17 ミリ広角レンズで。
29	和歌山県新宮市熊野川町、道の駅の下流。熊野の山並みの上に輝く星空 (6-7 頁) を撮ったあと、夜が明けると朝日に熊野川が輝き始めた。蛇行して南へ下る川筋と重なり合い、神々しく見えた。デジタルカメラ、18 ～ 250 ミリズームレンズ、感度 400、1/640 秒、絞り 8。
33	和歌山県田辺市中辺路町野中。熊野古道、中辺路の「継桜王子」の鳥居周辺には杉の巨木が立ち並び、壮観。デジタルカメラ、10 ～ 22 ミリ広角ズームレンズ、感度 1600、1/50 秒、絞り 8 で撮る。すぐ隣には茅葺きの「とがの木茶屋」や湧き水溢れる「野中の清水」がある。
37	和歌山県東牟婁郡那智勝浦町大字浜の宮、補陀洛山寺。JR 那智駅前、国道 42 号から熊野那智大社向かう 43 号へ曲がった右側。境内の本堂の左の建物に復元した補陀落船が展示されている。海にも近い。デジタルカメラ、18 ～ 250 ミリズームレンズ、感度 400、1/50 秒、絞り 4.5。
41	和歌山県新宮市徐福。公園内には「不老の池」「徐福の墓」と刻まれた石碑、徐福像があり、売店では「徐福茶」を販売していた。JR 新宮駅にも近く、子供たちや市民の憩いの場にもなっているようだ。フィルム感度 100、広角レンズ 20 ミリ。
47	長崎県対馬市豊玉町。和多都美（わたづみ）神社は対馬の中南部の入り組んだ入り江の奥にある。海に面して建つ神社に、海中から鳥居が並び、大雨で山もけむり、神秘的に見えた。干潮のときは海底がむき出しになる。デジタルカメラ、18 ～ 250 ミリズームレンズ、感度 800、1/400 秒、絞り 7. 1。
50	奈良県吉野郡十津川村の玉置山。玉置神社の駐車場から歩いて約 1 時間、夜明け前に山頂を目指す。霊気ある熊野の連山と夜明け、雲海が狙い。シャクナゲが彩りを添えてくれた。フィルム感度 100、35 ～ 350 ミリズームレンズ。三脚使用。
55	奈良県宇陀市菟田野区宇賀志の宇賀神社付近。神武が東征の途中、陣を構えた。神秘的な雰囲気を撮りたくて早朝の雨上がりに山が霧に包まれるときを狙った、デジタルカメラ、18 ～ 250 ミリズームレンズ、感度 400、1/400 秒、絞り 11。
59	奈良県五條市小和町の金剛葛城山系の麓の棚田から吉野山系を望む。下を流れる吉野川から霧が発生、幻想的な光景になった。35 ～ 350 ミリズームレンズフィルム感度 100。
63	奈良県吉野郡十津川村の十津川温泉付近。朝きりの中に霞んで川面映る桜。深山の雰囲気を望遠で狙った。デジタルカメラ、18 ～ 250 ミリズームレンズ、感度 400、1/125 秒、絞り 6.3。
66	奈良県橿原市木原町。高さ 139 メートル、なだらかな円錐形の山。参道を登るとすぐ山口神社。風のない時を待って山容が池に映る瞬間を撮った。17 ～ 40 広角ズームレンズ。フィルム感度 100。
74	長崎県対馬市厳原町。対馬の最南端の岬。遊歩道から東シナ海に沈む夕日を待った。岩礁の先の灯台を入れるため 17 ～ 40 ミリの広角ズームレンズ使用。フィルム感度 100。
77	大阪府交野市私市の国道 168 号沿い。社と磐の対比を高いアングルから。デジタルカメラ、10 ～ 22 ミリ広角ズームレンズ、感度 1600、1/50 秒、絞り 4.5。
82-83	三重県志摩市磯部町上之郷の伊雑宮。泥田で跳ねまわる勇壮な祭りで、参列者や写真愛好家でいっぱい。忌竹の倒れる瞬間に集中してシャッターを押す。デジタルカメラ、18 ～ 250 ミリズームレンズ、感度 800、1/500 秒、絞り 16。
90-91	和歌山県東牟婁郡那智勝浦町の那智勝浦スカイラインの「那智山見晴台」。高天原、黄泉の国、常世の国、妣の国、中つ国、水平軸、垂直軸という世界観から山と海と太陽のイメージになった。デジタルカメラ、18 ～ 250 ミリズームレンズ、感度 100、1/100 秒、絞り 22。
95	島根県出雲市猪目町の猪目洞窟遺跡。引き込まれそうな洞窟の中から入口を見上げた。暗い闇を出すため内部は一部懐中電灯の光だけを当て、外光だけで撮影。デジタルカメラ、10 ～ 22 ミリ広角ズームレンズ、感度 1600、1/ ２５秒絞り４･５。
98	島根県松江市八雲町日吉。背景の岩坂陵墓参考地の森とコイノボリが不思議な組み合わせで伊奘冉に寄り集まって泳いでいるように見えた。デジタルカメラ、18 ～ 250 ミリズームレンズ、1/200 秒、絞り 7.1。
105	和歌山県田辺市本宮町伏拜。４月早朝、熊野本宮大社を見下ろす伏拝王子からの眺望。春霞の濃淡で深い熊野の山々の連なりを出してみた。デジタルカメラ、18 ～ 250 ミリズームレンズ、感度 400、1/125 秒、絞り 18。
111	新宮市神倉。逆光を避けるため朝早く登った。デジタルカメラ、18 ～ 250 ミリズームレンズ、感度 400、1/100 秒、絞り 13。

34, 56, 57, 64, 65, 77, 78, 80, 110, 121, 128
中臣（藤原）鎌足　9, 55, 217
中大兄皇子（天智天皇）　54, 214
名草戸畔　112
那智参詣曼荼羅　40
那智大社　6, 158
那智の滝　39
那智の火祭り　155, 182
二木島祭　15, 17, 109
邇芸速日命（饒速日、饒速日尊、天火明命）　9, 51, 52, 54, 55, 56, 57, 64-67, 76-80, 116, 118, 121, 125, 128, 130, 137, 165, 169, 201, 203
丹敷戸畔　106, 109, 112, 115, 122, 147
邇邇芸命（瓊瓊杵尊）　45, 49, 50, 52, 55, 58, 76, 116, 117, 132
ニライカナイ　14, 29, 87, 232
根の国（根の堅州国）　7, 13, 60, 92, 94

は行

箸墓古墳　192, 198, 206
蜂子皇子　140
八百比丘尼　135, 136
花の窟　24, 125
花窟神社　22, 25
妣の国（妣が国）　12, 14, 36, 38, 87, 88, 92, 228
一つたたら　112, 113, 123
比婆の山（比婆山）　25, 94, 98, 100, 101
比婆山久米神社　101
卑弥呼　89, 192, 198, 203, 206, 208
飛滝神社　158
藤原定家　6
藤原不比等　55, 214, 217
二上山　232
二田物部　137, 138
二見浦　240
二見興玉神社　238, 240
補陀落（補陀洛山）　38, 40, 232
補陀洛山寺　39, 114
補陀落渡海　38, 114
韴霊（布都御魂）　65, 103, 106, 115, 116, 128, 132, 144, 153, 161, 163, 165, 170, 171
布留遺跡　164, 165

ま行

纒向　192, 208
纒向遺跡　206, 207
御炊屋姫　56, 77, 80
三毛入野命　14, 15, 17, 41, 222, 223
鎮魂祭　165, 167-169
南方熊楠　34
御船祭　43
耳成山　69, 129, 209
耳成山口神社　69, 70
妙法鉱山　112, 114, 115
三輪山（御諸山）　9, 80, 88, 118, 121, 189, 192, 193, 194, 195, 196, 197, 198, 199, 201, 205, 206, 207, 208, 216, 217, 232
室古神社　17, 20, 21
本居宣長　27, 28, 89, 141, 209
物部一族　8, 29, 54, 55, 62, 76, 87, 88, 103, 108, 116, 117, 121, 144, 159, 161, 166, 170, 171, 172, 187, 192
物部氏　8, 30, 51, 52, 64, 66, 68, 122, 125, 128, 130, 151, 162, 164, 165, 169, 189, 214, 225
物部神社　137, 138

や行

八咫烏（頭八咫烏）　159, 170-173
八咫烏神社　172
彌彦神社　131-135, 137, 138
山越阿弥陀図　148, 149
山幸彦（火遠理）　45, 49, 61, 75, 117, 118, 144
邪馬台国　192, 198, 206, 208
ヤマト王権　9, 29, 30, 44, 49, 52, 54, 55, 57, 59, 62-64, 88, 92-94, 103, 116, 117, 119, 121, 129, 139, 149, 154, 161, 162, 176-178, 187, 192-194, 197-199, 205, 208, 211, 215, 216, 218, 225, 228, 232, 233, 240
倭建命（日本武尊）　8, 139, 237, 238
倭迹迹日百襲姫　198, 204
倭大国魂神（日本大国魂神）　226
倭姫（倭比売, 倭姫命）　226, 230, 232, 233, 237, 238, 240
雄略天皇　201
夜神楽　220, 222
黄泉の国　7, 13, 24, 48, 61, 87, 92, 95, 97, 118, 180
黄泉平良坂（黄泉比良坂）　94, 98

ら行

リョウサンの池　202, 203, 204

わ行

和多都美神社　47, 48, 75

159, 161, 165, 170, 175, 180, 185, 189, 205, 211, 232
鴨都波神社　173
鴨県主　173
菅政友　163
紀州鉱山　114
ギッチョ　43, 183
鬼八　222, 223
金官加羅国　49, 61, 185
『旧事本紀』 52, 55, 65, 67, 119, 129, 131
櫛真命　215
熊野川　8, 109, 141, 182
熊野観心十界図　40
熊野三山　6, 120
熊野那智大社　6, 39, 114, 151, 155, 204
熊野速玉大社（速玉大社、速玉社） 6, 43, 122, 151-153
熊野比丘尼　40
熊野本宮大社（本宮大社） 6, 33, 103, 104, 126, 141, 142, 145, 147, 153
ゲーター祭り　167
顕宗天皇紀　68
皇大神宮（伊勢神宮・内宮） 81, 237
後白河法皇　6
後醍醐天皇　32
事代主神　138
後鳥羽上皇　6
ゴトビキ岩　25, 110, 111, 120, 125, 152
木花の佐久夜毘売　45
御破裂山　218

さ行

狭井神社　195
猿田彦　238
椎根津彦（槁根津日子） 177, 178, 211
潮御崎神社　42
持統天皇（持統女帝） 81, 85, 86, 181, 189, 225, 229, 232
首露王　49, 61, 185, 187
周老王古墳　185, 187, 188
聖徳太子　64
徐福　42
壬申の乱　8, 81, 181, 229
神武天皇　21, 44, 106
垂仁天皇　44, 226, 237
少彦名　41, 42, 194, 195, 228
須佐神社　93
素戔嗚尊（須佐之男命） 13, 25, 31, 33, 34, 46, 48, 87, 92, 93, 94, 180, 188, 202, 212
崇峻天皇　140, 181
崇神天皇　165, 198, 199, 211, 226
『先代旧事本紀』 51, 54, 64, 66, 118, 121, 123, 128, 130, 133, 137, 165
蘇我入鹿　55, 214
蘇我馬子　64, 140, 181

た行

大王崎　12, 14, 27, 36, 237
高倉下（高倉下命） 8, 9, 29, 43, 54, 64, 65, 103-106, 108, 111, 115-118, 120-122, 124, 125, 128, 131, 132, 134, 135, 137, 138, 139, 144, 145, 146, 147, 151, 152, 153, 154, 161, 162, 163, 165, 170, 171, 192, (→天香山命、手栗彦命)
高倉神社　146
高千穂神社　222
高天原　9, 30, 31, 46, 47, 49, 55, 58, 60, 87-89, 92, 94, 103, 119, 188, 210, 211, 214, 218, 220, 228
高天彦神社　218
高御魂神社　69, 72
高皇産霊尊（高御産巣日神、高皇産霊神、高木神、高木大神、高御魂） 9, 49, 52, 58, 59-65, 68, 69, 70-73, 76, 84, 88, 104-106, 116, 166, 170, 171, 172
多久頭魂神社　69, 72
栲幡千々姫　52, 64, 65
手栗彦命　54, 123, 129
建御雷神（武甕雷神） 104, 105, 106, 116, 215
手力雄神（天手力男） 31, 138, 222
種田山頭火　21
玉置神社　124-126
玉依姫（玉依毘売） 13, 45, 117
談山神社　9, 180, 217, 232
月夜見尊（月読尊、月読命） 25, 47, 94
豆酘　69, 72
豆酘崎　71, 72, 75
綱掛け神事　22, 25
綱越神社　207
東霧島神社　224
妻戸神社　134, 135
出羽三山　140
天満神社　69
天武天皇　162, 189, 203, 229
多武峯　9, 180, 181, 217, 232
常世（常世の国、常世郷） 7, 12, 14, 24, 27, 29, 36, 39, 40, 41, 42, 44, 60, 87, 88, 92, 183, 222, 227, 228, 232, 237
等彌神社　79, 182
鳥見白庭山（鳥見の白庭山） 54, 76, 77
登美毘古（長髄彦） 65, 78
豊葦原の瑞穂国　51
豊受大神宮（外宮） 238
豊鍬入姫　226
豊玉姫命（豊玉姫、豊玉毘売） 20, 45, 117, 176, 177

な行

長髄彦（那賀須泥毘古） 17,

索引

あ行

阿古師神社　17, 20, 21
葦原中国（葦原の中つ国）　47, 58, 87, 106, 118
阿須賀神社　152
明日香村　7, 232
阿蘇神社　223
阿閉臣事代　68, 73
天照大神（天照大御神）　9, 24, 25, 30, 31, 44, 45, 48, 49, 51, 52, 55, 58, 59-64, 73, 76, 81, 84-86, 88, 89, 92, 94, 104-106, 116, 120, 124, 125, 138, 151, 171, 180, 188, 212, 220, 225-228, 230, 231, 237
阿麻氐留神社　73, 74, 84
天磐盾　111, 152
天岩戸神社　212
天忍穂根尊（天忍穂耳、天押穂耳）　49, 51, 65
天香語山（天香山 , 天香久山、天香具山）　9, 65, 129, 130, 192, 209, 214, 217, 218, 220
天香山神社　211, 214
天磐船　56, 68, 76
天宇受売命（天鈿女命、天宇受売、天鈿女、天鈿売命）　31, 66, 212
天香山命（天香語山命、天香児山命）　54, 64, 66, 120, 122, 123, 129, 131, 133, 136, 137, 138
天児屋命　54, 66
アメリカ村　38
哮峯　54, 68, 76
活玉依毘売　198
伊奘諾尊（伊邪那岐命）　13, 24, 25, 47, 48, 60, 61, 87, 92, 94, 98, 124, 180, 203, 215
伊奘冉尊（伊邪那美命）　13, 22, 24, 25, 26, 48, 60, 87, 92, 94, 95, 98-101, 123, 124, 125, 203
伊雑宮　84
石塚古墳　206
伊須気余理比売　80
出雲大社　95, 97, 138
『出雲国風土記』　92-95, 97
伊勢神宮　233
石上神宮　8, 65, 104, 106, 115, 161, 162, 164-166, 168-170
五十猛神　33
五瀬命　17
稲飯命　13-15, 17, 20
猪目洞窟　95, 97, 98
伊賦夜坂　94, 98
揖夜神社　98
岩坂陵墓参考地　100
磐船神社　76, 77
伊波禮（磐余、石根、石寸、石余）　73, 88, 118, 121, 162, 189, 192, 197, 205, 216, 233
鵜葺草葺不合命　45, 117
保食神　47
畝傍山　129, 209
産田神社　26
熟穂屋姫（熟穂屋姫命）　133-134, 135, 136
宇摩志麻遅命（宇摩志麻治命、可美真手命）　64, 65, 80, 121, 128, 165
海幸彦（火照）　45, 49, 61, 75, 117, 118, 144
兄猾　185
役小角　28
大海人皇子（天武天皇）　8, 84, 181
大国主神（葦原色許男、大己貴神、大己貴命、大穴牟遅、大穴持、大己貴、八千矛）　41, 60, 92, 93, 94, 124, 138, 162, 194, 228
太田田根子　204
大津皇子　189, 232
大塔宮護良親王　32
大名持神社　180, 181
大神神社　9, 80, 194-197, 207, 232
大物主神　80, 193, 194, 198
大和神社　226
大斎原（大湯原）　103, 120, 141-145, 163
小栗判官　34
御田植祭　84
弟猾　185, 211
御燈祭　111, 120, 151-155
大汝参り　180, 183, 185
尾張連　65, 129
大気津比売　46
下居神社　182

か行

海神社　175-177, 185
柿本人麻呂　85, 175
軻遇突智（迦具土）　13, 22, 24, 26, 87, 123, 125, 203, 215
香具山　210-212, 217
鹿島神宮　215
神倉神社　25, 110, 151, 152, 155
神日本磐余彦（神武天皇、神倭伊波禮毘古、神倭伊波禮毘古命）　8, 13, 17, 24, 29, 34, 41, 45, 49, 54, 65, 77, 80, 103, 104, 108, 112, 116, 124, 128, 138, 144, 145, 151,

【取材にご協力いただいた方々】

新聞連載にあたって、お目にかかってお話をうかがったり、手紙や電話での問い合わせにお答えくださったり、みなさんにお世話になりました。お礼申し上げます。（敬称略）

荒川紘　池浦秀隆　池田淳　池本泰三　石垣仁久
石倉吉郎　石動修　稲丸利弘　井上賢豊　今尾文昭
岩橋利茂　上田正昭　上野誠　後誠介　榮長増文
大野七三　緒方俊輔　奥村隼郎　勝田勲　北村真比古
栗野伎世子　小久保敦史　後藤俊彦　小村滋　酒井聰郎
﨑川由美子　潮崎勝之　嶋本三雄　菅原正光　助田時夫
須山高明　千田稔　大學康宏　高津勝　土屋孝司
寺西貞弘　直木孝次郎　長岡千尋　中上昌直　中世古一英
永留久恵　西角明彦　西浜久計　野本寛一　橋本観吉
橋本輝彦　濱千代日出雄　東浦秀夫　細川昌宏　正木榮
町田宗鳳　真弓常忠　神子田法和　三嶋千穎　三嶋崇史
溝口睦子　三石学　平林章仁　森正光　森田喜久男
森田静行　柳沢一宏　山内紀嗣　山上豊　山川均
山田浩之　山本殖生　吉田伊佐夫　吉野孝也　和田萃

【写真提供・協力】

京都国立博物館　総本山禅林寺

＊本書に掲載したデータは、2010年2月末日現在のものです。

【著者】

桐村英一郎（きりむら・えいいちろう）

1944年生まれ。68年朝日新聞社入社。ロンドン駐在、大阪本社・東京本社経済部長、論説副主幹を務めた。定年を機に奈良県明日香村に移り住む。神戸大学客員教授を務めた。著書は『大和の鎮魂歌』、『もうひとつの明日香』、『昭和経済六〇年』（共著）。

【写真】

塚原紘（つかはら・ひろし）

1939年生まれ。62年朝日新聞社入社。名古屋、大阪、西部各本社の写真部員、東京本社写真部次長を歴任。奈良市在住。奈良市美術家協会員。写真集に『大和点描』、著書は『入江泰吉作品と今・うつろいの大和』（共著）、『大和の鎮魂歌』（写真）。

ヤマト王権　幻視行——熊野・大和・伊勢

2010年3月31日　初版第1刷発行

著　者………… 桐村英一郎

写　真………… 塚原　紘

発行者………… 光本　稔

発　行………… 株式会社方丈堂出版

本　　社／〒601-1422 京都市伏見区日野不動講町38-25

電話　(075) 572-7508

FAX　(075) 571-4373

東京支社／〒112-0002 東京都文京区小石川2丁目23-12

エスティビル小石川4F

電話　(03) 5842-5196

FAX　(03) 5842-5197

発　売………… 株式会社オクターブ

〒112-0002 東京都文京区小石川2丁目23-12

エスティビル小石川4F

電話　(03) 3815-8312

FAX　(03) 5842-5197

編集制作……… 株式会社見聞社

印刷・製本…… ㈱サンエムカラー

ISBN978-4-89231-079-9 C0039